U0933078

中国特色社会主义政治经济学 名家论丛

王立胜 主编

中国特色社会主义政治经济学研究

ZHONGGUO TESE SHEHUIZHUYI ZHENGZHI JINGJIXUE YANJIU

卫兴华 著

山东城市出版传媒集团·济南出版社

图书在版编目(CIP)数据

中国特色社会主义政治经济学研究/卫兴华著.
—济南：济南出版社，2017.9（2018.6 重印）
（中国特色社会主义政治经济学名家论丛/王立胜主编）
ISBN 978-7-5488-2804-4

Ⅰ.①中…　Ⅱ.①卫…　Ⅲ.①中国特色社会主义
—社会主义政治经济学—研究　Ⅳ.①F120.2

中国版本图书馆 CIP 数据核字(2017)第 234566 号

出 版 人　崔　刚
责任编辑　孙　莹
封面设计　侯文英

出版发行　济南出版社
地　　址　山东省济南市二环南路 1 号(250002)
编辑热线　0531-86131712
发行热线　0531-86131728　86922073　86131701
印　　刷　济南龙玺印刷有限公司
版　　次　2017 年 9 月第 1 版
印　　次　2018 年 6 月第 2 次印刷
成品尺寸　170mm×240mm　16 开
印　　张　21.5
字　　数　300 千
定　　价　86.00 元

IE-CASS
经济研究所

中国特色社会主义政治经济学名家论丛

中国人民大学　卫兴华

卫兴华简介

卫兴华，生于1925年，山西五台人，中国人民大学荣誉一级教授，博士生导师。曾任第三届国务院学位委员会经济学科评议组成员、全国哲学社会科学经济学科规划小组成员、中国《资本论》研究会副会长、全国综合大学《资本论》研究会会长、中央马克思主义理论研究与建设工程课题组主要成员。现任北京市中国特色社会主义理论体系研究中心学术顾问、中国《资本论》研究会顾问。研究领域主要是《资本论》、马克思主义政治经济学、中国特色社会主义政治经济学。在马克思主义劳动价值理论和财富理论、商品经济与市场经济理论、经济运行机制理论、所有制理论、社会主义基本经济制度理论、国有企业改革与发展、经济增长与发展方式转变、收入分配等重要理论和现实问题上，他都有系统的研究和论著。在60余年的教学和研究生涯中，卫兴华教授在《中国社会科学》《经济研究》《经济学动态》《人民日报》《光明日报》等各类报刊发表文章约1000篇，出版学术著作（含主编、合著）40多部，成为中国最多产的经济学家之一。卫兴华教授被学界称作“杰出的马克思主义经济学家”“中国《资本论》研究权威”。2013年获世界政治经济学学会马克思经济学奖。2015年12月，卫兴华教授荣获第四届吴玉章人文社会科学终身成就奖。

总 序

中国社会科学院 王立胜

习近平总书记在2016年哲学社会科学工作座谈会“5·17”讲话中指出：“这是一个需要理论而且一定能够产生理论的时代，这是一个需要思想而且一定能够产生思想的时代。我们不能辜负了这个时代。”① 中国特色社会主义政治经济学就是习近平总书记结合时代要求倡导的重要学说，其主要使命就是以政治经济学总结中国经验、创建中国理论。他指出：“坚持和发展中国特色社会主义政治经济学，要以马克思主义政治经济学为指导，总结和提炼我国改革开放和社会主义现代化建设的伟大实践经验。”② 在2017年省部级主要领导干部“学习习近平总书记重要讲话精神，迎接党的十九大”专题研讨班“7·26”讲话中，习近平总书记提出当前的时代变迁是发展阶段的变化，指出“我国发展站到了新的历史起点上，中国特色社会主义进入了新的发展阶段”③，强调“时代是思想之母，实践是理论之源”④，要求总结实践经验，推进理论创新。在经济学领域，实现从实践到理论的提升，就是要贯彻习近平总书记在中央政治局第二十八次集体学习时提出的重要指示，“提炼和总

① 习近平：《在哲学社会科学工作座谈会上的讲话》，《人民日报》2016年5月19日。

② 新华社：《坚定信心增强定力 坚定不移推进供给侧结构性改革》，《人民日报》2016年7月9日。

③ ④新华社：《高举中国特色社会主义伟大旗帜 为决胜全面小康社会实现中国梦而奋斗》，《人民日报》2017年7月28日。

结我国经济发展实践的规律性成果，把实践经验上升为系统化的经济学说”[①]——这就是“坚持和发展中国特色社会主义政治经济学”的历史使命和时代要求。

当前中国特色社会主义政治经济学的提出和发展也是六十余年理论积淀的结果。1955年苏联政治经济学教科书中文版[②]在国内出版，当时于光远[③]、林子力和马家驹等[④]学者就开始着手探讨政治经济学的体系构建问题。从1958年到1961年，毛泽东四次提倡领导干部学习政治经济学[⑤]，建议中央各部门党组和各省（市、自治区）党委的第一书记组织读书小组读政治经济学。他与刘少奇、周恩来分别组织了读书小组。在组织读书小组在杭州读书期间，他在信中说“读的是经济学。我下决心要搞通这门学问”[⑥]。在毛泽东的倡导下，20世纪50年代中后期我国出现了第一次社会主义经济理论研究高潮——正是在这次研究高潮中，总结中国经验、构建中国版的社会主义经济理论体系被确定为中国政治经济学研究的方向和目标，并被一直坚持下来。这次研究高潮因“文革”而中断。“文革”结束后的80年代，在邓小平的倡导和亲自参与下，我国出现了第二次社会主义经济理论的研究高潮。很多学者在“文革”前积累的理论成果也在这一时期集中发表。在这次研究高潮中，我国确立了社会主义公有制与市场经济相结合的发展方向，形成了社会主义市场经济理论，为改革开放以来近40年的经济繁荣提供了理论支撑。当前在习近平总书记的倡导下，从2016年年初开始，我国出现了研究

① 新华社：《立足我国国情和我国发展实践　发展当代中国马克思主义政治经济学》，《人民日报》2015年11月25日。

② 苏联科学院经济研究所：《政治经济学教科书》（中译本），北京：人民出版社1955年版。

③ 仲津（于光远）：《政治经济学社会主义部分研究什么?》，《学习》1956年第8期；《最大限度地满足社会需要是政治经济学社会主义部分的一个中心问题》，《学习》1956年第11期。

④ 林子力、马家驹、戴钟珩、朱声绂：《对社会主义经济的分析从哪里着手?》，《经济研究》1957年第4期。

⑤ 戚义明：《“大跃进”后毛泽东四次提倡领导干部学政治经济学》，《党的文献》2008年第3期。

⑥《建国以来毛泽东文稿》第8册，北京：中央文献出版社1993年版，第637页。此次学习期间毛泽东读苏联政治经济学教科书的批注和谈话成为我国政治经济学研究的重要文献资料。

中国特色社会主义政治经济学的新高潮，形成了中国社会主义政治经济学的第三次研究高潮。经历了六十余年的理论积淀，在中国特色社会主义新的发展阶段，中国特色社会主义政治经济学的发展正逐步汇成一股理论潮流，伴随中国特色社会主义建设事业的蓬勃发展滚滚而来！

纵观六十余年积淀与三次研究高潮，中国特色社会主义政治经济学的发展既继往开来又任重道远。

一方面，所谓“继往开来”，是指中国社会主义经济建设事业的蓬勃发展为中国版社会主义政治经济学的形成开创了越来越成熟的现实条件。20 世纪 50 年代，毛泽东感叹“社会主义社会的历史，至今还不过四十多年，社会主义社会的发展还不成熟，离共产主义的高级阶段还很远。现在就要写出一本成熟的社会主义、共产主义政治经济学教科书，还受到社会实践的一定限制”①。80 年代，邓小平高度评价中共十二届三中全会《中共中央关于经济体制改革的决定》提出的“在公有制基础上有计划的商品经济”，认为是“写出了一个政治经济学的初稿，是马克思主义基本原理和中国社会主义实践相结合的政治经济学”②。当前，习近平总书记指出，“中国特色社会主义是全面发展的社会主义”③，“中国特色社会主义进入了新的发展阶段”④，要“提炼和总结我国经济发展实践的规律性成果，把实践经验上升为系统化的经济学说”⑤。从毛泽东认为写出成熟的教科书“受到社会实践的一定限制”，到邓小平认为“写出了一个政治经济学的初稿”，再到习近平提出“把实践经验上升为

① 中华人民共和国国史学会：《毛泽东读社会主义政治经济学批注和谈话》（简本），内部资料，第 804 页。

②《邓小平文选》第 3 卷，北京：人民出版社 1993 年版，第 83 页。

③ 习近平：《准确把握和抓好我国发展战略重点　扎实把“十三五”发展蓝图变为现实》，《人民日报》2016 年 1 月 31 日。

④ 新华社：《高举中国特色社会主义伟大旗帜　为决胜全面小康社会实现中国梦而奋斗》，《人民日报》2017 年 7 月 28 日。

⑤ 新华社：《立足我国国情和我国发展实践　发展当代中国马克思主义政治经济学》，《人民日报》2015 年 11 月 25 日。

系统化的经济学说”，历代领导人关于理论发展现实条件的不同判断表明，随着社会主义建设进入不同历史阶段，政治经济学理论发展的现实条件日益成熟，实践推动理论创新。正如习近平总书记所言：“中国特色社会主义不断取得的重大成就，意味着近代以来久经磨难的中华民族实现了从站起来、富起来到强起来的历史性飞跃……意味着中国特色社会主义拓展了发展中国家走向现代化的途径，为解决人类问题贡献了中国智慧、提供了中国方案。”① 在实践的推动下，中国特色社会主义政治经济学在继往开来中不断发展。

另一方面，所谓“任重道远”，是指中国特色社会主义政治经济学从提出到成熟尚需经历曲折的探索过程。当前中国特色社会主义政治经济学的发展至少面临两个方面的艰难探索：第一，理论构建面临诸多悬而未解的学术难题。从20世纪50年代开始，国内围绕体系构建的“起点论”“红线论”等问题就形成了诸多争论，同时，社会主义条件下“剩余价值规律”和“经济危机周期性”的适用性等一些原则性的问题未能获得解决，甚至在某些问题上的分歧出现了日益扩大的趋势。这在很大程度上限制了中国特色社会主义政治经济学的理论化水平，使政治经济学经典理论中的价值理论、分配理论、剩余价值理论和危机理论未能充分体现在中国社会主义政治经济学中，从而导致中国实践中涌现出的一系列具有中国特色的经济思想未能获得经典的理论化表述。破解这一难题，需要直面六十余年来形成的一系列争论，加速对政治经济学经典理论的创新应用，在中国特色社会主义经济思想理论化的道路上不断探索。第二，时代变革形成的新问题和新挑战倒逼理论探索。50年代中后期，既是中国社会主义政治经济学的第一次研究高潮，也是我国社会主义初级阶段的起始时期。当前中国社会主义经济建设在经历了六十余

① 新华社：《高举中国特色社会主义伟大旗帜　为决胜全面小康社会实现中国梦而奋斗》，《人民日报》2017年7月28日。

年的巨变后，迎来了中国特色社会主义新的发展阶段。中国特色社会主义政治经济学也需要适应新时期新阶段，加速理论创新。正如习近平总书记在“7·26”讲话中所强调的：“我们要在迅速变化的时代中赢得主动，要在新的伟大斗争中赢得胜利，就要在坚持马克思主义基本原理的基础上，以更宽广的视野、更长远的眼光来思考和把握国家未来发展面临的一系列重大战略问题，在理论上不断拓展新视野、做出新概括。”① 值得注意的是，实践中的新问题与历史累积的学术难题，都将理论探索指向中国特色社会主义政治经济学理论化水平的提升：在实践方面，要形成解释社会主义初级阶段不同时期的理论体系，为新时期的经济实践指明方向，必须提升理论高度；而提高理论高度就需要在理论方面破解体系构建面临的学术难题，创新政治经济学经典理论使之适应当前现实，从而实现中国特色社会主义经济建设经验的理论化重构。理论水平的提升必须遵循学术发展的客观规律，注定是一个任重道远的探索过程，要求政治经济学研究者群策群力、积极进取、砥砺前行。

编写出版《中国特色社会主义政治经济学名家论丛》就是为了响应习近平总书记推进理论创新的时代要求，服务中国特色社会主义政治经济学的发展。纵观中国社会主义政治经济学六十余年的发展历程不难发现：政治经济学学者承担着理论创新的历史使命，学术交流质量决定理论发展水平。当前中国政治经济学界存在着一支高水平的政治经济学理论队伍，他们既是六十余年理论积淀的承载者，也是当前理论创新的承担者。及时把握这些学者的研究动态，加快其理论成果的普及推广，不仅有助于推动政治经济学界的学术交流，也有助于扩大中国特色社会主义政治经济学的社会反响，同时为后来的研究提供一批记录当代学者理论发展印迹的历史文献。“名家论丛”选取的名家学者都亲历过20世纪

① 新华社：《高举中国特色社会主义伟大旗帜　为决胜全面小康社会实现中国梦而奋斗》，《人民日报》2017年7月28日。

80 年代和当前两次研究高潮，部分学者甚至是三次理论高潮的亲历者。这些学者熟悉中国社会主义政治经济学的理论传承，知晓历次研究高潮中的学术焦点与理论分歧，也对中国特色社会主义经济建设经验具有深刻的理论洞察。在本次研究高潮中，他们的理论积淀和实践观察集中迸发，围绕中国经验的理论升华和中国特色社会主义政治经济学的体系构建集中著述，在中国特色社会主义政治经济学的发展中起到学术引领和理论中坚的作用，其研究成果值得高度关注和广泛推广。同时，从2015 年年底习近平总书记提出“中国特色社会主义政治经济学”算起，当前这次研究高潮从形成到发展，尚不足两年，还处于起步阶段，需要学界同仁的共同参与、群策群力，使之形成更大的理论潮流。中国社会科学院经济研究所是我国重要的经济学研究机构，也是中国社会主义政治经济学六十余年发展历程和三次理论高潮的重要参与者。在 20 世纪 50 年代和 80 年代两次理论高潮中，经济研究所的张闻天、孙冶方、刘国光和董辅礽等老一辈学者是重要的学术领袖。在本轮研究高潮中，经济研究所高度重视、积极参与中国特色社会主义政治经济学的发展，决心依托现有资源平台积极服务学界同仁。策划出版《中国特色社会主义政治经济学名家论丛》的目的就在于服务学术创新，为当前的理论发展略尽绵薄之力，也是为笔者所承担的国家社科规划重大项目“中国特色社会主义政治经济学探索”积累资料。

同时，为了更加全面地展示中国特色社会主义政治经济学的理论发展动态，我们还将依据理论发展状况适时推出“青年论丛”和“专题论丛”，就青年学者的学术观点和重要专题的学术成果进行及时梳理与推广，以期及时反映理论发展全貌，推动学术交流，服务理论创新。当然，三个系列论丛的策划与出版，完全依托当前的理论发展潮流，仰赖专家学者对经济研究所工作的认可与鼎力支持。在此我们代表经济研究所和论丛编写团队，对政治经济学界同仁的支持表示衷心的感谢！同时也希望各位大家积极参与论丛的编写和出版，为我们推荐更多的高水平研究成果，提高论丛的编写质量。

目 录

上卷 中国特色社会主义政治经济学

下卷 《资本论》与中国特色社会主义实践

上卷

中国特色社会主义政治经济学

中国特色社会主义政治经济学研究*

为什么要搞社会主义，怎样搞好社会主义，要从马克思主义政治经济学中寻求答案。马克思主义政治经济学告诉我们，搞社会主义必须大力发展生产力。理论与实践也说明搞社会主义必须实行公有制，搞社会主义必须抓好三个主要环节，一是快速发展生产力，二是实现共同富裕，三是建立和发展公有制经济。中国特色社会主义政治经济学是在搞好社会主义的这三个环节的实践中推进的。同时要把重视生产力的发展和重视社会主义生产关系的发展自觉地统一起来。

习近平同志提出：发展当代中国马克思主义政治经济学。我们应考虑侧重点是什么？我们知道，马克思、恩格斯研究政治经济学，侧重点是研究资本主义经济制度，揭示资本主义经济规律。习近平同志提出要学好用好政治经济学。那么我们学习政治经济学，创新和发展马克思主义政治经济学，不言而喻，马克思的《资本论》和其他政治经济学论著，也应该系统地学习，深入地学习。但是现在提出来主要是发展当代中国马克思主义政治经济学，或者像2015年12月中央经济工作会议提出要坚持中国特色社会主义政治经济学的原则。显然我们的侧重点不是研究资本主义经济关系，而是要通过学好用好政治经济学为社会主义建设事业、为社会主义改革开放来服务。我们知道，恩格斯在《反杜林论》著作里面，把马克思主义划

---

*本文是在2016年1月11日由中国人民大学、南开大学、南京大学共同举办的“当代马克思主义政治经济学高级研修班”讲课的记录稿，经作者校订过。

分为三个部分：哲学、政治经济学、科学社会主义，那里讲的政治经济学就是资本主义政治经济学。而我们现在讲的政治经济学，恰恰是要跟社会主义联系起来，所以《反杜林论》里讲的那个政治经济学，我们要学习，但不是坚持和发展的侧重点。

一、从马克思主义政治经济学中寻求为什么要搞社会主义的答案

我们现在讲学习和发展政治经济学，侧重点应是社会主义政治经济学。如果研究它的源头，恰恰要把恩格斯在《反杜林论》中所讲的科学社会主义部分，在《社会主义从空想到科学的发展》中所讲的科学社会主义内容作为指导。当然，《资本论》和马克思的其他经济学著作，虽然没有专门篇章系统地讲过社会主义经济理论，但是他在许多著作里面，包括在《资本论》里面，对未来社会主义的经济特征，对未来社会主义的本质问题都有论述。

所以我们现在研究政治经济学，发展马克思主义政治经济学，也要从他的《资本论》和马克思恩格斯的其他有关著作里边挖掘其科学社会主义的理论观点，加以系统地研究，作为指导思想，并将坚持、创新和发展统一起来。

今天我讲课的题目是“为什么要搞社会主义，怎样搞好社会主义”。我们知道，邓小平同志讲什么是社会主义，怎样建设社会主义。我觉得讲什么是社会主义，首先要弄清楚为什么要搞社会主义。这个问题是我们长期以来特别是新中国建立以后没有完全明确的一个问题。我们知道改革开放以前，我们也讲社会主义，更多的是讲公有制、按劳分配、国民经济有计划按比例发展。但是社会主义为什么要搞公有制？为什么搞按劳分配，服从什么任务和目的？并没有讲，或没有讲清楚。好像就是为公有制而公有制。结果是贫穷的社会主义、贫穷的公有制、贫穷的按劳分配。邓小平讲贫穷不是社会主义，我们那个贫穷的社会主义对老百姓没有吸引力。对外

部没有吸引力，对内部也没有吸引力。所以那个时候我们有些老百姓偷往外跑，特别是广东那边偷往香港跑。你说社会主义好，但贫困的社会主义没有凝聚力。

为什么要搞社会主义？根据马克思恩格斯列宁的理论概括：搞社会主义就是为了让劳动人民摆脱受剥削、受压迫的旧制度，能够过上日益富足的好日子。用列宁的话来讲，就是社会主义要“使所有劳动者过最美好、最幸福的生活”①。搞社会主义就是为了这个最终的目的。怎么样才能过上最美好、最幸福的生活？两个基本条件：一个基本条件是物质条件，物质条件就是社会主义要快速地发展生产力，不发展生产力，没有足够的物质财富，怎么能过上富裕的生活？另一个条件是社会制度条件，即生产资料公有制。光有生产力发展，不能保证共同富裕。只有在公有制基础上发展生产力，才能消灭剥削，消除两极分化，最终实现共同富裕。

不但列宁讲过要让全体劳动人民过上最美好、最幸福的生活，而且马克思也讲过，未来的社会，就是指社会主义社会，“社会生产力的发展将如此迅速”。迅速发展生产力的目的是什么？马克思回答说：“以所有的人富裕为目的。”② 要让全体人民过上富裕的生活，与我们现在讲的“共同富裕”意思是一样的。马克思恩格斯列宁讲了很多，不需要这里多引证，大家知道，要让全体人民过上富裕的生活，或者共同富裕，或者像邓小平讲的，消灭剥削，消除两极分化，最终实现共同富裕，就需要首先大力发展生产力。

二、马克思主义政治经济学告诉我们：搞社会主义必须大力发展生产力

这里就涉及一个问题，社会主义这个概念怎么判断，社会主义的内容

---

① 列宁全集：第3卷［M］．北京：人民出版社，1995：546.

② 马克思恩格斯全集：第46卷：下［M］．北京：人民出版社，1980：222.

包括不包括发展生产力？

在改革开放以前，我们的社会主义著作，我们的教科书，讲社会主义，讲它的特点，就是那么几条：公有制、按劳分配、计划经济，不讲或不着重讲发展生产力。有个传统的观点：就是区分社会主义和资本主义不是依据生产力，发达资本主义国家的生产力比我们高得多，怎么能用生产力来区分？认为区分资本主义、社会主义或者区分任何一个社会制度都是从生产关系来区分的。这听起来好像也是有道理的，哪个社会都要发展生产力，哪一个新的社会制度生产力发展都要超过旧社会，所以判断社会主义和资本主义主要是从生产关系判断，传统的观点曾经是这样。

也正因为有这个观点，所以传统理论不把发展生产力作为社会主义的内涵和本质规定。改革开放以后，胡耀邦在十二大报告中提出社会主义的特点也可以包括生产力的发展，他说社会主义生产力的发展最终要超过资本主义。改革开放以后，邓小平不断地强调社会主义的根本任务是发展生产力。其实，强调社会主义要大力发展生产力，马克思恩格斯列宁斯大林都一再讲过。研究任何一个社会制度，都要考察它的生产力发展水平，它的生产关系，它的上层建筑。马克思在经济学手稿里面讲，未来社会“社会生产力的发展将如此迅速”，就是比过去发展得更快。他这里讲的是发达资本主义，因为马克思当时认为社会主义首先是在发达资本主义国家取得胜利，发达资本主义国家取得胜利以后，还需要快速地发展生产力，才能够保证全体劳动人民共同富裕。恩格斯、列宁都一再强调社会主义要更好、更快地发展生产力。

列宁曾经讲过，新社会制度战胜旧制度的最根本的条件，是要有更高的劳动生产率。他说社会主义最终要战胜资本主义，就是社会主义能够创造出比资本主义更高的劳动生产率。马克思恩格斯认为发达资本主义国家取得社会主义胜利都需要快速发展生产力，而我国是在生产力十分落后的半殖民地半封建的社会制度下取得社会主义胜利的，跟发达资本主义的生产力有很大差距，因此我们就更需要快速地发展生产力。

三、从理论与实践说明：搞社会主义为什么必须搞公有制

社会主义的优越性从根本上来说也就是表现在两方面，一方面是生产力的发展快于资本主义，更快于以往的旧制度，最终要超过发达资本主义国家。刚才讲到社会主义要让人们过上最美好、最幸福的生活应有两个条件，一个条件是快速发展生产力，马克思恩格斯列宁和邓小平讲得很多。另外一个条件是社会制度的条件，就是公有制。为什么要搞公有制？为什么要搞国有经济？现在中央文件或者理论工作者可以讲很多道理。有人否定公有制，否定国有经济，讲国有经济有许多缺点，说国有经济没有效率，不如私有制，丑化、妖魔化国有经济。中央文件一再肯定国有经济、公有制经济的重要地位和作用，习近平同志也一再讲到国有经济是我们政府执政的基础，也是党执政的基础。

在马恩的著作里面，阐述了国有经济的一个最根本的作用。国有经济服从于什么任务和目的？就是服从于让劳动人民过上美好的共同富裕的生活。如果没有公有制，在私有制的基础上必然产生两极分化。奴隶社会、封建社会、资本主义社会都是以私有制为基础的，都存在两极分化，存在剥削和被剥削的制度。所以离开公有制，否定公有制，不可能实现共同富裕，不可能建立社会主义制度。

这不仅仅是个理论问题，而且是个现实问题。其实，我们中国和原来的俄罗斯，原来都是生产力落后的国家，沙皇俄国是带有封建主义的资本主义国家，它的生产力比起当时的美国落后很多。但是十月革命以后，消灭了私有制，建立了公有制，它迅速地缩短了与美国的巨大差距，成为可以跟美国抗衡的第二个超级大国。苏联解体的时候，它的 GDP 的总量比我们中国高得多，根据联合国统计署的资料，1990 年苏联的 GDP 总量是

15329.92亿美元，中国是4044.94亿美元，苏联是中国的3.79倍。但是，苏联解体了，公有制变为私有制了，结果怎么样？它的整个国际地位、社会地位、经济政治实力大大削弱。苏联解体后，经济发展十年停滞不前，它现在的GDP不到中国的1/5，比印度稍高一点。中国是10.4万亿美元，俄罗斯是2.06万亿美元。你讲公有制不好，效率低，私有制效率高，但是从苏联来看，恰恰是公有制使它跟美国的差距大大缩小，可以跟美国抗衡，而变为私有制以后，整个社会经济的发展放慢了。

新中国成立前我们是半殖民地半封建社会，社会生产发展很慢。新中国建立以后，建立了公有制，尽管当时搞的是一统天下的公有制，我国的经济与社会在改革开放前也获得了超过旧中国一两百年的发展。当时通过三大改造，建立了单一的公有制，这个可以讨论。当时建立一统天下的公有制是否过急了点，我最近写文章就提出这个问题。我们现在搞多种所有制经济共同发展，公有制为主体，不搞单一的公有制，与过去三大改造，完全消灭资本主义经济和个体经济，搞一统天下的公有制不同。我认为，实际上我们超越了新民主主义制度。毛泽东的新民主主义是马克思主义的伟大发展。新民主主义是要民族资本主义有更多更大的发展，是多种经济成分，国有经济、集体经济、合作社经济、民族资本主义经济、个体经济共同发展，这是新民主主义。

现在的人多数都不知道，我国的国旗为什么是五个星星，原有含义是：大星星是共产党，四个小星星分别代表工人阶级、农民阶级、城市小生产阶级、民族资产阶级，四个阶级围绕着共产党，叫人民民主专政。现在把过渡时期和新民主主义统一起来，我觉得统一不起来。新民主主义是社会主义前的一种相对独立的社会制度，过渡时期不是一种制度，它是变私有制为公有制、消灭资本主义经济和一切私有制经济的一个历史阶段。

新中国尽管改革开放以前犯了一些“左”的错误，如“大跃进”、刮“共产风”、“文化大革命”，等等，有碍于我们的经济发展。但是，改革开放前，我们以公有制为基础的经济年均增长6.1%，也不算慢了，而且我国的经济发展远远超过旧中国，也是解放了生产力。所以我们的公有制比旧中国的多种私有制有优越性，证明解放和发展了生产力。旧中国是多种私有制：帝国主义在华的私有制、封建主义私有制、官僚资本私有制、民族资本私有制、个体私有制等。这些多种私有制，没有把中国推向发展。社会主义所有制尽管建立了单一的公有制，急于求成，但是它的成果远远超过了旧中国。

马克思主义强调公有制，公有制干什么？一方面用来保证生产力的快速发展，另一方面，保证实现共同富裕。马克思、恩格斯强调公有制，主要是从这两个方面讲的，从这两个方面考虑公有制的地位和作用，我们就可以知道社会主义和公有制是内在地联系在一起的。马克思讲社会主义取代资本主义，就是因为看到周期性的资本主义经济危机，表示资本主义已不适合于生产力的发展，通过公有制和生产社会化相一致，可以更好地发展生产力。

公有制是实现共同富裕的社会制度保证。共同富裕，也可以说是社会主义区别于以往任何社会制度的具有最大优越性的根本的特点。原始社会虽然也是公有制，但是共同贫穷，因为是生产力极端落后的公有制，不可能共同富裕。奴隶制度、封建制度、资本主义制度，没有共同富裕，以私有制为基础的剥削制度不可能共同富裕。

四、 搞社会主义必须抓好三个主要环节——对国有经济理论的是非辨析

从马克思主义政治经济学来看，为什么要搞社会主义？怎么样搞社会主义？特别是怎么样搞好社会主义？必须紧抓三个环节：第一环节是快速发展生产力；第二是走共同富裕道路，最终实现共同富裕；第三是抓好快

速发展生产力和共同富裕的制度保证，就是要建立和发展社会主义公有制经济。这个观点在马克思恩格斯列宁的著作里面一再讲，我们回头看一下《共产党宣言》，《共产党宣言》里这样讲，无产阶级要取得政权，因为要搞社会主义，无产阶级首先就要取得政权，然后把生产资料掌握在劳动人民的国家手里，就是说建立国有经济。在国家还存在的时候，公有制要表现为国有经济。把生产资料掌握在国家手里干什么？《共产党宣言》里讲了，要“尽可能快地增加生产力的总量”①，增加生产力总量干什么？《共产党宣言》里也讲到了，就是“丰富和提高工人的生活”②。用我们现在的话说，就是劳动人民掌握政权，占有生产资料，建立国有经济，以提高全体人民的生活水平。《共产党宣言》里已经把这个问题讲清楚了。在马克思恩格斯的其他著作里面讲得更多。

但是，这里又涉及很多问题，有些著名的学者，一再讲国有经济不是社会主义，非公有制经济才是社会主义——民办社会主义。马克思恩格斯列宁明确地讲过，毛泽东也讲过，社会主义制度下国有经济是社会主义经济，而某些学者则否定。他们引证恩格斯在《反杜林论》中批评冒牌社会主义的一段话，否定我国国有经济是社会主义经济。因为有人把俾斯麦的某些国有化的措施叫作社会主义，俾斯麦是镇压工人阶级的刽子手，他是为了自己的军事需要，搞铁路国有化等措施，并不是搞社会主义。有人把它叫作社会主义，这当然是冒牌社会主义。资本主义国家的国有化，不是社会主义的。而我们有些学者把恩格斯批判的这个冒牌社会主义，套到我们的社会主义国有企业上来，他们说恩格斯早就批判了国有经济是冒牌社会主义，我们现在还继续把国有企业叫作社会主义。他们据此宣传说我国的国有企业不是社会主义，而私有制经济才是人民社会主义，是民办社会主义，理论观点整个倒过来了。

---

① 马克思恩格斯选集：第1卷［M］. 北京：人民出版社，1995：293.

② 马克思恩格斯选集：第1卷［M］. 北京：人民出版社，1995：287.

这里牵涉到为什么说资本主义国家的国有经济依然是资本主义，或者如学界称其为“国家垄断资本主义”。为什么在社会主义条件下，我们的国有经济是社会主义？我们理论界回答这个问题时，并不是很科学，往往这样回答：说资本主义国家的国有经济不是社会主义，因为那个国家是资产阶级的国家，是资产阶级掌握政权的国家，它的国有经济是为资产阶级服务的，所以它不是社会主义。而我们国家是劳动人民掌握政权，所以国有经济是社会主义。你说这样讲是个错？也不能说是错。但是，我觉得不完全准确，不太科学。为什么？会产生一个问题：经济关系、经济制度、经济成分的社会性质，是由上层建筑来决定的，还是由它本身的内部经济关系决定的？从马克思主义来讲，任何经济成分的性质，是由它内部的经济关系来决定的，而不是由上层建筑来决定的，是经济基础决定上层建筑，而不是上层建筑决定经济基础。

我们可以看一下恩格斯在《反杜林论》里的回答，我觉得我们有些学者并没有系统地看马克思恩格斯的著作，他们光抓住《反杜林论》里批判冒牌社会主义的一些话，引申到我们的国有经济中，张冠李戴。其实，他们如果系统地看一下《反杜林论》，就会知道，并不是根据上层建筑、根据政权掌握在谁手里来决定国有企业的社会性质，不是这样讲的。为什么恩格斯要批判冒牌社会主义？恩格斯在《反杜林论》里讲了，因为资本主义国家的国有化、国有企业没有改变资本和雇佣劳动的关系，生产资料依然是资本，劳动依然是雇佣劳动。他是从资本主义国家国有企业内部的生产关系来论断的，因为资本主义就是资本和雇佣劳动相结合的关系。反过来看，我们社会主义国家，能不能说只要是国有企业，只要宣布它是全民所有制，我们的国有企业就自然而然是社会主义性质？我觉得我们有些理论宣传，有时候有点简单化。我们的国有经济叫作全民所有制经济。但如果这个国有经济内部的关系存在着严重腐败，企业高管拿天价工资，不关心工人的疾苦和权益。工人没有任何权利，可以随便被欺压、解雇，没有真正成为主人。厂长、经理依然把工人当成雇佣者，职工没有真正成为社会的主人、生产的主人、企业的主人，生产资料的主人，没有当家做主的权利，这还是社会主义性质的吗?

五、 怎样判断我国国有经济的社会主义性质

无论是资本主义国家的国有经济，还是社会主义国家的国有经济，判断它是资本主义性质还是社会主义性质，还是别的性质，只能从其内部的经济关系来确定。封建社会也有官办经济，不是为人民服务。社会主义的国有经济也要看它内部的关系，不能仅仅根据它是劳动人民掌握政权下的国有经济，它自然就是社会主义性质。我觉得马克思有一个重要的理论观点，我们理论界重视不够。研究马克思主义政治经济学，但是马克思的一个重要观点没有获得应有的注意，没有在理论分析中很好地加以应用。

什么问题?马克思讲生产资料所有制是社会经济制度的基础，这没有问题，但是马克思在《资本论》第二卷里又讲，任何社会要进行生产，就需要把生产资料和劳动力结合起来。怎么样结合?一个是技术上的结合，就是应用什么生产资料，采取什么技术使两者相结合起来，这是属于生产力方面的结合方式。而更重要的是生产资料和劳动者相结合的社会方式，马克思认为，这种特定的社会结合方式决定了不同社会经济制度，马克思的原话是:“不论生产的社会形式如何，劳动者和生产资料始终是生产的因素。……凡要进行生产，它们就必须结合起来。实行这种结合的特殊方式和方法，使社会结构区分为各个不同的经济时期。”① 这个观点很重要，而且对于我们研究社会主义的公有制，研究社会主义国有经济的改革，具有重要的理论指导意义。如果我们对国有经济这样改，那样改，不断地改来改去，但离开了企业职工当家做主的地位和权利，离开了企业职工的主动

① 资本论：第2卷［M］. 北京：人民出版社，2004：44.

性、积极性、创造性，问题依然解决不了。我觉得有个根本性的问题，就是我国的国有经济中生产资料和劳动者究竟采取什么结合方式，如果不能很好地解决，不能调动广大职工的积极性、创造性、主动性，你可以随便把他解雇，他生活没有任何保障，没有任何话语权，只作为一个雇佣劳动者，这个国有企业能搞好吗？

所以我们要回头来看一下，讲公有制是社会主义的经济基础，这个没有错。但是不够的，因为可以提出个问题：任何剥削制度都是非劳动者占有生产资料，而劳动者不占有生产资料，这是所有制。怎么就能区别奴隶制度、封建制度、资本主义制度？为什么有的就是奴隶主，有的是封建主，有的是资本家？根据什么划分？仅仅根据非劳动者占有生产资料，劳动者不占有生产资料，就能区别开吗？区别不开的。这就涉及生产资料和劳动者相结合的特殊社会方式，如果非劳动者占有生产资料，而劳动者的人身归主人所有，没有人身自由，在棍棒皮鞭下跟生产资料结合起来，这个劳动者就是奴隶，主人就是奴隶主，这就是奴隶制度。而如果生产资料转化为资本，劳动者的劳动是雇佣劳动，生产资料和劳动力相结合的方式，是资本和雇佣劳动相结合的方式，非劳动者就是资本家，这就是资本主义。

我们回到马克思的观点，用以指导我们国有企业改革，就是要解决我们的国有企业生产资料和劳动者相结合的特殊方式，怎么结合？作为社会主义性质的国有企业，企业的职工既是社会的主人，也是企业的主人，生产的主人。他不是雇佣劳动者，不是由资本统治的雇佣劳动者。企业的厂长、经理应出于公心管理国有企业，不是以权谋私。企业的工人应该有话语权、知情权、监督权、选举权，应该有参与管理权。厂长、经理也是劳动者，不是企业的统治者。

所以我们学习马克思主义政治经济学有很多重要的理论观点要发掘，要系统深入地学习和把握，特别是马克思恩格斯关于社会主义经济的理论观点，要进行挖掘和梳理，很好地研究。恩格斯在《反杜林论》《社会主义由空想到科学的发展》这些著作中，马克思在《资本论》等著作中，都有关于社会主义的论述，讲到了未来社会主义的一些特点。比如《资本论》第一卷第一章第四节讲到未来的自由人联合体，就讲到社会主义公有制、按劳分配、计划调节等。

六、中国特色社会主义政治经济学，是在怎样搞好社会主义的三个环节的实践中推进的

根据以上的论述可以分析一下，为什么要搞社会主义，怎样搞好社会主义，都可以纳入到马克思恩格斯论述的社会主义的三个环节上来。比如，我们强调科学发展，科学发展首先以人为本，就是既要发展生产力，又要满足人民的需要。党的十八大以来，三中全会、四中全会，提出新的发展理念，包括创新、协调、绿色、开放、共享。共享，就是走共同富裕道路；绿色，就是要有个好的生活环境，不能污染，这既是更好发展生产力的需要，又是满足人民优美生活环境的需要。满足人民的需要，共同富裕，不仅仅是物质生活的富裕，还有文化精神生活的富裕，也包括居住环境的优美。共同富裕应该是广义的。我们现在一切的理论指导和政策，都是强调这三个方面：快速发展生产力；提高人民的生活水平，共同富裕；强调国有经济的主导和公有制为主体的作用。离开这三个环节中的任何一个，就没有社会主义。所以，如何看待国有经济的地位和作用，必须从马克思恩格斯的根本理论观点上来看待，离开了国有经济，所谓快速发展生产力、共同富裕，也就成了空话。

所以，马克思恩格斯列宁强调国有经济的重要地位和作用，说它是社会主义，是服从于整个社会主义的根本任务和目的，它是社会主义的必要的内在的组成部分。看待国有经济的地位和作用，要把它上升到马克思恩格斯列宁原来的理论高度上。在社会主义制度下，我们讲国有经济起这个

作用，那个作用，这些都可以加上去，但是它的根本的地位和作用，马克思恩格斯列宁讲得很清楚。

我现在提出一个问题：我们强调坚持和发展马克思主义政治经济学，但是我们的社会主义政治经济学的教材、著作，没有或很少有社会主义特有的新的经济范畴，就是没有反映我们新的社会主义经济关系的经济范畴，也没有提出反映我们经济关系本质的社会主义经济规律。恩格斯讲过，任何一个新的学科，都会有自己特有的范畴，特有的范畴组成它的理论体系。改革开放以前，我们在20世纪五六十年代，曾经学习苏联政治经济学，还讲一点经济规律，特别是肯定了斯大林讲的社会主义基本经济规律，还有国民经济有计划按比例发展的规律，还讲按劳分配规律。我们现在的政治经济学教材、论著，讲社会主义经济，缺少特有的经济范畴和经济规律，表明我们的社会主义政治经济学还不成熟，亟须创新与发展。

国有经济如果要真正成为社会主义性质的经济，就应该让企业的职工真正成为主人。另外，作为社会主义性质的国有经济，它的利润、收入应该是让全民共享的。国有企业的职工工资收入比私营经济、外资企业会高一些，这是合理的。我们从统计资料可以看到，前几年，国有企业职工平均收入等于私营企业的近两倍，不要指责国有企业的职工拿的工资比私企外企高，国有企业是社会主义经济，国有企业的职工就应该比私营企业、外资企业的职工工资更高，不应该有非议。当然，前些年有的国有企业一个抄表员年薪十多万，比其他国有企业一般工人的工资高得多，不尽合理。

讲私营企业效率高，如果他们给工人的工资加倍，利润率当然就低了。改革开放前，我们的国有企业是有较高的利税率的。毛泽东在《论十大关系》中讲到我们的轻工业企业投产以后利润率相当高。“轻工业工厂的建设和积累都比较快，全部投产以后，四年之内，除收回本厂的投资以外，还可以赚回三个厂，两个厂，一个厂，至少半个厂。”① 就是说投产四年，除

① 毛泽东文集：第7卷［M］. 北京：人民出版社，1999：26.

了收回成本以外，它的利润还可以再添加这么多厂子。改革开放前和改革开放初期，国企的利润率和利税率是相当高的。国有企业和私营企业不同，私营企业如果向国家贷款，那么它还了贷款和利息，增加的利润全部是私人所有的，而我们的国有企业在银行贷款还本付息后，贷款增加的利润收入依然是国家的，不能放进私人口袋。将来应该有更多的国有企业利润上缴国家，用于全民的福利。现在国有企业依然负担着高税率，而且利润的一部分也要上交国家，这就体现了它的全民所有制性质。

七、 为什么要老讲坚持社会主义道路、 社会主义方向

我们改革开放也好，发展经济也好，总要强调党的领导，强调坚持社会主义道路，坚持社会主义方向。大家是不是考虑过一个问题，资本主义社会没有哪一个政治家、哪一个理论家提出要坚持资本主义道路，要坚持资本主义方向，没有人提出的，用不着提出。封建社会也没有哪一个理论家和政治家提出坚持封建主义制度，坚持封建主义方向。

为什么社会主义要强调这个？大家再考虑，社会主义以前的任何一个新社会制度，当它成长起来以后，没有一个国家由新社会制度倒退到旧制度去。没有一个资本主义国家发展起来以后，倒退到封建制度去。而社会主义国家却可能发生倒退。苏东剧变，由社会主义倒退回资本主义，已是事例可鉴。我们研究马克思主义的生产力和生产关系的理论，生产力决定生产关系，生产力和生产关系是什么关系？这里有一些重要的理论观点。

为什么社会主义国家总强调党的领导？有人就反对，凭什么由共产党领导？我没有选举你，甚至说共产党非法，没有选举，提出了共产党的合法性问题。资本主义国家没有哪一个党上来之后坚持我这个党的领导，都是通过政府来领导的，我们政府的领导同时也是党的领导。如果没有党的领导，没有政府的领导，让社会主义自发地发展，会是什么结果？封建社

会、资本主义社会生产力的发展会促进生产关系的发展，比如，马克思在《资本论》中讲资本主义生产力发展的三个阶段（现在应该是第四个阶段、第五个阶段）：简单协作、工场手工业、机器大工业。生产力的发展促进了资本主义生产关系的发展，而且马克思讲到随着资本主义经济的发展，分工协作的发展，劳动对资本的隶属，怎样从形式的隶属发展为实际的隶属。生产的发展会自然而然地促进资本主义生产关系的发展，用不着政治家、理论家来宣传。但是社会主义就有个特点，社会主义条件下生产力发展，社会主义生产关系不是自然而然地就随之发展了、成熟了。不是这样的。从根本上来讲，社会主义产生、发展的特点，和以往的社会制度不同。从社会经济制度的产生与发展来讲，首先有资本主义制度，后有社会主义制度。但是从概念和理论来看，从资本主义概念和理论、社会主义概念和理论来看，是先有社会主义的概念和理论，后有资本主义的概念和理论。

大家知道，中央电视台播放电视片《社会主义500年》，从空想社会主义起不断发展，到科学社会主义，到苏联的社会主义，到我们国家的社会主义，已经500年了。但资本主义这个概念的产生，或者西方市场经济概念的产生，要晚得多，是先有资本主义经济的实践，后有资本主义概念和理论。西方国家的学者（我们国家也有一些学者）在研究资本主义这个概念是由哪一个学者，在哪一年，在哪一个著作里面首先提出来的，西方国家也有几种说法，没有统一意见。

可以看到，连马克思的《共产党宣言》里都没有资本主义概念，如马克思所讲，14世纪的地中海沿岸就出现了资本主义萌芽，16世纪西方就进入资本主义社会，但是没有资本主义概念和理论，16世纪、17世纪、18世纪没有资本主义概念，但资本主义在发展，有经济实践而没有概念，更没有理论。

《共产党宣言》是1848年推出，没有资本主义概念。连1859年出版的《政治经济学批判》里面也没有资本主义概念，只有资产阶级概念。所以资本主义这个概念是谁最先提出来的？马克思的早期著作里面都没有，到19世纪初期，甚至到40年代，都没有资本主义概念。有的西方学者说马克思没有用过资本主义概念，这就是“乱弹琴”了。《资本论》普遍用资本主义概念，如“资本主义积累的一般规律”“资本主义生产方式”等。有的学者还提出《资本论》中所讲的那是个形容词，是“资本主义的”，不是名词。这就更乱来了。我在《马克思主义研究》进行了反驳。市场经济概念出现得更晚。资本主义是实行市场经济的，市场经济和资本主义是鱼水关系，市场经济是水，资本主义是鱼。资本主义一开始就是市场经济派，市场经济究竟是谁最先提出来的？有的学者的著作里曾经讲：19世纪末新古典学派提出了市场经济概念，著名经济学家苏星同志著作里也曾这样讲。我问过他们：你说19世纪末新古典学派提出了市场经济概念，你有文字的证据还是你的推论？他说是推论。我说推论不行。必须有文字证明，哪一年，哪个著作，哪个学者在什么地方提出来的，这才行。

八、弄清由计划经济转向社会主义市场经济的历史轨迹

列宁在1906年的《土地问题和争取自由的斗争》一文中，提出了“市场经济”和“计划经济”的概念。马克思恩格斯著作里面没有商品经济概念，没有市场经济概念，也没有计划经济概念，但是讲商品生产、商品交换、商品流通、货币流通，实际上讲的就是商品经济。马克思恩格斯没有讲计划经济，只讲计划调节。经典作家中最早讲市场经济、计划经济的是列宁，列宁把计划经济和市场经济看作是两种对立制度，两种对立的经济制度范畴。列宁认为，只要存在市场经济，世界上任何法律都无法消灭不平等和剥削。

在这个问题上，突破计划经济实行市场经济，理论上的转化必然要碰到困难，而且在这个问题上，我们国内有些不实事求是的理论观点。比如

说，认为陈云是计划经济派，邓小平是市场经济派，认为市场经济概念、市场经济理论是邓小平最早提出来的，这个不符合实际。在中国决策层，最早提出市场调节概念和市场经济理论的是陈云，陈云提出“计划经济为主，市场调节为辅”，他的市场调节为辅就是市场经济为辅。在陈云和邓小平的著作里面，曾经把市场调节和市场经济作为内涵一致的概念。

邓小平于 1979 年 11 月 26 日接见外宾时讲：社会主义为什么不可以实行市场经济，我们是计划经济为主，也结合市场经济。有人认为已经提出了现在实行的社会主义市场经济。其实这是误解，那时讲的市场经济就是市场调节，就是陈云讲的计划经济为主，市场调节为辅。因为市场经济就是市场调节，不过过去没有公开发表，只是后来才发表的，这是内部讲话。邓小平讲社会主义为什么不可以搞市场经济？就是讲为什么不可以搞市场调节，而且那里讲“我们是计划经济为主”，计划经济为主条件下，市场经济即市场调节只能为辅。我们现在的市场经济是否定计划经济的。邓小平那时讲的社会主义市场经济，跟 1992 年他在南方谈话主张全面实行市场经济不是一回事，而且邓小平曾明确地讲过，他赞同陈云的“计划经济为主，市场调节为辅”的提法。邓小平的社会主义市场经济理论也是有发展过程的，过去赞成计划经济。在改革开放中，由于邓小平曾赞同陈云的“为主为辅”的观点，所以写到十二大的报告里，还写进 1981 年通过的中共中央《关于建国以来党的若干历史问题的决议》中，并写入宪法中。这是在邓小平亲自指导下通过的。

九、 把重视生产力的发展和重视社会主义生产关系的发展自觉地统一起来

回过头来我们再谈《社会主义 500 年》。前面讲过，资本主义概念、市场经济概念和理论出现得很晚。这说明什么问题？先有社会主义概念和理

论，再有社会主义运动，再有社会主义革命，再有社会主义制度的建立，这是一系列的历史发展过程。在全部过程中，都是有领导、有计划、自觉发展的过程，不是自发的。现在我们有的人竟然提出“唯生产力论”观点，把生产力决定生产关系错解为唯生产力论，“四人帮”也知道唯生产力论是错误的，所以他们才敢于批判唯生产力论，但是他们是错误地把重视发展生产力，诬蔑为唯生产力论。现在有人认为历史唯物主义的核心就是唯生产力论，这是错误的。如果只重视发展生产力，不自觉地致力于发展社会主义生产关系，发展公有制经济，坚持共同富裕的原则，其结果必然是贫富分化，偏离社会主义本质规定。大家可以看到，我国由原来的计划经济转向社会主义市场经济，以及改革开放和发展的全过程，都是有领导、有计划的一个自觉的过程。

刚才讲，科学社会主义强调发展生产力，共同富裕，国有经济，公有制。我们的实践，可以自觉地遵循，也可能脱离开这个主题，它不可能自发地实现。我们发展的历史也说明了这个问题，在“左”的错误思想下，批判唯生产力论，把重视发展生产力的理论和实践，当作修正主义批判。讲科学是生产力也曾受到批判。把发展商品经济视作走资本主义道路。所谓“堵不住资本主义的路，就迈不开社会主义的步”，这是把商品经济当作资本主义。在“左”的思想下，忽视生产力的发展，搞阶级斗争为纲。忽视了生产力的发展，也就忽视了全体人民的共同富裕，离开了社会主义的本质。改革开放以来，尽管邓小平强调了社会主义本质是解放生产力、发展生产力，消灭剥削，消除两极分化，最后达到共同富裕。但是在一个阶段，重视与发展生产力，忽视了消灭剥削、消除两极分化，共同富裕，出现了严重的两极分化。现在我国的超级富豪数超过了美国，我国的富豪居然比最发达的资本主义国家——美国还要多。我们还有温饱没有解决的大量的贫困人口。十八大以来到现在，不断地强调民生为重、共同富裕，强调共同富裕是社会主义的根本原则，致力于缩小收入差距。

社会主义不可能自发地发展生产力，自发地发展公有制经济，自发地消除两极分化、实现共同富裕。离开了自觉的领导，靠自发性，社会主义就要失败。这就是说明为什么要强调共产党的领导。搞社会主义市场经济还要更好地发挥政府的作用。所以离开了领导，离开了自觉性、计划性，社会主义是难以搞好的。我觉得我们国家有时候在理论上有片面性。原来是强调计划经济，否定市场调节和市场经济，现在强调市场经济了，连经济计划也不敢讲了。日本、法国等资本主义国家，二次大战以后制订经济计划，人家肯定说我们的经济计划和社会主义的计划经济是两码事，人家是既讲市场调节又讲计划调节。而我们现在否定了计划经济，连经济计划也不讲了，改讲经济规划，规划不是计划吗？不敢讲计划，好像计划是个瘟神，不敢用这个词了。

我们作为学者，作为理论工作者，一定要独立思考、善于思考、敢于思考，对有些理论指导，或者权威学者的理论观点，我们也要过滤。不是谁的权力大，谁的真理掌握得就多。我过去也在讲，理论是真理的喉舌，而不是权势的奴仆。现在我要把“权势”改成“权贵”，不是为垄断资本服务，为大款服务，谁有权谁有钱就为谁说话。我们有些经济学家替大资本家说话，替大款说话。那些私人大款们请他去做报告，给他很高报酬，他就否定国有经济，否定社会主义。要做为人民说话的经济理论工作者，要为弱势群体的利益和诉求鼓与呼，要理直气壮、旗帜鲜明地坚持、发展、创新马克思主义政治经济学以及中国特色社会主义政治经济学。

（原载于《河北经贸大学学报》2016 年 5 月第 37 卷第 3 期；副标题：为什么要搞社会主义，怎样搞好社会主义）

创建和发展中国特色社会主义政治经济学需要解决的几个问题

要创建和发展中国特色社会主义政治经济学，有许多问题需要解决：如何学好马克思主义政治经济学并把马克思主义政治经济学的基本原理运用到中国经济发展的实践中；如何在总结我国社会主义经济发展的经验教训、回顾得失成败的基础上，研究实际问题；中国特色社会主义政治经济学研究对象是什么等等，这些问题需要深入思考并加以研究。本文就创建和发展中国特色社会主义政治经济学需要解决的几个重大问题以纲要的形式阐述，对这些问题的细化研究将以专题的形式陆续发表。

一、首先要学好马克思主义政治经济学

习近平提出要学好用好政治经济学，先要学好，学不好就难以用好①。我们对马克思主义政治经济学许多重要的理论问题，还存在着不少误区，存在着误解、错解的问题。

简单举几个例子。例一：马克思主义对生产力、生产关系、上层建筑的关系及其运行规律有明确的说明，社会主义既要大力发展生产力，又要

① 习近平．党委政府要用好政治经济学［N］．北京青年报，2014－07－09．

着力于发展和完善社会主义生产关系和上层建筑。衡量社会主义的成就和得失的标准，应是生产力标准、社会主义生产关系和上层建筑标准的统一。笔者提出这一观点，竟有学者提出批评。有的学者将马克思主义关于生产力决定生产关系的原理，错解为唯生产力论和唯生产力标准论，宣称这是马克思主义生产力决定论的一元论，再讲生产关系标准和上层建筑标准就是非马克思主义的二元论、三元论。并宣称唯生产力论是历史唯物主义的基本原理，把列宁、斯大林和邓小平批评过的唯生产力论即庸俗生产力论强加于马克思主义。

例二：马克思讲过外延的扩大再生产和内涵的扩大再生产、粗放型增长方式和集约型增长方式。这方面的理论对我国发展社会主义经济具有指导意义。但是，我国几乎所有的相关著作和辞典对此都存在误解。都把“外延的扩大再生产”解读为只是扩大生产规模，没有包括技术水平和效率的提高；把“内涵的扩大再生产”解读为没有扩大生产场所和增加机器设备，只是提高原企业的技术水平和效率。把粗放型增长与外延型扩大再生产相等同；把集约型增长与内涵型扩大再生产相等同。这种解读既错解了马克思《资本论》相关论述的原意，也与经济发展的实际相悖。不能把我国由粗放型增长方式转变为集约型增长方式，错解为由外延型转变为内涵型。我国每天都有大量新企业增加，不能排除这种外延扩大再生产。也不能把外延扩大再生产理解为只是原技术水平的重复建设。这种建设虽也存在，但更重视和强调的是增加技术含量，增加中高端有效供给，着力于创新驱动发展①。马克思很重视科学作为生产力的独立因素的重要作用。我们要认真地把马克思主义政治经济学的理论问题，包括《资本论》中的许多问题搞清楚。有些马克思本已讲得很清楚的问题我们还在争论，或是做了

① 笔者在《中国社会科学》2016 年第 11 期发表了《澄清对马克思再生产理论的认识误区》一文，对关于外延与内涵扩大再生产以及粗放与集约增长方式，按马克思的原意进行了理论是非的澄清。

错解。在这种情况下，怎么能创新马克思主义政治经济学？因此，创新发展马克思主义政治经济学，首先要学好，要弄懂它的原本含义，按照其原意掌握它的精髓。

例三：马克思、恩格斯一再指出，建立社会主义要把生产资料掌握在劳动人民的国家手中，以建立国有经济。公有经济是社会主义经济制度的基础，这是写入我国宪法的。但有的学者否认我国国有经济的社会主义性质，他们引用恩格斯批评有人把俾斯麦的某些国有化称作社会主义，是“冒牌社会主义”①，将恩格斯这一有针对性的批判移接到我国国有企业，诬之为冒牌社会主义。这种张冠李戴的分析，实际上混淆了资本主义国有企业和社会主义国有企业之间的本质区别。

二、创建中国特色社会主义政治经济学，应总结社会主义经济发展的经验教训

新中国成立已经67年了，应系统回顾发展生产力和社会主义生产关系方面的经验教训，认真总结有哪些成功的经验，又有哪些失败的教训。可以说，当我们坚持马克思主义政治经济学的基本原理和方法之际，与之相应，我国经济发展顺利，成就明显；反之，经济发展就会遭受挫折。改革开放前所犯的“左”的错误，恰恰是因为背离了马克思主义政治经济学的基本原理。新中国成立初期经济恢复很快，短短3年就恢复了国民经济。第一个五年计划时期，我国经济发展得很好，这与我们较好地把握了政治经济学的基本原理有关。那一时期我们认同和宣传社会主义基本经济规律，重视尽快发展生产力以提高人民的生活水平。也就是，“用在高度技术基础

① 马克思恩格斯选集：第3卷［M］. 北京：人民出版社，1995：630.

上使社会主义生产不断增长和不断完善的办法，来保证最大限度地满足整个社会经常增长的物质和文化的需要”①。

1956年9月，中共八大《关于政治报告的决议》提出：“我们国内的主要矛盾，已经是人民对于建立先进的工业国的要求同落后的农业国的现实之间的矛盾，已经是人民对于经济文化迅速发展的需要同当前经济文化不能满足人民需要的状况之间的矛盾。”因此，“要集中力量来解决这个矛盾，把我国尽快地从落后的农业国变为先进的工业国”②。社会主义就是要抓好两大环节：一是快速发展生产力；二是提高人民生活水平，实现共同富裕。《共产党宣言》明确指出，无产阶级取得政权后要把一切生产工具集中在国家即组织成为统治阶级的无产阶级手中，“并且尽可能快地增加生产力的总量”③。发展生产力，实现共同富裕，是马克思、恩格斯直到列宁、斯大林反复提出的基本原理。

但后来，急于求成的主观唯意志论背离了马克思主义政治经济学的基本原理，偏离了中共八大《关于政治报告的决议》，具体体现为1958年搞“大跃进”、人民公社化。在生产力还落后、社会主义刚刚开始建设的条件下，就急于向共产主义过渡。既违反生产力发展的规律搞“大跃进”，又违反生产关系一定要适合生产力状况的规律，拔高生产关系，搞“共产主义是天堂，人民公社是桥梁”，刮“共产风”。这种既违反自然规律又违反社会经济发展规律的做法，造成了严重的损失。后来还批判所谓的“唯生产力论”。忽视生产力的发展，也就忽视了提高人民生活水平，忽视了共同富裕的社会主义目标。

因此，我们要总结经验教训，前30年和后30多年的经历都要加以认真

---

① 斯大林. 苏联社会主义经济问题［M］. 北京：人民出版社，1952：31.

② 中共中央文献研究室. 建国以来重要文献选编：第9册［M］. 北京：中央文献出版社，2011：293.

③ 共产党宣言［M］. 中共中央马克思恩格斯列宁斯大林著作编译局译. 北京：人民出版社，1997：48.

梳理和总结。要创建中国特色社会主义政治经济学，就要敢于面对现实，不要回避问题。改革开放38年，取得了巨大的成就，我国生产力迅速发展，成为世界第二大经济体。总体而言，人民的生活水平有了显著提高，但是在发展的一定阶段、一定程度上忽视了社会主义生产关系的发展与完善，忽视了社会主义本质所要求的消除两极分化和实现共同富裕的目标，出现了严重的收入差距扩大和贫富分化。我国几十亿、几百亿、几千亿的富豪在不断增加。有报道称，我国富豪数量相当于甚至超过了头号资本主义国家——美国①。另一方面，我们还需要帮助最后的5500多万农村贫困人口，通过精准扶贫确保每一个贫困群众如期脱贫②。然而，扶贫只是解决温饱问题，这些贫困人群在较长的时期内仍将处在较低的生活和收入水平上，两极分化问题会有所缓解但并没有得到完全解决。

创建和发展中国特色社会主义政治经济学，如果回避或不重视两极分化这一现实问题，共享发展和共同富裕便只能是停留在文件和口头上的抽象概念。当然，不能搞劫富济贫，也不能限制富豪群体的扩大，更不能搞“国进民退”，但一定要持续探讨缓解两极分化的理论与对策。习近平强调学好用好政治经济学，讲创建当代中国马克思主义政治经济学，我们要实打实地研究问题，要回顾得失成败，总结经验教训，才能真正写好当代中国马克思主义政治经济学这篇大文章。

三、明确中国特色社会主义政治经济学研究对象，对马克思所讲的政治经济学对象要有所发展

马克思的政治经济学主要是研究资本主义经济问题，马克思、恩格斯和列宁都强调政治经济学研究对象是生产关系。过去我国政治经济学的教

---

① 中国富豪数量超过美国财富集中引质疑［N］. 环球时报，2009-06-29.

② 产业“造血”，精准扶贫［N］. 北京青年报，2016-07-05.

材也都是这样表述的，尽管有个别的学者提出要研究生产力，但主流观点还是强调要研究生产关系。而个别的学者引用马克思《〈政治经济学批判〉导言》里讲“面前的对象，首先是物质生产”①，据此提出首先要研究生产力，这是错解。针对前人的政治经济学关于生产、交换、分配、消费相互关系的肤浅分析，马克思系统深入地提出了自己的观点：生产占首位，所以要首先分析生产。因此，才有“面前的对象，首先是物质生产”的说明。马克思在这里强调的是要研究生产的社会形式，并指出政治经济学不是工艺学。不过，我们看到马克思在《资本论》里是紧密地联系生产力的发展来研究资本主义生产关系的。但是他又没讲要研究生产力。这主要有两个方面的原因：一方面，马克思的政治经济学的任务，是揭示资本主义经济制度产生、发展到走向衰落并必然被社会主义所取代的经济规律，要揭示的是资产阶级剥削无产阶级的本质关系，为无产阶级革命提供理论武器。他没有任务来为资本家出谋划策，研究通过什么办法来更快更好地发展生产力。另一方面，他固然系统地考察了资本主义生产力的发展阶段，但这是就资本主义既有生产力的发展来考察的，重在研究随着生产力的发展，资本主义生产关系怎样随之变化，劳动对资本的隶属关系怎样由形式隶属发展到实质隶属。因此，马克思不是把发展生产力作为自己的研究任务，考察生产力的发展是服从于研究资本主义生产关系的宗旨的。

社会主义政治经济学的任务和资本主义政治经济学的任务不同，资本主义政治经济学是服务于革命的任务，社会主义政治经济学要服从于社会主义建设的任务。马克思、恩格斯和列宁一再强调，社会主义要快速发展生产力，要有更高的劳动生产率，以提高人民的生活水平，实现共同富裕。邓小平也讲社会主义的根本任务是发展生产力。

那么，中国特色社会主义政治经济学的对象要不要研究生产力？笔者

---

① 马克思.《政治经济学批判》序言、导言［M］. 中共中央马克思恩格斯列宁斯大林著作编译局译. 北京：人民出版社，1971：6.

认为，对此不要笼统地肯定或否定，需要加以具体分析。中国特色社会主义政治经济学的对象既要系统研究中国特色社会主义生产关系，这方面的研究还很不够，理论认识方面还存在诸多误区和混乱；同时，也要研究怎样更好更快地发展生产力。但是，生产力有两个层面：技术层面和社会层面。比如怎样采煤、炼钢、织布等，这是生产力的技术层面，是自然科学家和技术人员研究的问题，马克思称之为工艺学。中国特色社会主义政治经济学不研究这个层次上的生产力，而是研究生产力的社会层面。比如，全面协调可持续发展、转变发展方式、中央提出的发展新理念等，就属于发展生产力的问题，但这不是技术层面的生产力发展，而是社会层面的生产力发展。虽然不直接研究科学技术，但要研究科技作为生产力要素的重要作用，要研究怎样推动马克思所讲的生产力诸要素作用的利用和发展。比如，研究怎样提高工人的技术水平和熟练程度，研究科学技术怎样运用于生产，研究怎样推进科技创新来促进生产力的发展，研究怎样利用自然力，包括风力、水力、太阳能等。因此，中国特色社会主义政治经济学要研究怎样更好更快地发展生产力，是要研究生产力的社会层面，要研究生产力的诸要素，研究怎样更好地发挥生产力诸要素的能力。

（原载于《毛泽东邓小平理论研究》2017 年第 2 期）

有关中国特色社会主义经济理论体系的十三个理论是非问题

一、新民主主义制度与单一公有制社会主义制度的理论是非

中国特色社会主义是从单一公有制的社会主义发展而来的。单一公有制的社会主义是否由新民主主义过渡而来？消灭一切私有制经济的“三大改造”是否跨越了新民主主义？是否完全必要和合理？我国否定中国特色社会主义是新民主主义的见解，但有无补新民主主义课的因素？这需要实事求是地从理论上予以说明。弄清这些问题有利于更好地认识中国特色社会主义的客观必然性和必要性及其理论与实践意义。

1949 年中华人民共和国成立后，通过完成土地改革，消灭了我国几千年的封建制度。通过“三大改造”即对农业、手工业和资本主义工商业的改造，建立了单一公有制的社会主义经济制度。我国是在半殖民地半封建制度社会基础上建立起社会主义制度的。旧中国的生产力十分落后，这是帝国主义、封建主义和官僚资本主义“三座大山”压迫和剥削的结果，而社会主义制度的建立促进了经济社会的发展。

怎样评价我国社会主义改造的胜利？是否超越了毛泽东提出的新民主主义理论和制度？学界有不同的认识。

毛泽东的新民主主义理论是马克思主义理论与中国实际相结合的理论成果。按照新民主主义理论，从我国实际出发，新中国建立后并不急于建立社会主义制度，而是先建立新民主主义制度，待条件成熟后，再向社会主义转变。毛泽东明确指出：在新民主主义制度下，要“能够自由发展那些不是‘操纵国民生计’而是有益于国民生计的私人资本主义经济，保障一切正当的私有财产。”“中国的经济，必须是由国家经营、私人经营和合作社经营三者组成的。”现在的中国“不是多了一个本国的资本主义，相反地，我们资本主义是太少了”。并批评有人“一口否认中国应该让资本主义有一个必要的发展，而说什么一下就可以到达社会主义社会”①。毛泽东指出：“在革命胜利之后，因为肃清了资本主义发展道路上的障碍物，资本主义经济在中国社会中会有一个相当程度的发展，是可以想象得到的……资本主义会有一个相当程度的发展，这是经济落后的中国在民主革命胜利之后不可避免的结果。”“中国革命的全部结果是：一方面有资本主义因素的发展，又一方面有社会主义因素的发展”，社会主义因素在经济上“是民主共和国的国营经济和劳动人民的合作经济”②。

新中国建立前夕，由中国人民政治协商会议通过的“共同纲领”提出：“中华人民共和国为新民主主义即人民民主主义的国家。”它“保护工人、农民、小资产阶级和民族资产阶级的经济利益及其私有财产，发展新民主主义的人民经济”，新民主主义的经济成分是：社会主义性质的国营经济、半社会主义经济性质的合作社经济、私人资本主义经济、农民和手工业者的个体经济、国家资本与私人资本合作的国家资本主义经济。由共产党领导、四个阶级组成“人民民主统一战线的政权”，这一规定在中华人民共和国的国旗中做了标志性反映，其原意是：大星星代表中国共产党，四个小星星分别代表工人阶级、农民阶级、城市小资产阶级和民族资产阶级。显

① 毛泽东选集：第3卷［M］．北京：人民出版社，1991：1058－1060，650.

② 毛泽东选集：第2卷［M］．北京：人民出版社，1991：650.

然，作为中华人民共和国国旗所反映的政权组织，绝不是短时期的事情。

如果新民主主义制度在我国实行 20 年或 30 年，经济社会有了较大发展，再向社会主义制度转变，即由新民主主义过渡到社会主义，我国经济社会发展中的曲折会少一些，成绩也会更大一些。然而，新中国刚经历三年恢复时期，到 1952 年，毛泽东就提出向社会主义过渡的问题。他说：什么叫过渡时期，过渡时期的步骤是走向社会主义；类似过桥，走一步算是过了一年，两步两年，三步三年，十年到十五年走完了；在十年到十五年或更多一些的时间内，基本上完成国家工业化及对农业、手工业、资本主义工商业的社会主义改造①。1953 年 6 月 15 日，毛泽东又提出：党在过渡时期的总路线和总任务，是要在十年到十五年或更多一些时间内，基本上完成国家工业化和对农业、手工业、资本主义工商业的社会主义改造；并在讲话中批评了“确立新民主主义社会秩序”的观点和“确保私有财产”的口号；提出“逐步过渡到社会主义，这比较好。所谓逐步者，共分十五年，一年又有十二个月。走得太快，‘左’了；不走，太右了。要反‘左’反右，逐步过渡最后全部过渡完”②。同年 8 月，毛泽东对过渡时期总路线做了较完整的表述：“从中华人民共和国成立，到社会主义改造基本完成，这是一个过渡时期。党在过渡时期的总路线和总任务，是要在一个相当长的历史时期内，基本实现工业化和对农业、手工业、资本主义工商业的社会主义改造。”在审阅关于过渡时期总路线的宣传提纲时，毛泽东在原表述后面增加了两句话：“这条总路线是照耀着我们各项工作的灯塔，各项工作离开它，就要犯右倾或‘左’倾的错误。”在三大改造的实践中，进程较快，只用了 3 年时间，到 1956 年就宣布基本建立了社会主义制度。从中华人民共和国建立到社会主义制度建立，总共用了 7 年时间。

怎样评价这段历史，涉及对中国特色社会主义理论与实践的评价。改

① 逄先知，金冲及，主编．毛泽东传 1949－1976：上［M］．北京：中央文献出版社，2003：249.

② 毛泽东选集：第 5 卷［M］．北京：人民出版社，1977：81－82.

革开放以来，我国走中国特色社会主义道路，实行中国特色社会主义制度，即公有制为主体、多种所有制经济共同发展的基本经济制度。中央文件指出，我国既不搞单一的公有制，又不搞私有化。而三大改造是要将农业、手工业和资本主义工商业的私有制，改造成为单一的社会主义公有制，消灭一切私有制经济。这两种具体道路和制度是否完全一致和统一？当然，从根本上说，都是走社会主义道路、建立社会主义制度，都以马克思主义的科学社会主义为指导。但又不能说，三大改造消灭私有制，搞单一的公有制，与中国特色社会主义实行公有制为主体，允许和鼓励私营经济、个体经济、外资经济多种私有制经济共同发展，是完全一致的。现在的有关著作中，既肯定过渡时期总路线的完全正确和必要，又肯定中国特色社会主义道路和制度的完全正确和必要。这种理论观点没有也不能解决问题。如果肯定中国特色社会主义是根据我国生产力落后的国情，不搞单一的公有制是必要和正确的，就不能又肯定三大改造搞单一的公有制也是完全必要、合理的。应重视三大改造完成后的1956年12月7日，毛泽东在与民主建国会和工商联合会负责人的谈话。面对三大改造后经济生活中出现的诸多实际问题，毛泽东提出："上海的地下工厂同合营企业也是对立物，因为有社会需要，就发展起来。要使它成为地上，合法化，可以雇工。……最好开私营工厂，同地上的作对，还可以开夫妻店，请工也可以。这叫新经济政策。我怀疑俄国新经济政策结束得早了……只要社会需要，地下工厂还可以增加，可以开私营大厂，订个协议，十年、二十年不没收，华侨投资的，二十年、一百年不要没收。……可以搞国营，也可以搞私营。可以消灭了资本主义，又搞资本主义。""急于国有化，不利于生产。"① 这个谈话说明，急于全面消灭个体经济和资本主义经济，并不完全符合我国经济发展和人民的需要，所以有必要消灭了资本主义又搞资本主义。但毛泽东的这一谋划在改革开放前没有也不可能实现，因为在当时"左"的思想影

① 毛泽东文集：第7卷［M］．北京：人民出版社，1995：170－171.

响下，“斗私批修”“跑步进入共产主义”，宣传“私有制是万恶之源”，连集市贸易、庭院经济也作为资本主义看待。毛泽东的“可以开私营大厂”的设想，是由改革开放后的中国特色社会主义实现的。

还需要进一步探讨：第一，关于工业化问题。过渡时期总路线的内容被概括为“一化三改”。工业化是主体，“三改”是两翼。事实上，工业化的任务到现在还未完成。当时要将工业化与“三改”过程同步完成，显然是不符合实际的，没有认识到工业化的长期性与艰巨性。第二，关于新民主主义制度与过渡时期的关系问题。现在理论界将两者统一为一回事情，值得研究。过渡时期有着社会制度的起点和终点的问题。其终点是建立社会主义制度，这一般是明确的。但对我国过渡时期社会制度的起点，过渡时期总路线中并未提及。曾有两种表述：一是从新民主主义过渡到社会主义，后来提“从资本主义过渡到社会主义”。然而，旧中国不是资本主义社会，是在“三座大山”压迫下的半殖民地半封建社会。三大改造时，我国只有13万工商户，私营工商业职工只有250万人（工业160万，商业90万），不存在主导全国的资本主义制度。因此，将过渡时期的起点确定为资本主义制度，不符合历史和经济实际。可否称作从新民主主义到社会主义的过渡时期？新中国建立初期，还在通过土地改革以消灭封建主义制度，继续进行解放战争以消灭官僚资本主义和旧政权，通过剿匪反霸等完成民主革命任务。也就是说，当时还没有完成新民主主义制度建设。因此，过渡时期的始点不可能是还没有建立的新民主主义制度，从而变成过渡始点不明确的过渡。将过渡时期与新民主主义统一在一起，从理论逻辑和实际情况看都是难以成立的。固然，新民主主义制度不是人类历史上一个独立社会经济制度，带有过渡性质，但它应是一个具有相对独立性的历史阶段。它与马克思主义所讲的转向社会主义的过渡时期不具有相同的含义，否则就只需讲过渡时期即可，没有必要提新民主主义。将新民主主义与过渡时期的含义相等同，会使新民主主义理论失去其原有的重大意义。第三，1952

~1953 年过渡时期总路线的提出，是否超越了新民主主义制度？新民主主义理论是主张新中国建立后，要实行新民主主义制度，既大力发展社会主义公有制经济，又让民族资本主义经济有一个较大的发展。这是一个相当长的历史阶段，待条件成熟后，再由新民主主义过渡到社会主义，即过渡时期的起点应是新民主主义制度。但事实上，新民主主义制度并没有有效建立起来。因为在过渡时期总路线中，已没有新民主主义制度存在和发展的余地。需要注意：过渡时期是“从中华人民共和国成立”开始的，也就是从 1949 年 10 月 1 日起就开始向社会主义过渡。进一步看，如果将过渡时期表述为从资本主义到社会主义的过渡时期，撇开我国并不是资本主义社会制度不说，这一表述与马克思所讲的和苏联曾实行的从资本主义到社会主义的过渡时期就是一回事了。把要消灭一切私有制的过渡时期称作新民主主义制度，显然在理论和实践上都讲不通。因此，过早提出过渡时期总路线，事实上超越了新民主主义制度。这既有因客观条件向有利于党的事业方向变化、革命与建设事业顺利推进的原因，更有主观认识上在有利条件下急于求成的原因。

研究中国特色社会主义经济理论体系，有必要把与新民主主义理论和制度有关、也与曾实行多年的单一公有制的社会主义制度有关的理论是非辨别清楚。在改革开放前期开始发展多种所有制经济，有学者提出的我国处于新民主主义时期的观点被否定了。因为我国实行社会主义制度已几十年了，怎么能退回去呢？但中国特色社会主义发展多种所有制经济和多种分配方式，是否可以说存在补新民主主义课的因素呢？我认为，根据事实，这是可以肯定的。这样才能更好认识中国特色社会主义理论与制度的内在意义以及它与科学社会主义的联系与发展的关系。

二、 社会主义初级阶段与中国特色社会主义的关系

提出社会主义初级阶段理论，是从我国生产力发展的实际状况和经济

社会发展的现实水平出发的，也是从总结我国改革开放前偏离生产关系一定要适合生产力发展状况的规律和造成重大损失的经验教训而提出的。单从人为拔高生产关系说：1956 年宣布建立社会主义制度刚两年，1958 年又刮“共产风”。中央《关于在农村建立人民公社问题的决议》提出：“看来，共产主义在我国的实现，已经不是什么遥远将来的事情了，我们应该积极地运用人民公社的形式，探索到一条过渡到共产主义的具体途径。”于是，在发展生产力和生产关系方面，“左”的一套膨胀起来，搞揠苗助长式的超阶段发展，给国家和人民造成很大的损失。

党的十一届三中全会后，重新认识社会主义，提出了两个创新性理论：一个是我国处于社会主义初级阶段；另一个是走中国特色社会主义道路，建立中国特色社会主义制度。两者是内容有所交叉但又有所区别的两个独立的理论规定。社会主义初级阶段的最根本特点，表现在社会主义初级阶段的基本经济制度上，即公有制为主体、多种所有制共同发展和按劳分配为主体、多种分配方式并存。这也是中国特色社会主义的重要经济内容。中国特色社会主义的经济基础是中国特色社会主义经济制度，这与社会主义初级阶段的基本经济制度相重合，但两者又是不同的。社会主义初级阶段特指我国整个社会主义历史时期中一个特定的阶段，它在逐步发展中会依次上升到中级阶段和高级阶段，而各个阶段都有自己的特色。因此，中国特色社会主义并不限于社会主义初级阶段。社会主义是不断发展成熟的过程，到中级阶段和高级阶段也会有中国自己的特色，只不过特色的具体特点会有所不同。因此，不能把社会主义初级阶段的中国特色社会主义内容，放大到中国特色社会主义的各个阶段。公有制与私有制并存、按劳分配与按生产要素所有权分配并存是初级阶段的内容。从科学社会主义理论看，成熟的高级阶段的社会主义不应有资本主义私有制经济和个体私有制经济继续存在与发展。

三、不能混同“社会主义经济制度”与“社会主义初级阶段的基本经济制度”的不同内容

这种混同经常在有关论著中看到。人们很容易这样考虑问题：我国目前存在的社会主义经济制度，就是也只能是社会主义初级阶段的经济制度，因此，两者不应区分。其实这是两个内涵有别的概念。“社会主义经济制度”存在于社会主义发展的各个阶段，是不断发展与成熟的过程。而社会主义初级阶段的基本经济制度是存在于初级阶段、反映初级阶段特点的经济制度。我国目前既存在社会主义初级阶段的基本经济制度，又存在初级阶段的社会主义经济制度。社会主义经济制度是社会主义生产关系的总和，包括作为基础的公有制经济、劳动人民成为社会和生产的主人、实行按劳分配原则、国民经济有计划按比例发展、消灭剥削和两极分化、走共同富裕道路。社会主义国有经济和集体经济就是要践行这种社会主义经济关系。因此，一般把我国国有经济和集体经济称作社会主义经济，把公有制度称作社会主义经济制度。这里不包括私有制经济。在我国社会主义初级阶段，不但存在这种社会主义经济和经济制度，而且必须占主体地位，这样才能保证我国的社会主义制度性质。而社会主义初级阶段的基本经济制度，是公有制为主体、多种所有制经济共同发展，其中既包括作为主体的公有制经济，也包括私营、个体和外资经济。这是两个既有联系又有区别的经济概念，不能等同和混淆。在我国宪法中，这两个概念是并列提出的，但由于没有被普遍重视，容易产生误解。我国宪法规定：“中华人民共和国的社会主义经济制度的基础是生产资料的社会主义公有制，即全民所有制和劳动群众集体所有制。社会主义公有制消灭了人剥削人的制度，实行各尽所能、按劳分配的原则。”这是对我国“社会主义经济制度”的规定。紧接着又对社会主义初级阶段的基本经济制度做了规定：“国家在社会主义初级阶段，坚持公有制为主体、多种所有制经济共同发展的基本经济制度，坚持

按劳分配为主体、多种分配方式并存的分配制度。”宪法中这种分别规定是正确的，表明在我国社会主义初级阶段的基本经济制度中，既包括作为主体的“社会主义经济制度”，也包括部分非社会主义经济制度。坚持和发展作为主体的社会主义经济制度，才能保证我国是社会主义社会，是社会主义国家。

四、“社会主义经济”与“社会主义市场经济”是两个既有联系又有区别的概念，不容混同

有学者认为，党的十五大报告中提出非公有制经济“是社会主义市场经济的重要组成部分”，也就是肯定了非公有制经济“是社会主义经济的重要组成部分”。这个理论逻辑不能成立。“社会主义经济”与“社会主义经济制度”具有相同的内涵。社会主义经济是以公有制为基础的经济。这一观点从马列著作到毛泽东和邓小平的著作，到历届中央文件，都讲得很清楚。如，邓小平在改革开放后的 1979 年，明确肯定：“社会主义的经济是以公有制为基础的。”① 没有任何中央文件和中央领导讲过，私有制经济也是社会主义经济的重要组成部分。我国宪法中既分别论述了社会主义经济制度和社会主义初级阶段的基本经济制度的不同内容，也论述了社会主义市场经济所包括的非公有制内容：“在法律规定范围内个体经济、私营经济等非公有制经济，是社会主义市场经济的重要组成部分。”市场和市场经济自身不是社会制度性范畴，而是经济体制范畴，是资源配置的手段，并不能根据不同经济成分分割为不同的市场和市场经济。市场配置资源是不分公有和私有，国有经济参与的市场，对私有制经济同样起资源配置作用。反过来，私有制经济参与的市场，对公有制经济也一样起资源配置作用。

① 邓小平文选：第 2 卷［M］. 北京：人民出版社，1983：167.

据此，社会主义市场经济既包括作为主体的公有制经济，也包括非公有制经济。这一观点我早在1993年《阵地》（后改回为《前线》）第6期和《中国工商管理研究》同年第8期及1994年4月11日的《太原日报》等报刊上一再论述过。主张非公有制经济是社会主义市场经济的组成部分，在理论界我是最先提出的。但当党的十五大报告提出“非公有制经济是社会主义市场经济的重要组成部分”后，理论界不少人认为，非公有制经济由制度外进入制度（社会主义经济制度）内。多位学者借此宣传非公有制经济是社会主义经济的重要组成部分，特别是宣传党的十五大报告将非公有制经济列入社会主义经济制度范畴，认为这是超越了宪法的规定，是重要理论贡献。我认为，这些学者对党的十五大报告的解读和宣传存在误解，于是在《理论前沿》1998年第8期发表了《要完整准确地宣传十五大的有关理论》，提出不同意见。这篇文章公开了两种关于社会主义经济理论观点的对立与争论，引来学术界不同的意见。有学者认为，“社会主义经济”就是“社会主义市场经济”，不能只包括公有制经济而不包括非公有制经济；并批评说：否定非公经济是社会主义经济的重要组成部分，就是否定社会主义市场经济，是要从市场经济倒退到计划经济去，是应当被摒弃的传统社会主义观点。理论是非被变异为改革观点与反改革观点之争，影响到新闻媒体。由此，我与这种观点展开两年的理论探讨，各发表多篇文章。我认为这种观点，不仅把“社会主义经济”与“社会主义市场经济”相等同，也把“社会主义经济制度”与“社会主义初级阶段的基本经济制度”相等同，把“中国特色社会主义”与“社会主义”相等同，认为中国特色社会主义所包括的全部内容都具有社会主义性质。显然，这样认识问题的理论根源，是把社会主义区分为应当摒弃的“传统社会主义”和中国特色社会主义。事实上，这种观点要摒弃的“传统社会主义”，正是马克思主义的科学社会主义。社会主义经济和社会主义经济制度，要以公有经济为基础，这是科学社会主义的基本原理。作为资本主义经济的私营经济和作为小商品经济的个体经济是非社会主义经济，既不是“社会主义经济”的组成部分，也不是“社会主义经济制度”的构成部分。这一“传统”理论，不能摒弃。这些年来，公开宣传私有制经济是社会主义经济的学者已经变少。特别是党的十七大和十八大报告先后指出，“我们既坚持了科学社会主义的基本原则，又根据我国实际和时代特征赋予其鲜明的中国特色”，“中国特色社会主义，既坚持了科学社会主义基本原则，又根据时代条件赋予其鲜明的中国特色”。习近平同志指出：“中国特色社会主义是社会主义而不是其他什么主义，科学社会主义的基本原则不能丢，丢了就不是社会主义。”①由此可见，将社会主义区分为应当摒弃的传统社会主义和中国特色社会主义，将两者对立起来，以后者否定前者，实际上是要用中国特色社会主义否定科学社会主义，割断了流与源的关系。公有制经济是社会主义经济，私营经济和外资企业是资本主义经济，这既是科学社会主义的基本原理，也是中国特色社会主义的基本原理。肯定非公经济在我国现阶段发展经济中的地位和作用，“是社会主义市场经济的重要组成部分”、是初级阶段基本经济制度的组成部分是一回事，但不能将其作为社会主义经济和社会主义经济制度的组成部分，这是另一回事。

五、 中国特色社会主义所包括的内容是否都具有社会主义性质

人们很容易认同这一理论逻辑：我国的社会主义就是中国特色社会主义，因此，中国特色社会主义的全部内涵都具有社会主义性质。据此得出结论：中国特色社会主义经济是公有制为主体、多种所有制共同发展，非公经济是中国特色社会主义经济的组成部分，自然属于社会主义经济范畴，具有社会主义性质。这似乎在理论逻辑上是顺理成章的。然而，这种推理是存在问题的。不错，中国特色社会主义经济包括占非主体地位的非公有

① 习近平谈治国理政［M］. 北京：外文出版社，2014：22.

制经济，但不能由此断定非公有制经济具有社会主义性质。如果私有制经济也具有社会主义性质，为什么还强调公有制为主体呢？资本主义性质的私营经济怎么会成为社会主义性质的经济呢？应当明确，中国特色社会主义经济不是“特”在私有制经济成为社会主义性质的经济，而是“特”在它不是“一大二公三纯”的社会主义经济，而是允许在社会主义经济占主体地位下，让非社会主义经济共同发展。如果这样讲还难以认同的话，请看邓小平的论述：“我们的社会主义制度是有中国特色的社会主义制度，这个特色，很重要的一个内容就是对香港、澳门、台湾问题的处理，就是‘一国两制’。”“‘一国两制’也要讲两个方面。一方面，社会主义国家里允许一些特殊地区搞资本主义，不是搞一段时间，而是搞几十年、成百年。另一方面，也要确定整个国家的主体是社会主义。”① 这明确地说明，从全国范围来看的中国特色社会主义制度，包括实行资本主义制度的港、澳、台，但整个国家的主体实行社会主义。同理，中国特色社会主义经济以公有制为主体，包括私营、个体经济，但私营、个体经济不是社会主义经济。私营经济是资本主义经济，个体经济是小商品经济。

六、 不能混同公有制的存在形式及其实现形式

2003 年党的十六届三中全会通过的《中共中央关于完善社会主义市场经济体制若干问题的决定》提出：“推行公有制的多种有效实现形式。”“要使股份制成为公有制的主要实现形式。”这引起学界和政界的广泛关注。但出现了偏离科学社会主义和中国特色社会主义，也偏离我国宪法的颇有影响的解读和宣传。我在《经济经纬》和《经济研究资料》刊物发表论文，以澄清理论是非。

不少学者、媒体和官员没有分清所有制的存在形式和实现形式的区别。

① 邓小平文选：第 3 卷［M］. 北京：人民出版社，1993：218.

他们将国有经济、集体经济、股份制经济都认为是公有制的实现形式，因而认为股份制成为公有制的主要实现形式，就是要以股份制取代国有经济和集体经济的原有形式。其实，国有经济、集体经济是公有制的存在形式，而不是其实现形式。无论公有制还是私有制，都有其存在形式和实现形式的区别。公有制的存在形式或类型有多种，如原始社会公有制、社会主义公有制（包括全民所有的国有经济和部分劳动群众集体所有制）、共产主义高级阶段公有制等。社会主义公有制的实现形式有多种，如所有权和经营权“两权分离”的国家所有、企业经营形式，有承包制、租赁制、股份制等。私有制经济也有多种存在形式，如个体经济私有制、奴隶制私有制、封建主义私有制、资本主义私有制等。资本主义私有制也有多种实现形式，如自有自营的业主制、合伙制、股份制等。

由于没有分清公有制的存在形式与实现形式的区别，出现了否定国有经济和集体经济、否定公有与私有区别的理论观点。如，有学者认为“十六届三中全会突破了把公有制主要实现形式定位为国有经济和集体经济的传统观点”，“完全摆脱了计划经济条件下对公有制的理解”。也就是说，不能再把公有制理解为国有经济和集体经济，而应把公有制理解为股份制。有的学者竟断言党的十六届三中全会的决定解决了所谓“姓公姓私”的争论。认为提出使股份制成为公有制的主要实现形式，是对股份制“姓公姓私”的新突破，“把‘姓公姓私’的问题基本上明确了”；是“放大公有制的界限，把股份制包括进去，今后由于绝大多数企业都是股份制企业，这样就没有必要再争论什么‘姓公姓私’的问题了”。这同样把股份制是公有制的主要实现形式，错解为股份制是公有制的主要形式、股份制一律“姓公”。其实，党的十五大报告已经解决了股份制的性质问题：“不能笼统地说股份制是公有还是私有，关键看控股权掌握在谁手中，国家和集体控股，具有明显的公有性。”讲“明显的公有性”不等于完全的公有制，因为其中参股的私人资本依然姓“私”。同理，如果由私人资本控股，就具有明显的私有性，但其中参股的公有资本依然姓“公”。

七、 社会主义应把大力发展生产力和发展与完善社会主义生产关系结合起来

什么是社会主义，怎样建设社会主义，是社会主义理论和实践的根本问题。我国在社会主义事业中凡是犯“左”的或右的错误，都与没有很好解决这一问题有关。邓小平指出，“我们总结了几十年搞社会主义的经验。社会主义是什么，马克思主义是什么，过去我们并没有完全搞清楚”①。又说：“什么叫社会主义，怎样建设社会主义，还在摸索之中。”在长时期中，理论界和决策部门对社会主义的认识是：公有制、按劳分配、国民经济有计划按比例发展。把这作为社会主义的重要特点是符合马克思主义原理的。但不完全，而且没有体现社会主义的根本优越性。这与没有全面掌握马克思主义的科学社会主义理论、没有全面认识和把握社会主义的判断标准有关。在“左”的年代，把重视发展生产力批判为唯生产力论，把重视提高人民生活水平批评为“好行小惠”，是经济主义；只强调公有制、按劳分配（往往流于平均主义）、计划经济，结果生产力没有快速发展，人民生活水平提高缓慢，形成普遍贫穷的社会主义。邓小平讲：“多少年来我们吃了一个大亏，社会主义改造基本完成了，还是‘以阶级斗争为纲’，忽视发展生产力。”②

社会主义公有制是社会主义制度的经济基础，但社会主义不是为公有而公有制。没有公有制为基础就不是社会主义。但只重视公有制，不重视快速发展生产力，不重视不断提高人民的物质文化生活水平、最终实现共同富裕，搞贫穷的公有制、贫穷的按劳分配，也不是合格的社会主义，“贫

① 邓小平文选：第3卷［M］．北京：人民出版社，1993：137.

② 邓小平文选：第3卷［M］．北京：人民出版社，1993：137.

穷不是社会主义”。过去讲社会主义，不强调发展生产力的必要性，认为任何社会都发展生产力，这不是社会主义的特点，而只从生产关系上判断社会主义。其实，社会主义优越性之一就是更快更好地发展生产力。

无论科学社会主义还是中国特色社会主义，都强调搞社会主义必须抓好两大环节：一是大力发展生产力；二是不断提高人民物质文化生活水平，实现共同富裕。《共产党宣言》中指出：无产阶级取得政权后，要尽可能快地增加生产力的总量。而发展生产力、增加财富是丰富和提高工人生活的一种手段。马克思在1857—1858年的《经济学手稿》中写道，在未来新的社会制度中，“社会生产力的发展将如此迅速……生产将以所有人的富裕为目的”①。恩格斯、列宁也都有类似论述。斯大林在《苏联社会主义经济问题》一书中，提出了“社会主义基本经济规律”，即“用在高度技术基础上使社会主义生产不断增长和不断完善的办法，来保证最大限度地满足整个社会经常增长的物质和文化的需要”②。同样强调两条：一是社会主义要运用“高度技术”不断发展生产力；二是发展生产力的目的是最大限度地满足全体人民的物质文化需要。我国在20世纪50年代普遍认同这一社会主义基本经济规律，后来在我国的有关论著中不再提及，但其内容是正确的，也是强调抓好社会主义的两个根本环节。

邓小平为了使大家搞清楚什么是社会主义、怎样建设和发展社会主义，在1992年南方谈话中提出，“社会主义的本质，是解放生产力，发展生产力，消灭剥削，消除两极分化，最终达到共同富裕”③。也是强调社会主义两大抓手和根本要求，是对马列主义的继承与发展。这里没有提及社会主义公有制，是因为既然讲的是社会主义本质，“社会主义”一词不言而喻是以公有制的存在为条件。还有更为重要的是，公有制存在的必要性是服从

---

① 马克思恩格斯全集：第46卷：下［M］. 北京：人民出版社，1980：222.

② 斯大林选集：下册［M］. 北京：人民出版社，1979：569.

③ 邓小平文选：第3卷［M］. 北京：人民出版社，1993：373.

于上述社会主义两大本质要求的。就发达资本主义国家来说，实行公有制可以消除私有制与生产社会化的矛盾，有利于促进生产力的更快发展；就我国来说，旧中国封建主义、官僚资本主义和在华帝国主义所有制阻碍着生产力的发展，代之以社会主义公有制，显著促进了生产力的发展。再者，只有在公有制基础上才能消灭剥削、消除两极分化，逐步实现共同富裕。

上述理论说明，搞社会主义，必须把大力发展生产力和消灭剥削、消除两极分化、实现共同富裕结合起来，就是把发展生产力和发展与完善社会主义生产关系结合起来，也就是要把生产力标准与社会主义生产关系标准结合起来。

八、分清生产力决定论、生产力标准论与唯生产力标准论和唯生产力论的区别

马克思主义认为，生产力决定生产关系，生产关系一定要适合生产力发展的状况，生产力是人类社会发展的最终决定力量。这一内容可概括为生产力决定论。但不能机械地、绝对化地理解生产力对生产关系的决定作用，完全否定其他因素的作用。如果没有中国共产党领导革命斗争并在全国（除台湾）取得胜利，我国不可能建立起社会主义制度，发展社会主义生产关系。《中国共产党章程》中讲："走中国人民自愿选择的适合中国国情的道路，中国的社会主义事业必将取得最终胜利。"可见，走什么道路有个选择的问题。不少原殖民地附庸国家独立后选择走资本主义道路，而中国选择了社会主义道路。沙皇俄国是一个生产力落后的资本主义国家，先于发达资本主义国家建立了社会主义制度，并快速发展强大，使苏联成为可称霸全球的超级大国。但生产力发展远远超过沙俄时代的社会主义国家苏联，竟然倒退回资本主义制度。上述种种事例显然不能用生产力决定生产关系的原理来说明。可以肯定，生产力决定着社会经济制度的更替。但

这是从归根到底的历史过程来考察的。从原始社会到奴隶社会、封建社会和资本主义社会的依次更替，都可用生产力决定论来说明。发达资本主义国家终将会由生产力突破其生产关系，转向社会主义，但转变的快慢与曲折程度会受到政治等因素的影响。我国在生产力落后的情况下选择了社会主义道路，但生产力的决定作用否定搞超阶段的“跑步进入共产主义”，也否定直接建立马克思所设想的发达资本主义国家将建立的单一社会所有制模式。我国实行中国特色社会主义制度，正是遵循生产关系一定要适合生产力发展状况规律的结果。之所以要讨论生产力决定论问题，是因为有的学者宣传机械的生产力决定的“一元论”，否定任何其他因素的作用，认为若讲其他因素的作用，就是反马克思主义的“二元论”“三元论”。如，有学者从生产力决定“一元论”，推衍出“唯生产力标准论”和“唯生产力论”，宣称“坚持历史唯物主义的基本原理，主要是唯生产力论”。“正是这个‘唯生产力论’把历史唯物主义与历史唯心主义从根本上区别开来。”“就历史唯物论来说，其中最基本的内容就是‘唯生产力论’。”并断定这是马克思主义观点①。

马克思主义重视生产力的决定作用，不仅是因为生产力决定生产关系，而且是因为生产力的发展促进了人类社会历史的进步。原始社会火的发明，给人类带来福祉。我国高铁的创新被不同社会制度的国家采用，造福于社会。这些与生产力决定生产关系的变革无关。任何科技的创新与发明都会造福于社会。因此，重视生产力的作用，肯定生产力决定论，不能只从生产力决定生产关系来说明，更不能宣传机械生产力决定论。

正是因为重视生产力发展的重大作用，便提出了“生产力标准论”。一个社会制度的进步与落后，一个政党政策的得失，要首先用生产力标准来衡量，看它是促进还是阻碍生产力的发展，以及促进生产力发展作用的大小。我国针对“左”的时期忽视生产力发展的弊端，党的十三大报告专门

---

① 汪海波．必须坚持生产力标准［J］．经济学动态，2011（6）：34－40．

提出生产力标准论："社会主义的根本任务是发展生产力。……是否有利于发展生产力，应当成为我们考虑一切问题的出发点和检验一切工作的根本标准。"生产力的发展固然会有利于生产关系的发展，但生产力标准并不是以此为根据提出的。比如用生产力标准评价半殖民地半封建主义的旧中国，可以肯定帝国主义、封建主义和官僚资本主义的统治阻碍了生产力的发展，这难以用生产力决定论予以说明。又如，毛泽东在1945年的《论联合政府》中讲："中国一切政党的政策及其实践在中国人民中所表现的作用的好坏、大小，归根到底，看它对于中国人民的生产力的发展是否有帮助及其帮助之大小，看它是束缚生产力的，还是解放生产力的。"① 显然，保护封建主义和官僚资本主义的国民党的政策和实践，束缚了生产力的发展，而中国共产党的政策和实践，有利于生产力的发展。这与生产力决定论并不是一回事，也不能用生产力决定论来说明。

实践证明：没有生产力的解放与发展，就不会有社会主义生产关系的发展与完善，不会有全体人民的共同富裕。但实践也证明：在我国现阶段，生产力的发展不会自然地实现消灭剥削、消除两极分化、走向共同富裕。因此，必须在理论上和实践中自觉地将生产力标准与社会主义价值标准（主要是社会主义生产关系标准）统一起来。不能只强调生产力标准而忽视社会主义价值标准。

然而，从机械生产力决定论引出"唯生产力标准论"和"唯生产力论"，反对讲体现社会主义重要价值标准的社会主义生产关系标准，认为讲社会主义价值标准就是生产关系和上层建筑决定生产关系的"二元论"和"三元论"，是唯心主义。这是混乱的理论逻辑，是将正确的生产力决定论与生产力标准论、同错误的唯生产力标准论和唯生产力论混同的结果，把主张社会主义经济社会生活中应有的公平、正义批评为上层建筑决定生产关系，并宣扬马列主义批判过的"唯生产力论"，不顾邓小平同志对"唯生

① 毛泽东选集：第3卷［M］. 北京：人民出版社，1991：1079.

产力论”的否定。邓小平指出，“马列主义没有‘唯生产力论’这个词，这个词不科学。列宁在批判考茨基的庸俗生产力论时讲，落后国家也可以搞社会主义革命。我们也是反对庸俗生产力论”①。在社会主义制度下宣扬“唯生产力论”，反对讲社会主义生产关系标准和上层建筑标准，是不利于实现社会主义建设任务的。

九、邓小平提出的三条“是否有利于”的标准不是判断姓“社”姓“资”的标准

邓小平南方谈话提出：“改革开放迈不开步子，不敢闯，说来说去就是怕资本主义的东西多了，走了资本主义道路……判断的标准，应该主要看是否有利于发展社会主义社会的生产力，是否有利于增强社会主义国家的综合国力，是否有利于提高人民的生活水平。”不少具有社会影响力的专家学者都将其作为判断姓“社”姓“资”的标准。这是一种误解。其实，三条“是否有利于”是判断改革开放是非得失的标准，也可以是判断一切工作是非得失的标准，将其作为判断姓“社”姓“资”的标准是悖理的。

第一，我国由计划经济转向市场经济，符合三条“有利于”的标准，难道能说市场经济姓“社”，计划经济姓“资”？第二，社会主义是不断发展与改革、除旧布新的过程，难道凡被改革的事物都姓“资”，或由“社”变“资”？第三，发展私营企业、个体经济，引进外资，符合三条“有利于”标准，难道统统姓“社”？外资企业是资本主义经济，这个能获得共识。它虽符合三条“有利于”，但不能由“资”变“社”。但有人正是通过错解三条“有利于”判断标准，断言私营经济和个体经济统统是社会主义经济。其实，私营经济是资本主义经济，不能把资本主义颠倒为社会主义。

---

① 邓小平年谱（1975—1997）：上［M］. 北京：中央文献出版社，2004：222－223.

个体经济是小商品经济，存在于多个社会制度中，不具有特定的社会经济性质。第四，将三条“是否有利于”作为判断姓“社”姓“资”的标准，就会得出不科学的理论逻辑：凡是姓“资”的东西都不符合三条“有利于”标准，不应发展。据此，私营经济和外资经济姓“资”，就应排斥其存在与发展了。

还有学者通过错解马克思的“普照的光”，断言我国社会主义现阶段的一切非公有制经济都是社会主义经济。其实，马克思在《 < 政治经济学批判 > 导言》中讲：“在一切社会形式中都有一种一定的生产决定其他一切生产的地位和影响，因而它的关系也决定其他一切关系的地位和影响。这是一种普照的光，它掩盖了一切其他色彩，改变着它们的特点。这是一种特殊的以太，它决定看它里面显露出来的一切存在的比重。”① 有的学者解读这段话时说：在各种不同的社会形态中都存在多种经济成分，其中主要经济成分是普照的光，其他经济成分的性质在普照的光下改变了自己的性质。用以说明：在我国公有制为主体条件下，其他多种非公有制经济成分，在公有制普照的光的影响下，都具有了社会主义性质。这种误读以讹传讹，在不少有关论著中出现。有必要说明：首先，认为一切社会都存在多种经济成分，不是事实。原始社会几百万年中没有多种经济成分。马克思认为，成熟的社会主义制度中没有私有制经济。其次，马克思讲这段话不是讲多种不同经济成分的关系，而是论述建立政治经济学体系的方法。在资本主义社会存在着土地所有制、商业资本、借贷资本、工业资本、农业资本等，其中工业资本是普照的光，因为资本主义制度的产生是与工业资本的产生和发展相联系的。在工业资本主导下，前资本主义就存在的土地所有制、商业资本、借贷资本等都成为资本主义经济体系的组成部分。因此，《资本论》的体系结构，就是首先在第一卷中论述产业资本（工业资本）的生产

---

① 马克思恩格斯选集：第2卷［M］．北京：人民出版社，1995：24.

过程的。

中国特色社会主义经济制度中有没有起普照的光作用的经济形式？这里不展开讨论。但如果说社会主义公有制是普照的光，我认为也是顺理成章的，因为它是社会主义制度的经济基础。没有公有制为基础或为主体，就不会有马克思主义科学社会主义和中国特色社会主义。但社会主义公有制这一普照的光不会使非公有制经济成为社会主义经济，而是要使它们在公有制影响和带动下为社会经济事业发展服务，最终有利于社会主义事业。

十、 经济体制转轨：转向社会主义市场经济的是是非非

我国经济体制改革由计划经济体制转向社会主义市场经济体制，经过了一系列中间环节。由计划经济为主、市场调节（市场经济）为辅，到有计划的商品经济体制；到计划和市场是覆盖全社会的，国家调节市场、市场引导企业；到计划经济与市场调节（市场经济）相结合；最后到建立社会主义市场经济。

在经济体制转轨问题上，存在一些理论是非，需要研究和澄清。

第一，应当用历史观点看待由计划经济转向市场经济的改革过程。不应全盘否定社会主义在一定时期内实行计划经济的必要性和作用。苏联实行计划经济，也曾起过推进生产力发展的作用，迅速缩小了落后沙皇俄国时期与美国的经济差距，为战胜强大的法西斯德国奠定了物质技术基础。新中国建立后也曾实行计划经济，尽管有“左”的失误，发展成就也超过了旧中国百年以上。而且生产力落后的新中国，如果在发展初期就搞市场经济，就难以集中力量在短时期内建立完整的工业体系，也难以大力发展以国有经济为核心的社会主义经济。计划经济有其内在的弊端，在经济发展到一定阶段时其弊端显露得更明显，需要转轨，最终确立了社会主义市场经济。

第二，有人把邓小平与陈云的理论观点对立起来，认为前者是市场经济派，后者是计划经济派，而且存在褒市场经济、贬计划经济和褒计划经济、贬市场经济的对立。这两种对立观都与未准确掌握邓小平与陈云的理论观点有关。不少学者没有准确解读邓小平于1979年11月26日与外宾谈话时所提出的社会主义市场经济的本义，认为邓小平那时就肯定提出了我国现在实行的社会主义市场经济。邓小平说："说市场经济只存在于资本主义社会，只有资本主义的市场经济这肯定是不正确的。社会主义为什么不可以搞市场经济……我们是计划经济为主，也结合市场经济，但这是社会主义的市场经济。"① 如果断言邓小平在1979年就提出现在实行的社会主义市场经济，就会产生一系列难以说明的理论与实践的矛盾。如，1984年，《中共中央关于经济体制改革的决定》中继续讲计划经济的优越性，并强调指出："就整体说，我们国家实行的是计划经济，而不是那种完全由市场调节的市场经济。"当时邓小平对这一决定的内容给予高度评价、完全肯定②。

实际上，邓小平1979年11月26日所讲的内容，是计划经济为主、市场调节（市场经济）为辅的观点的另一种表述。计划外的完全由市场调节的经济，就是市场经济。"为主为辅"的观点是陈云提出的，得到邓小平的赞同。在1982年4月3日的一次谈话中，邓小平讲："最重要的，还是陈云同志说的，公有制基础上的计划经济，市场调节为辅。"③ 并且将这一体制模式写入邓小平主持通过的《中共中央关于建国以来党的若干历史问题的决议》中。

弄清邓小平1979年关于社会主义的市场经济讲话的本义，就可以明了邓、陈的观点是一致的，不存在计划派与市场派的对立。因为陈云讲市场调节为辅，就是市场经济为辅。其实，早在1979年2月，李先念就和陈云

---

① 邓小平文选：第2卷［M］. 北京. 人民出版社，1983：236.

② 邓小平文选：第3卷［M］. 北京：人民出版社，1993：306.

③ 陈云年谱：下［M］. 北京：中央文献出版社，2015：338.

谈论过，两人主张计划经济和市场经济相结合，市场经济是补充，不是小补充，而是大补充[①]。

第三，邓小平关于社会主义市场经济的理论观点也有一个发展过程。他原来也是坚持计划经济，后来同意陈云计划经济为主、市场调节为辅的改革模式，往后又赞同公有制基础上有计划的商品经济模式，后来又提出计划经济与市场调节（市场经济）相结合，直到20世纪90年代初的南方谈话，才确定了社会主义市场经济的改革模式。

有关我国社会主义经济中“市场调节”“市场经济”概念和理论观点的最先提出，是陈云和李先念，获得邓小平的赞同。但后来邓小平超越了计划经济为主、市场调节（市场经济）为辅的板块结合的模式，提出计划经济与市场调节（市场经济）有机结合的模式，最后突破了社会主义不能全面实行市场经济的传统观点，建立了由市场配置资源的社会主义市场经济体制。

十一、 商品经济与市场经济的异同

在马克思、恩格斯的论著中，既没有商品经济和市场经济概念，也没有计划经济概念，但有商品生产、商品流通、市场价值、计划调节等概念。在列宁的著作中有商品经济、市场经济和计划经济概念。其实，商品生产与商品流通的统一就是商品经济。但商品经济与市场经济是什么关系？不少学者的论著中将其作为内涵相同的概念使用。有的学者简单认为，商品经济是通过市场的经济，因而就是市场经济。有的据此宣称自己早就提出市场经济观点，是市场经济派。也有学者将市场经济界定为高度社会化的商品经济。应实事求是地分析这个问题。在西方经济学中，只讲市场经济

① 陈云年谱：下［M］. 北京：中央文献出版社，2015：265.

而不讲商品经济。而且市场经济概念也是20世纪才提出和流行起来的，因而不存在商品经济与市场经济两个概念的关系问题。但在我国社会主义经济中，存在这两个概念的应用，学界对其内涵的界定存在差异。我认为，这两个概念虽有关联，但不能等同，市场经济是在商品经济基础上发展的。从我国的历史事实来看，即使在实行指令性计划经济的年代，也没有消除商品经济。毛泽东也一再强调发展商品经济。但那时的商品市场，不起市场调节作用，生产与流通完全由计划调节。也就是说，起资源配置作用的是计划而不是市场，因此是有商品经济而无市场经济。从理论论述来看，党的十二届三中全会《中共中央关于经济体制改革的决定》中提出，必须大力发展商品经济；我国实行“有计划的商品经济”。同时又说，我国在总体上实行计划经济，“而不是那种完全由市场调节的市场经济”。可见，这是将商品经济与市场经济两个概念分别应用。

我国提出和实行社会主义市场经济后，有的学者主张用市场经济取代商品经济概念，认为不必再讲商品经济了。我认为，“社会主义商品经济”与“社会主义市场经济”有并存的必要。我国目前存在多种所有制经济，也就存在多种不同的商品经济。有公有制为基础的社会主义商品经济，有私营经济和外资经济的资本主义商品经济，有个体经济的小商品经济。也就是说，可按不同的所有制经济区分为不同性质的商品经济，但不能按不同经济成分划分为多种市场经济。市场与市场经济是统一的，主要是从市场配置资源着眼，因而多种所有制经济都可统一于社会主义市场经济中。但不能将一切私有制的商品经济都纳入社会主义商品经济之中。也就是说，非公经济可以成为社会主义市场经济的组成部分，但不能成为社会主义商品经济的组成部分。《关于经济体制改革的决定》中指出：社会主义商品经济“是在公有制基础上的有计划的商品经济。”显然，私有制商品经济不是社会主义商品经济。商品经济是商品生产与商品流通的统一。社会主义公有制商品生产的性质和关系，与私营、外资经济是不同的。前者不存在商品生产中劳资对立的关系，而后者则存在资本与雇佣劳动对立的关系。

有的学者将市场经济界定为高度社会化的商品经济，也难认同。因为我国是在生产力和商品经济均很落后的条件下建立社会主义市场经济的，提出和建立社会主义市场经济已20多年，直到现在我国的商品经济也没有达到“高度社会化”。如果从商品经济与市场经济的关系上界定市场经济，可以说，市场经济是通过市场调节实现资源配置的商品经济。按现在的认识，市场经济是市场决定资源配置的经济。

十二、关于效率与公平的理论是非和贫富分化的根源问题

我国曾流行过多年“效率优先，兼顾公平”的提法，将此作为社会主义的分配原则。还进一步讲：“初次分配重视效率，再分配重视公平。”就是初次分配可以不重视公平。我始终不认同这一原则。在我的论著中，一贯讲在分配关系中应是公平与效率统一和并重，效率优先的对象不应是优先于分配公平。我主张生产重效率、分配重公平。在生产领域可以强调效率优先，优先于追求产值、追求GDP。社会主义应当重视初次分配的公平。理由是：第一，收入差距过大和产生两极分化正是初次分配不公的结果。在社会保障制度尚不健全的情况下，想靠再分配来取平，是不可能实现的。第二，社会主义最本质的优越性是实现全体人民的共同富裕。这需要从初次分配做起。社会主义的分配公平与资本主义的分配公平是不同的，前者是以消灭剥削、消除两极分化、实现共同富裕为最终目标。如果初次分配不重视公平，就会产生偏离社会主义原则的贫富分化。第三，效率优先，不重视分配公平，有利于资本而不利于劳动。私营、外资企业可将效率优先等同于利润率优先，不顾对劳动者的收入分配公平，并损害职工的应有权益。第四，有学者从生产决定分配、先生产后分配来论证效率优先、兼顾公平的正确性，并形象地比喻为先做蛋糕，后切分蛋糕。这种论证在逻

辑上是不合理的。固然，生产在先、分配在后，生产什么才能分配什么，生产多少才能分配多少，蛋糕做大才能蛋糕多分。但是不能由此推论出重生产、轻分配的观点，认为初次分配可以不顾公平，任由收入分配差距过分扩大。先生产后分配，这是再生产过程的顺序。但生产是服从于消费需要的，要通过公平分配来满足需要。先做蛋糕是为了切分蛋糕，生产出蛋糕就要及时公平地切分好蛋糕。生产决定分配，并没有决定社会主义经济中实行不公平分配。相反，社会主义生产决定了社会主义的公平分配是按劳分配。先生产后分配顺序与分配公平不公平是不同的两回事。第五，效率优先、兼顾公平、初次分配不顾公平是西方右翼经济学家如哈耶克、弗里德曼等的观点，并没有获得西方广大学界和社会的认同，连西方政府也没有采纳这种原则。在我国收入分配出现差距过大的趋势下，不少学者提出应调整“优先、兼顾”的原则，应向公平倾斜。中央也逐渐调整并最后放弃了原有的提法。党的十七大报告改提“初次分配和再分配，都要处理好效率和公平的关系，再分配更加重视分配公平”。

改革开放以来，我国生产力快速发展，但同时也出现了收入差距严重扩大的趋势。对于贫富分化的根源，学界认识不同。在这个问题上需要用马克思主义生产关系决定分配关系的原理来说明。贫富分化的产生应区分非本质原因和本质原因。用城乡二元结构、地区发展不平衡、行业发展不平衡、垄断与腐败等作为其原因，固然有各自的道理，但都是非本质原因。生产资料所有制是生产关系和分配关系的基础。生产关系决定分配关系，资本主义所有制和资本与雇佣劳动相结合的生产方式，决定了资本主义的分配方式是以按资本分配为核心的按要素（生产要素和流通要素）所有权分配。社会主义公有制和劳动者作为主人与公有的生产资料相结合，决定了社会主义的分配原则是按劳分配。在资本主义经济中，资本处于强势，劳动处于弱势，资本追求利润最大化，必然产生收入分配不公平。从世界范围看，以私有资本为主体的市场经济国家都存在贫富分化问题。萨缪尔森等的西方经济学论著早已说明这一问题。近期法国皮凯蒂的《21 世纪资本论》一书，又系统论证了这一事实。我国目前的 GDP 总量中，非公经济提供了 70% 到 80%，城镇劳动者 80% 以上在私有制经济中就业。可见，按要素所有权分配比重远远大于按劳分配。无视这一现实对分配关系中贫富分化出现的作用，是非科学的。这样讲会引起敏感话题：是否贬抑和否定非公有制经济和市场经济的地位和作用？不！只是主张一分为二地分析问题。既肯定现阶段非公经济发展的必要及其积极作用，肯定实行社会主义市场经济的必要和作用，但也要看到它会产生分配不公、出现贫富分化的负面效应。我国不能搞新自由主义的私有化和完全市场化，而要在国家宏观调控下，抑制其负面效应，引导其向正面效应发展。国家目前强调以人为本、民生为重，强调共同富裕是社会主义的根本原则，着手改进分配制度，提高低收入者收入水平，就是要力求缓解收入差距过大的趋势。

十三、 关于社会主义经济增长和经济发展的问题

国家先提出转变经济增长方式，后提出转变发展方式。经济增长主要是发展生产力的问题，而经济发展是以经济增长为基础，包括经济、社会、环境、教育、经济关系等发展的多方面内容。提出转变经济发展方式，并不是用以取代经济增长方式，二者是同时并存、前者包括后者并以后者为条件的关系。经济快速优化发展，才能拉动社会各方面的有效发展。但也可能割裂经济增长与发展的关系，出现快增长而慢发展，或有增长而无发展。这就需要统筹兼顾、全面协调可持续的科学发展。

经济增长分为粗放型增长和集约型增长，也可分为内涵型增长和外延型增长。在英语中集约和内涵是同一个字，外延与粗放也是同一个字，因

而学界不少人认为集约型增长与内涵型增长同义，粗放型增长与外延型增长同义。根据这种认识，当党的十四届五中全会提出我国要实现经济增长方式转变、重在由粗放型转向集约型时，有的学者宣称就是要由外延型增长转变为内涵型增长。这种认识失去了准确性与科学性。

集约型和粗放型本是应用于农业生产中的两个概念，是农业中的两种经营方式。通过扩大耕地面积发展生产称作粗放型，在同一土地上增加投入以提高产量称作集约型。在李嘉图的著作中和马克思的《资本论》中也用这两个概念。马克思当时并没有把粗放型视作低效率。马克思认为，扩大耕地面积增加产量，可以是投向肥沃程度不同的土地，也可以投向更肥沃的土地。而原始土地积淀着有利于农业生产的自然因素，所以并不一定是“广种薄收”，也可以是广种多收。因此，粗放型经营并不必然意味着效益低下。后来，粗放型、集约型概念扩展到工业等其他经济部门，粗放型耕作变成“广种薄收”的同义词，工业等部门的粗放型经营也变成高投入、高消耗、低产出、低效益的解读。概念的内涵也经历了历史的变迁。

在理论认识上，不能把经济增长的集约型等同于内涵型、把粗放型等同于外延型。内涵型扩大生产与外延型扩大生产，是马克思在《资本论》中提出的。集约型或粗放型增长是两种经营方式，而内涵型或外延型发展是两种扩大再生产的方式。同一字或同一词可以有多种含义，中外一样。不应从一词多义引出对不同概念内涵的混淆。如，汉字“沽”既有买义，又有卖义，不能因此断言在汉语中买与卖是一回事。就一个企业内部来说，增加新车间、扩大厂房面积是外延型扩大生产，在原有工厂和车间内增加投入和产出是内涵型扩大生产。就社会范围来看，建立新企业是外延型扩大生产，同一企业增加投入产出是内涵型扩大生产。我国倡导企业“挖潜改造”，通过管理创新、技术创新提高效益，这是内涵型扩大、集约型经营，不赞同低水平重复建设、乱铺摊子，也就是应减少低水平的外延型扩大，这是正确的，但是不排除和贬抑外延型扩大。国家需要建设高新科技产业，增加基础设施建设，可以是外延型扩大、集约型经营。如宝钢的建设、高铁的发展等。另外，我国发展多种所有制经济，私营、个体和外资企业每年不断增加，这种外延型发展是需要的。因此，我国的经济增长与发展，应是重集约、轻粗放，由粗放型增长方式转变为集约型增长方式。至于内涵型扩大和外延型扩大，应是两者并重，不存在强调由外延型扩大转变为内涵型扩大的问题。

近年来，我国强调转变经济增长和发展方式，强调调整拉动经济增长的“三驾马车”的增长结构，减少过重的出口依赖和投资依赖，扩大消费内需。不以 GDP 论英雄，这是正确的，但又不能忽视 GDP 的增幅。不搞唯 GDP，但又不要忽视 GDP。不过度依赖出口和投资，但又不能忽视出口和投资的重要作用。特别是在当前需要保持经济中高速增长的新形势下，更是如此。

我国的经济发展是科学发展，是以人为本、统筹兼顾、全面协调可持续发展。既要重视经济的发展，也要重视社会的发展、人的发展，还要重视经济社会发展的安全，重视社会主义经济制度的发展。我认为，转变经济发展方式需要处理好四方面关系：一是处理好经济增长方式转变与经济发展方式转变的关系，二者既具有一致性，又存在差异性和矛盾性。靠高投入、高消耗、高污染、低产出、低效益、低质量、低工资的经济增长，也可以是快速的，但不利于经济社会的发展和发展方式的转变。二是处理好经济发展与人的发展相统一的关系。劳动者的生产知识、科技水平越高，越有利于经济发展和发展方式的转变。三是处理好经济发展中利用外资和经济安全的关系。引进外资有利于我国经济发展，但要分清外资与内资对民族经济发展的作用差异。前一个时期有人宣称外资企业在中国发展就是中国民族经济。这种论断不能认同。它会导致忽视民族经济的安全。有些外资并购我国品牌企业，具有垄断生产和市场的目的，应当引起注意。四是处理好经济发展与社会主义经济制度发展的关系。经济发展了，财富增长了，但如果私有制经济占比不断扩大，以国有经济为核心的社会主义公有制经济不断消退，占比不断下降，收入分配差距不断扩大，广大工农群众成为弱势群体，将与作为社会主义本质内容的消灭剥削、消除两极分化、逐步走向共同富裕的要求越来越远，经济发展和转变发展方式就会失去其社会主义应有的意义。应切记：我国的经济发展，是社会主义经济的发展！

（原载于《经济纵横》2016 年第 1 期）

创建中国特色社会主义政治经济学怎样看待斯大林的观点

创建和发展中国特色社会主义政治经济学，要以马克思主义的科学理论为第一思想源泉，也就是以马克思本人的政治经济学观点和后起马克思主义者发展了的科学观点为源泉，还要以中国特色社会主义经济实践为事实依据。同时，对后起重要马克思主义者的有关观点需要进行理论上的梳理与辨析。一是看其与马克思的经济学原理是否是源与流的衔接，二是看其理论观点是否符合经济社会发展实际。苏联是世界上第一个社会主义国家，斯大林以其权威的地位领导苏联几十年。对他的经济学理论怎样评价，有必要进行具体辨析，不科学地批评与否定和不科学地照搬照套都不可取。斯大林有关政治经济学的著作虽然不是很多，但其影响深远。斯大林的《苏联社会主义经济问题》一书，毛泽东于1958年亲自花时间仔细系统阅读并写了批注，还建议全国党政干部阅读。斯大林的《辩证唯物主义与历史唯物主义》，从1938年出版后的长时期中，曾作为马克思主义的经典文献广泛传播，曾是我国党政干部和马克思主义理论工作者的必读著作。从现今的发展着的马克思主义视角评析斯大林的政治经济学观点，可以说，既有正确的、科学的内容，也有不完全符合马克思有关理论和经济实践方面的内容，这两方面的是非需要我们在中国特色社会主义政治经济学的建设中进行取舍。这里简要谈几点。

马克思主义政治经济学和历史唯物主义，都有两个重要概念：生产力与生产关系。当代中国马克思主义政治经济学或中国特色社会主义政治经济学，既要大力发展生产力，又要重视推进社会主义生产关系的发展与完善。但是，什么是生产力，生产力要素包括哪些内容？什么是生产关系，生产关系包括哪些方面？斯大林的论述与马克思的论述是否完全一致？哪种提法理论上更科学、更符合经济社会实际？中国特色社会主义政治经济学的研究对象与马恩研究资本主义的政治经济学的对象是完全一致，还是应有所发展？当然，都要研究生产关系和经济规律，前者是研究中国特色社会主义生产关系及其发展规律，后者是研究资本主义生产关系及其产生、发展和最终为社会主义所取代的规律。但作为研究对象，中国特色社会主义政治经济学要不要为发展生产力服务，是有必要弄清楚的重要问题。

一、 关于生产力问题

1938年，苏联出版了《联共（布）党史简明教程》一书，其中第四章第二节《辩证唯物主义和历史唯物主义》是由斯大林执笔的。他用通俗明快的语言阐述了马克思主义这一理论的基本观点，从整体上说是应予肯定的。其中，对生产力决定生产关系，生产关系要适应生产力的发展而发生变化，生产关系又反作用于生产力的历史唯物主义观点，联系历史发展过程的实际进行了系统论证和论述。并论述了随着生产力的发展，从原始氏族社会到奴隶制社会、封建主义社会、资本主义和社会主义社会发展变化的历史过程。但是，斯大林对构成生产力的要素是什么，讲述得并不完全准确。既不完全符合马克思的观点，也不符合社会生产力发展的实际情况。他对生产力所做的定义是："用来生产物质资料的生产工具以及有一定的生产经验和劳动技能来使用生产工具，实现物资资料生产的人——所有这些因素构成社会生产力。"[①] 学界简称为生产力二要素，即生产工具和劳动力。

① 联共（布）党史简明教程［M］. 北京：人民出版社，1976：123、124.

斯大林在世时，中苏政治经济学都以这个二要素论来定义生产力。我国老经济学家王学文同志于1950年出版《政治经济学教程绪论》，主张生产力三要素论，即马克思在《资本论》中所讲的劳动过程的三个简单要素：劳动者、劳动对象和劳动资料。王学文的生产力三要素论比起斯大林的二要素论来，与马克思的理论观点和生产实践更靠近一些。马克思指出：“撇开生产过程中的生产关系，只从劳动过程来考察，其简单要素是有目的的活动和劳动本身、劳动对象和劳动资料。”① 生产力是人们通过劳动生产物质资料的能力。或如马克思所述，生产力是具体劳动生产使用价值的能力。而生产物质资料，光有劳动和生产工具是远远不够的，还必须有劳动对象，即原材料、自然资源等。劳动资料不仅首先包括生产工具，还包括如水电、燃料、基础设施等。马克思所讲的劳动过程的简单要素，也是生产过程或生产力的简单要素。其内涵远远超过斯大林的生产力二要素论。二要素论不仅舍弃了劳动对象，连劳动资料的多项内容也被舍弃了，只留下生产工具了。

如果进一步探讨马克思所讲的劳动过程或生产力的简单要素，“三要素论”也存在问题，对马克思的原意没有完全领会。人们往往忽视了马克思所讲的是“简单要素”，这是指从古到今以及今后任何社会生产都离不开的最简单、最一般的要素。这个提法本身就显示着随着生产力的发展，会有新的要素加进来。马克思明确指出：“生产力，即生产能力及其要素的发展。”② 这表明生产力的要素是随着生产力的发展而不断发展的。所谓“发展”包括两重含义：一是原有“简单”要素的优化发展，二是新要素的加入，是总体要素的发展。马克思还对其所讲的“简单要素”做了说明：“就劳动过程只是人和自然之间的单纯过程来说，劳动过程的简单要素是这个过程的一切社会发展形式所共有的。但劳动过程的每个一定的历史形式，

---

① 资本论：第1卷［M］．北京：人民出版社，2004：208.

② 马克思恩格斯文集：第7卷［M］．北京：人民出版社，2009：1000.

都会进一步发展这个过程的物质基础和社会形式。”[①]“物质基础”的发展既指原简单要素的发展，也指新的物质基础，如科学的发展，“社会形式”的发展，包括诸如分工协作、企业管理等形式。

马克思政治经济学是主要研究资本主义经济规律的。发达资本主义国家的生产力已有很高的发展。马克思已看到英国等国家在发展生产力中科技和企业管理的重大作用，看到自然力的广泛应用，他反复强调科学是生产力。“生产力中也包括科学。”[②]“生产力是随着科学和技术的不断进步而不断发展的。”[③]有些学者由于受原有生产力二要素三要素的观点的影响，虽然承认了邓小平讲的科技是第一生产力的观点，但到现在其论著中，还不承认科学是独立的生产力要素，只把科学作为渗透于三要素中的因素。其实，科学不仅是渗透到其他生产力要素中发挥作用，并且也独立发挥作用。马克思指出：“大工业则把科学作为一种独立的生产能力。”[④]又说：“科学作为独立的力量被并入劳动过程。”[⑤]在当代社会生产中，科技创新成为加速发展生产力的决定性因素。

分工协作和自然力也是推进生产力发展的因素。马克思在《资本论》第一卷第十一章中专门分析了协作的作用，认为在多数人结合劳动的条件下，结合工作日会产生一种特殊的生产力。这是社会劳动的生产力。“这种生产力是由协作本身产生的。”在社会生产中，需要利用自然力，如水力、风力、太阳能等，农业生产中更需要多种自然力。马克思指出：应用机器劳动把单纯的自然力如水、风、蒸汽、电等，变成社会劳动的力量。而上述增加的生产力，只是所用的单纯自然力的一部分。

其实，马克思在《资本论》第一卷第一章中，就系统论述了决定生产

① 资本论：第 3 卷 [M]. 北京：人民出版社，2004：1000.

② 马克思恩格斯全集：第 48 卷：下 [M]. 北京：人民出版社，1980：211.

③ 资本论：第 1 卷 [M]. 北京：人民出版社，2004：698.

④ 马克思恩格斯文集：第 5 卷 [M]. 北京：人民出版社，2009：418.

⑤ 马克思恩格斯文集：第 5 卷 [M]. 北京：人民出版社，2009：743.

力的五种要素。这是资本主义生产中已经具有的发展了的生产要素："劳动生产力是由多种情况决定的，其中包括：工人的平均熟练程度，科学的发展水平和它在工艺上应用的程度，生产过程的社会结合，生产资料的规模和效能，以及自然条件。"① 在《资本论》中，劳动生产力与生产力的内涵是一致的。但长期以来，人们只着眼于生产力二要素与三要素之别，并以此去套解马克思的生产力理论，并误解劳动过程"简单要素"的论述，硬把《资本论》中"劳动生产力"与生产力割裂开来，硬说劳动生产力是劳动生产率，而非生产力。我曾用多个论据论证了劳动生产力与生产力是一致的。第一，在马克思论述中，经常把两者通用。兹举一个例子，马克思在论述相对剩余价值生产时，指出："相对剩余价值与劳动生产力成正比。它随着生产力提高而提高，随着生产力降低而降低。"② 显然，这里讲的劳动生产力与生产力是同义的。第二，劳动生产力概念并不是马克思首先提出的，是继承了古典经济学家的用语。李嘉图等强调生产力是劳动的生产力，即由劳动创造的生产力，而资产阶级及其辩护学者则强调资本生产力。在资本主义经济中，资本是生产中的主导力量，生产资料表现为生产资本，分工协作、企业管理是资方组织的，自然力的利用也是由资本支配的。所以，他们强调资本生产力而不赞同李嘉图只强调劳动生产力。马克思当然强调一切生产力要素都是由劳动发动的，所以把生产力也称作劳动生产力。第三，马克思所讲的决定劳动生产力的五个要素，在其他章节中称作为生产力的要素，分别进行了分析和论述。其中所讲的"生产过程的社会结合"是指分工协作、管理工作等并在相关章节中作为生产力要素展开论述。第四，马克思把生产力界定为具体劳动生产使用价值的能力。因此，生产力或劳动生产力是具体劳动的生产力。第五，不能把生产力和劳动生产率割裂开来，生产力的高低会通过劳动生产率的高低表现出来。因此，决定生

① 资本论：第1卷［M］. 北京：人民出版社，2004：53.

② 资本论：第1卷［M］. 北京：人民出版社，2004：371.

产力的要素也是决定劳动生产率的要素。发展生产力，不是重在产值多少，而是重在劳动生产率和产品质量的提高。

历史的发展和理论实践充分证明，马克思有关生产力的论述及其所包含的多层要素，是准确的、科学的。而来源于斯大林的生产力二要素论，则是残缺不全的。斯大林去世后，特别是改革开放以来，除个别学者仍坚持斯大林的生产力二要素外，在有关教材和论著中，都将其放弃了。作为马克思主义理论研究和建设工程的重点教材《马克思主义政治经济学概论》，也放弃了二要素论。该书关于生产力的内容除了讲劳动者、劳动对象和劳动资料外，加入了科学，还加入了马克思没有讲过的信息。这也超出了生产力三要素论。信息作为生产力的新的要素，是马克思没有看到的，是社会生产力进一步发展的结果。随着未来科技的高度发展，还将有新的生产力因素加进来。中国特色社会主义要大力发展生产力，以实现消除两极分化和达到共同富裕。发展生产力的要素和途径在不断创新中，我国提出一系列新的发展理念。需要放弃不符合生产力发展途径和规律的非科学的概念和理论观点，恢复和创新马克思的生产力理论。

二、 关于生产关系问题

1952 年，苏联发表了斯大林的《苏联社会主义经济问题》，这是写给为编写苏联《政治经济学教科书》召开的讨论会参与者的。在我国 50 年代曾作为全国学习政治经济学的权威论著，其中既有正确的坚持和发展马克思主义经济学的内容，也有受历史局限性和体制束缚具有片面性而且与中国特色社会主义经济理论与经济制度不相适合的内容。创建中国特色社会主义政治经济学，不能不回顾和审视斯大林的这一部在我国起过深远影响的社会主义经济学著作。

毛泽东很重视《苏联社会主义经济问题》这部著作。他在 1958 年 11

月的谈话中主张对这部著作“要好好读，要多读几遍……目前研究政治经济学问题有很大的理论意义和现实意义”。他认为这部著作“正确的方面是主要的，一、二、三章中有许多值得注意的东西，也有一些写得不妥当，再有一些恐怕他自己也没有搞清楚”①。

应当肯定，这一著作中阐发了一些具有理论价值的观点。例如，强调自然规律和经济规律的客观性。人们可以认识规律、利用规律，但不能改造和废除规律，更不能制定和创造新的规律。还论述了运用生产关系一定要适合生产力的性质的规律进行社会主义革命和建设事业。提出了社会主义基本经济规律和国民经济有计划按比例发展规律。并指出不能把国民经济有计划按比例发展规律与国家制定的计划混为一谈。这两条规律在50年代的中央文件和中外马克思主义政治经济学教材中完全肯定和予以传播，但后来在我国的有关论著和教材中不再提了，近年来，有些学者重新提出。笔者认为，具体提法可以进一步探讨，但其理论观点是应当肯定的。因为重视科技领先快速发展生产力、自觉地按比例协调发展国民经济，不断提高人民物质文化生活水平，实现共同富裕，正是马克思主义实行社会主义的本质要求。

在《辩证唯物主义和历史唯物主义》著作中，斯大林认为，在社会主义制度下，“生产关系同生产力状况完全适合，因为生产过程的社会性是由生产资料的公有制所巩固的”②，即生产力与生产关系不再存在矛盾。而在《苏联社会主义经济问题》中，则肯定了社会主义生产关系与生产力仍然存在矛盾。“不能把这种说法理解为仿佛在社会主义制度下绝没有生产关系落后于生产力的增长的现象。生产力是生产中最活动、最革命的力量。这种力量，就是在社会主义制度下也无可争辩地走在生产关系的前面。生产关

① 毛泽东读社会主义政治经济学批注和谈话（简本）[M]. 中华人民共和国国史学会编印，1998：7.

② 斯大林选集：下卷 [M]. 北京：人民出版社，1979：449.

系只是经过一些时候，才会被改造得适合于生产力的性质。”① 这是正确的。进行经济体制改革，就是需要改革不适合生产力发展的原有体制，以解放生产力。

社会主义条件下要不要保留商品生产和交换，曾是苏联学界长期争议的一个问题。因为马克思、恩格斯曾认为社会主义将消灭商品生产和商品交换。斯大林以其权威的地位肯定了社会主义存在商品生产和交换的必要性。毛泽东对斯大林肯定社会主义存在商品生产给予积极的评价，并批评了 1958 年有些人急于消灭商品生产的错误。但斯大林只肯定消费资料是商品，承认价值规律的作用，却否认其起生产调节者的作用。这与当时苏联的经济体制有关。他肯定商品流通在当时发展经济中的作用，但又提出要逐步用产品交换替代商品流通。这个认识会涉及后面将讲到的政治经济学的对象问题。

在政治经济学的对象问题上，斯大林既提出了一些具有理论意义的科学观点，也提出某些不够准确的值得探讨的观点。其中一个科学观点在我们论述社会主义政治经济学的对象，特别是探讨中国特色社会主义政治经济学的对象时，应予以重视。斯大林提出：要把政治经济学的对象和领导机关经济政策的对象区分开来，不要将二者混同。“政治经济学是研究人们生产关系发展的规律，经济政策则由此做出实际结论，把它们具体化。把经济政策的问题压在政治经济学上，就是葬送这门科学。”不要把研究社会主义经济规律的政治经济学写成经济政策的堆积。不过我们应当将治国理政正确的大经济政策和处理日常经济事务的具体经济政策区分开来，诸如实行改革开放、调整所有制结构、实行股份制等，是发展我国经济的大政策，同时又是一种重大经济理论导向，并要转化为经济实践。这样，中国特色社会主义政治经济学就要研究诸如由计划经济转向社会主义市场经济的改革，研究多种所有制经济的各自性质和相互关系以及怎样在国有经济

① 斯大林选集：下卷［M］. 北京：人民出版社，1979：577.

为主导、公有制为主体条件下共同发展，研究怎样搞好多种形式的股份制等。至于改革与发展中适时提出并根据条件变化而随时改变的某些具体政策，则不应成为政治经济学的研究对象。

斯大林提出的作为政治经济学研究对象的生产关系包括三个方面："（一）生产资料的所有制形式；（二）由此产生的各种社会集团在生产中的地位以及他们的相互关系，或如马克思所说的'相互交换其活动'；（三）完全以它们为转移的产品分配形式。这一切共同构成政治经济学的对象。"①

有学者曾发表论文，批评斯大林把生产资料所有制作为生产关系的独立的一项内容，指责这是蒲鲁东的错误观点，他们所根据的是马克思讲过所有制是生产关系的总和一类观点。这种批评不能成立。所有制是生产关系的基础，这是马克思主义的基本观点。但所有制并不是如蒲鲁东所理解的那样是独立于其他生产关系之外的单独的一项。所有制作为生产关系体系的基础，会渗透到生产、交换、分配、消费等诸关系中，并起着决定性作用。比如，生产资料公有制是社会主义生产关系体系的基础，它决定社会主义生产关系、分配关系和交换关系。所以，我们经常把社会主义公有制称作社会主义经济，代表了社会主义生产关系总和。不过，斯大林关于政治经济学的对象没有讲马克思、恩格斯很重视的交换关系。他在第二项中虽讲到"或如马克思所说的'相互交换其活动'"，但马克思这句话所讲的是生产中劳动者分工协作的关系，是劳动交换关系，不是生产领域之外的商品交换或产品交换。忽视交换关系，这与斯大林认为随着社会主义经济的发展，商品交换会逐渐不利于生产力发展和不利于向共产主义过渡的观点有关。然而，实践证明，社会主义为了进一步发展生产力和进行经济体制改革，就需要确立商品经济的重要地位和作用。特别是将改革的目标模式确定为由计划经济转轨为社会主义市场经济时，就更离不开大力发展商品经济并运用其经济规律的作用。因此，斯大林论著中缺少交换关系的

---

① 斯大林选集：下卷［M］．北京：人民出版社，1979：594－595．

生产关系，不能照搬作为中国特色社会主义政治经济学的研究对象。我国目前的政治经济学教材中，一般都放弃这种论断了，个别学者再去坚持就脱离我国实际了。现在的有关论著中，讲述作为政治经济学的对象的生产关系时，大都讲生产、交换、分配、消费即再生产四环节的关系。其实，马克思的论著中所研究的生产关系范围更广泛。《资本论》是从第一卷第五章《劳动过程与价值增殖过程》才开始进入对资本主义直接生产过程中的生产关系进行研究。前三章讲商品和货币，是阐述资本主义经济产生的历史前提条件，阐述作为资本主义经济细胞的商品，阐述作为资本主义财富表现的“庞大的商品堆积”。第四章是阐述作为资本主义产生的社会经济条件，即货币变为资本、劳动力成为商品。有了这个资本与雇佣劳动的结合，才能进入资本主义生产过程。《资本论》还讲了资本原始积累过程，讲了资本主义的经济运行机制，讲了资本主义终将被社会主义所取代的历史必然性，等等。其中有不少内容是再生产四环节所不能概括的。要知道所谓“四环节”或四方面的经济关系，并不是由马克思先提出的。马克思是对某些资产阶级政治经济学中所讲的“论生产、论交换、论分配、论消费”的相互关系的肤浅看法进行辩证，提出自己的科学观点。马克思并没表示这四个方面的关系就是他所创建的政治经济学研究对象的全部内容。

三、 中国特色社会主义政治经济学的对象与生产力的关系

有必要讨论一下政治经济学的对象与生产力的关系，特别是中国特色社会主义政治经济学要不要研究生产力的问题。这里也存在继承和发展的论题。任何生产关系都是以一定发展阶段的生产力状况为基础的。因此，马克思研究资本主义经济制度都是紧密结合生产力的发展状况进行的，但又不讲生产力是研究对象，这是因为马克思研究资本主义的政治经济学，重在揭示资本主义经济的本质关系，阐明资本主义产生、发展和终将被新

社会制度取代的经济规律，是为革命事业服务的。马克思没有责任为资产阶级发展生产力出谋划策，为其致力于研究怎样更好更快地发展生产力。但马克思、恩格斯、列宁提及社会主义的基本原理时，都强调要紧抓两个基本环节，一是快速发展生产力，二是不断提高人民的生活水平，实现共同富裕。斯大林在其论著中遵循马克思的理论，正确阐述了生产力和生产关系的相互关系，提出生产关系一定要适合生产力发展状况的规律。特别是他所提出的社会主义基本经济规律，其中心思想是：社会主义要利用高度技术快速发展生产力，以满足社会的物质文化需要。其原话是："在高度技术基础上使社会主义生产不断增长与不断完善的办法来保证最大限度地满足整个社会经常增长的物质和文化的需要。"根据这一基本经济规律，顺理成章地可以提出社会主义政治经济学应为发展生产力服务，提出创新与发展的见解。但他在讲政治经济学的对象时，没有考虑研究资本主义经济的政治经济学对象与研究社会主义经济的政治经济学的对象有所不同，没有讲社会主义政治经济学应为发展生产力服务。这是个欠缺。在当前条件下既然明确社会主义的根本任务是发展生产力，发展是第一要务，根本目的是消灭剥削、消除两极分化，达到共同富裕。因而，应当提出，中国特色社会主义政治经济学既要为发展和完善社会主义生产关系服务，这方面研究得还很不够，还存在许多误区和盲区；也要为发展社会生产力服务。这样，研究对象就需要发展。只讲研究生产关系联系生产力就不够了，要研究怎样更好更快地发展社会主义社会的生产力。但是应明确的是从经济理论上和社会层面上而不是从技术或工艺学层面上研究怎样快速发展生产力。也就是说，这里不是简单地讲要研究生产力。因为如马克思所讲，政治经济学不是工艺学，不研究如怎样采煤、怎样炼钢等，那是科技工作者的任务。无论资本主义政治经济学还是社会主义政治经济学，都不会把这作为研究对象。我讲的是"怎样更好更快地发展生产力"，是从社会层次进行研究的。可以分三个层次：其一是研究怎样改革不适应生产力发展的原有体制，以解放生产力。比如怎样由计划经济转向社会主义市场经济，怎样既发挥市场配置资源的决定性作用，又更好地发挥政府的作用。其二从经济理论上研究怎样优化和发展决定生产力发展的诸要素，比如怎样提高劳动者的知识和科技水平，怎样搞好分工协作，怎样搞好企业管理和发挥科技作用，怎样提高诸生产要素的组合效率。其三是从生产力的社会层面研究生产力的发展。例如，怎样转变经济增长方式和社会发展方式；怎样实现统筹兼顾、全面协调可持续发展；怎样做大做优做强国有企业以发展社会主义经济；怎样推进供给侧改革，提供和增加有效供给，减少无效供给和产能过剩，等等。怎样实现习近平总书记提出的新发展理念，即创新发展、协调发展、绿色发展、开放发展和共享发展。这都是属于社会层面的生产力发展问题，需要提供政治经济学的智慧，也应是中国特色社会主义政治经济学的研究任务，是其研究对象的一部分内容。

（原载于《江淮论坛》2017 年第 4 期）

怎样理解和把握“发展当代中国马克思主义政治经济学”

中国共产党历来重视对马克思主义政治经济学的学习和运用。但在不同的历史时期所学习和运用基本原理的侧重点是不同的。我国在马克思主义指导下建立了和发展了社会主义制度，现已进入发展和完善中国特色社会主义的新的历史时期，需要结合我国社会主义经济建设的历史过程和改革开放以来经济理论和实践的新发展，创建和发展当代马克思主义政治经济学。习近平同志一贯强调党政干部对马克思主义理论的学习和运用。继2014年7月8日习近平同志在一次座谈会上提出各级党委和政府要学好用好政治经济学，自觉认识和更好遵循经济发展规律。2015年11月23日又在中共中央政治局集体学习时再次提出面对新的经济形势和新的经济发展实践，要学习马克思主义政治经济学的基本原理和方法。学习和应用马克思主义政治经济学，并不排斥借鉴和汲取西方经济学中可为我所用的东西，但从世界观和根本立场来看，存在两种不同的政治经济学。马克思把政治经济学区分为劳动的政治经济学和资本的政治经济学。马克思主义的政治经济学是为劳动人民求解放和谋福祉的劳动的政治经济学；而资本的政治经济学是为资本主义和资产阶级利益服务的政治经济学。我们需要学习、研究、运用和发展的是马克思主义政治经济学。正因为马克思主义政治经济学是劳动人民的经济学，所以习近平同志指出：学习政治经济学，“要坚持以人民为中心的发展思路，这是马克思主义政治经济学的根本立场。要坚持把增进人民福祉、促进人的全面发展、朝共同富裕方向稳步前进作为经济发展的出发点和落脚点”。这个“根本立场”和“出发点和落脚点”必须首先明确和坚守。

为什么要强调学习马克思主义政治经济学的基本原理和方法论，习近平同志做了明确的回答。概括地说，就是为了能够“掌握科学的分析方法，认识经济运动过程，把握社会经济发展规律，提高驾驭社会主义市场经济能力，更好回答我国经济发展的理论和实践问题，提高领导我国经济发展能力和水平”。重在掌握科学分析方法和社会经济发展规律。科学分析方法是辩证唯物主义和历史唯物主义，掌握科学分析方法和经济发展规律，才能认识和把握经济发展过程，提高驾驭社会经济发展和运行的能力，提高领导能力和水平，更好指导我国经济发展实践。经济规律包括四个层次的内容。一是各个社会都存在的生产力和生产关系相互关系的规律，特别是生产关系一定要适合生产力发展状况的规律；生产力自身循序渐进、波浪式发展、科技创新起引领作用的规律；生产、交换、分配、消费相互关系的规律；生产关系决定分配关系的规律等。二是多个社会存在的商品经济规律，如作为其基本规律的价值规律以及与其相联系的竞争规律、供求规律、货币流通规律、价格运动规律等。三是资本主义经济发展的规律。如剩余价值规律，资本积累规律，资本主义市场经济规律，资本主义经济产生、发展、自我扬弃和转向新的社会制度的规律。四是认识和掌握社会主义经济发展和运行的规律。这是当代中国马克思主义政治经济学需要全力以赴，进行研究、发展和创新的领域。也正是习近平同志强调提出的要求：“要立足我国国情和我国发展实践，揭示新特点新规律，提炼和总结我国经济发展实践的规律性成果，把实践经验上升为系统化的经济学说，不断开拓当代中国马克思主义政治经济学新境界。”新中国建立以来经济社会发展中的巨大成就和规律性东西，既不能用西方经济学理论来说明，也不能简单地教条主义地照搬原著来说明，需要用发展着的当代中国马克思主义政治经济学来分析与说明。这是创新的、“上升为系统化的经济学说”。这种经济学说应有新的经济范畴，有反映经济实践本质规定的新的中国特色社会主义经济规律，有当代中国马克思主义话语权。这个要求与任务是光荣的、重大的，也是艰巨的，需要全力以赴。

科学社会主义和中国特色社会主义正在实践中，是一个不断发展和完善的过程，认识和掌握社会主义经济规律也是一个不断深化和扩展的过程。就当前已有的理论成果来看，马克思主义关于社会主义的本质规定就是具有规律性东西。《共产党宣言》中提出：无产阶级取得政权后，把一切生产资料集中在国家手里，以“尽可能快地增加生产力的总量”，这是“丰富和提高工人生活的一种手段”。这段论述中有三层含义：其一是要建立由国家掌握生产资料的国有经济；其二是利用国有经济快速发展生产力；其三是建立国有经济和快速发展生产力的目的，是提高工人阶级的生活水平，也可以说是提高广大劳动人民的生活水平。马克思和恩格斯一再强调社会主义要实行公有制经济。在国家存在的条件下，要实行国有经济，实行公有制经济的根本目的和作用，服从于社会主义的两大本质要求：一是快速发展生产力，二是共同富裕。马克思在1857—1858年《经济学手稿》中指出：在未来的社会主义制度中，“社会生产力的发展将如此迅速……生产将以所有人的富裕为目的”。邓小平将社会主义本质归结为解放生产力，发展生产力，消灭剥削，消除两极分化，最终达到共同富裕。这与马克思恩格斯的论述是一脉相承的。讲社会主义本质，就是讲社会主义公有制的本质。实行以国有经济为核心的公有制经济，就是为了消除旧社会制度不利于生产力发展的基本矛盾，以解放和发展生产力，也只有实行公有制，才能消灭剥削，消除两极分化，最终达到共同富裕。所以必须重视我国国有经济的重要地位和作用。生产资料公有制，是社会主义制度的经济基础，这是马克思主义的一项重要的基本原理。我国处于社会主义初级阶段，不搞单一的公有制，允许和鼓励非公有制经济共同发展。但必须坚持国有经济为主导、公有制经济为主体。习近平同志强调提出："要坚持和完善社会基本经济制度……公有制主体地位不能动摇，国有经济主导作用不能动摇，这是保证我国各族人民共享发展成果的制度性保证，也是巩固党的执政地位、坚持我国社会主义制度的重要保证。"

马克思主义政治经济学是随着经济实践和经济形势的发展而发展的。作为政治经济学的重要方法即辩证唯物主义和历史唯物主义已经揭示：事物是不断发展变化的，任何社会经济制度都处在发展变化之中，因此，学习马克思主义政治经济学的基本原理不能当作静止的教义来对待，而是应把继承、发展与创新统一起来。为此，习近平同志要求：立足我国国情和我国发展实践，发展当代中国马克思主义政治经济学。

马克思主义政治经济学的某些基本原理可以和需要结合当代经济实践进行创新，但不能动摇和否定。比如，马克思、恩格斯、列宁都指出，当劳动人民取得国家政权，要首先把生产资料掌握在国家手中，用公有制取代私有制，这种公有制经济是社会主义制度的经济基础。这个基本原理既要坚守，但又要根据我国的实际状况和马克思主义的有关观点，提出符合中国国情的新的理论指导。在我国生产力还落后的具体经济情况下，可以根据马克思主义生产关系一定要适合生产力发展状况的规律，不搞单一的国有制经济，而是实行公有制为主体，国有经济为主导，多种所有制经济共同发展的基本经济制度。而且把以国有制为核心的公有制的存在形式与其实现形式区别开来。没有灵活的、多样化的实现形式，国有经济会成为僵化的、缺乏生机的经济形式，又不能用公有制的实现形式，否定国有经济和整个公有制经济的存在形式。总之，既不搞单一公有制经济，又要探寻公有制的有效实现形式，以有利于社会主义经济的发展，这就是将马克思主义基本原理与中国社会主义经济实际相结合的政治经济学的创新与发展。这种创新与发展，在我国宪法中用"社会主义经济制度"与"社会主义初级阶段的基本经济制度"两个并存的概念表述出来。"中华人民共和国的经济制度的基础是生产资料的社会主义公有制，即全民所有制和劳动群众集体所有制。”就是说，社会主义经济制度的基础只是公有制，不包括私有制。而宪法又规定：“国家在社会主义初级阶段，坚持公有制为主体，多种所有制经济共同发展的基本经济制度。”这里包括非公有制经济，但坚持公有制为主体。社会主义经济制度只以社会主义公有制为基础，这是马克思主义政治经济学关于社会主义经济制度的一般的、共有的规定性，中国特色社会主义也要遵循。但中国特色社会主义又需根据自己的实际经济情况对此进行发展与创新，表现为不搞单一的公有制，而是实行以公有制为主体的前提条件下，允许和鼓励私营、外资、个体经济共同发展。但必须明确：公有制既是社会主义经济制度的基础，也是党的执政基础，这是当代中国马克思主义政治经济学必须坚守的一条根本原则。所有制问题，是马克思主义政治经济学的第一位的问题。坚持、发展和创新马克思主义政治经济学和当代中国马克思主义政治经济学，首先是要坚持、发展和创新我国社会主义现阶段公有制的主体地位和实现形式，决不能动摇、否定国有经济和整个公有制经济的存在和发展。

马克思主义政治经济学告诉我们，生产方式决定分配方式。社会主义生产方式决定了分配方式是按劳分配。由于存在公有制为主体、多种所有制并存的情况，所以要实行按劳分配为主体、多种分配方式并存的分配制度。公有制中实行按劳分配，私营、外资企业实行按生产要素所有权分配。习近平同志指出：“要坚持和完善社会主义基本分配制度……不断缩小收入分配差距。”按照马克思主义政治经济学生产关系决定分配关系的基本原理，我国收入分配差距的过分扩大，出现贫富分化现象，是与公有制被严重削弱，私有制经济占比超过公有制经济相联系的。缩小收入分配过大差距的决定性条件，是应坚持和完善国有经济为主导、公有制为主体多种所有制经济共同发展的基本经济制度。只要真正实行公有制为主体、按劳分配为主体，就不会出现两极分化现象。

马克思主义政治经济学是重视理论创新的学说。改革开放以前，毛泽东和党中央也重视政治经济学的发展与创新。如毛泽东的新民主主义经济结构理论；《论十大关系》中的诸多经济关系理论；党的八大提出的当前社会主义社会的基本矛盾是人民对经济文化迅速发展的需要同经济文化不能满足人民需要的状况之间的矛盾，因而全国的主要任务是集中力量发展社会生产力的理论；以及关于农业为基础、工业为主导、农轻重协调发展的理论；陈云提出的综合平衡的理论等。其内容都是主要论述怎样更好地发展生产力，发展社会主义经济，怎样更好地处理和发展多方面的经济关系，包括发展和完善社会主义生产关系。

我们在社会主义经济建设事业中，也曾有过违反经济规律人为地拔高生产力和生产关系的重大失误。改革开放以来，我们总结我国社会主义实践中得失、成败的经验与教训，提出了一系列坚持和发展马克思主义政治经济学的理论观点，并在实践中获得成效。举其要者，如：社会主义本质理论；判断改革开放和一切工作是非得失的三条“是否有利于的标准”理论；社会主义初级阶段理论和初级阶段的基本经济制度理论；关于用好国际国内两个市场、两种资源的理论；关于提出中国特色社会主义理论、制度、道路的创新观点；关于社会主义市场经济理论，特别是强调使市场在资源配置中起决定作用和更好发挥政府作用的理论；关于促进社会公平正义、逐步实现全体人民共同富裕，强调“共同富裕是中国特色社会主义基本原则”的理论；十八大强调“推动经济更有效率、更加公平、更可持续发展”的理论；中央新提出的关于树立和落实创新、协调、绿色、开放和共享的新的发展理念；关于我国经济发展进入新常态的理论；关于推动新型工业化、信息化、城镇化、农业现代化相互协调的理论；等等，都是结合经济社会发展的新形势、新任务，提出的新的政治经济学创新理论。如果进行分析，这一系列的创新理论，同样都是围绕怎样更快更好地发展社会生产力、发展社会主义经济；怎样更好地发展和完善中国特色社会主义的生产关系，包括民生为重、缩小收入过大差距，使劳动人民全面发展，走社会主义共同富裕的道路。

社会主义经济建设事业在不断发展，随着经济实践发展的新成就和出现的新问题，要总结和上升为政治经济学的新理论，用以指导社会主义新的经济建设事业。马克思主义政治经济学和社会主义经济实践相互推动与发展。习近平同志要求揭示新特点、新规律，提炼和总结我国经济发展实践的规律性的成果，把实践经验上升为系统化的经济学说。这个“系统化经济学说”，应具有新的经济学范畴，揭示新的经济规律，具有自己的经济学话语权。要能解析中国特色社会主义经济发展的道路和运行过程，这一经济学说应是整体的、涵盖整个社会主义历史时期并前瞻共产主义高级阶段的、创新性的中国马克思主义政治经济学。

（原载于《政治经济学评论》2016 年 1 月第 7 卷第 1 期）

中国特色社会主义经济理论的坚持、发展与创新问题

一、 社会主义初级阶段和中国特色社会主义的关系

提出社会主义初级阶段理论，是基于我国生产力发展的实际状况和经济社会发展的现实水平的理论认识上的突破。同时，它也是从总结我国改革开放前偏离生产关系一定要适合生产力发展的状况的规律、搞“左”的一套，造成重大损失的经验教训而提出的。我国曾做过许多超越阶段的不正确的事情，单从人为地拔高生产关系说：1956 年宣布建立了社会主义制度刚两年，1958 年又刮“共产风”。中央在《关于在农村建立人民公社问题的决议》中提出，“看来，共产主义在我国的实现，已经不是什么遥远将来的事情了，我们应该积极地运用人民公社的形式，探索到一条过渡到共产主义的具体途径”①。由此，在发展生产力和生产关系方面，“左”的一套膨胀起来。搞拔苗助长式的超阶段发展，给国家和人民造成了很大的损失。

党的十一届三中全会后，我们重新认识社会主义。提出了两个创新性理论：一个是我国处于社会主义初级阶段；另一个是走中国特色社会主义道路，建立中国特色社会主义制度。这两个问题的内容有所交叉，但又是

① 建国以来重要文献选编：第 11 册［M］. 北京：中央文献出版社，1995：450.

有所区别的两个独立的理论规定。社会主义初级阶段的最根本特点体现在两个方面：其一是在社会主义初级阶段的基本经济制度上，公有制为主体，多种所有制经济共同发展；其二是在根本分配制度上，按劳分配为主体，多种分配方式并存。这些特点又是中国特色社会主义的重要经济内容。中国特色社会主义的经济构成中国特色社会主义经济制度。它与社会主义初级阶段的基本经济制度相重合。但两者又是不同的。社会主义初级阶段是特指我国整个社会主义历史时期中一个特定的起始阶段。它在逐步发展中会依次上升到中级阶段和高级阶段。各个阶段都有自己的特色。因此，中国特色社会主义，并不限于社会主义初级阶段。社会主义是不断发展成熟的过程，到中级阶段和高级阶段，也会有中国自己的特色，只不过特色的具体特点会有所不同罢了。可见，我们不能把社会主义初级阶段的中国特色社会主义内容和规定性，放大和延伸到中国特色社会主义的各个阶段。公有制与私有制并存，按劳分配与按生产要素所有权分配并存，是初级阶段的内容。但从科学社会主义理论角度看，在社会主义的成熟和高级阶段，则不会和不应当有包括资本主义私有制的多种所有制的继续存在与发展。

另外，“社会主义经济制度”与“社会主义初级阶段的基本经济制度”也具有不同的内容，不能混同。人们很容易这样考虑问题：我国目前存在的社会主义经济制度，就是也只能是社会主义初级阶段的经济制度，因此，二者不应区分。其实这是两个既有联系但内涵有别的范畴。作为社会主义社会经济基础的“社会主义经济制度”是存在于社会主义发展的各个阶段的，并在实践中不断发展与成熟的。而社会主义初级阶段的基本经济制度则只能是存在于初级阶段，并反映初级阶段的特点。还有，社会主义初级阶段的基本经济制度和初级阶段的社会主义经济制度，这两者目前在我国是并存的。但理论界似乎没有注意这一问题的存在和二者的关系。社会主义经济制度是社会主义生产关系的总和，就其内涵来说，包括作为基础的公有制经济，实行按劳分配原则。国民经济有计划按比例发展，劳动者成为社会和生产的主人，消灭剥削和两极分化，走共同富裕道路等内容。社会主义国有经济和集体经济就是要践行这种社会主义经济关系。在现实中，一般把我国国有经济和集体经济称作社会主义经济，相应地，公有制也被界定为社会主义经济制度。私有制经济则不包含其中。在我国社会主义初级阶段，社会主义经济或经济制度不仅存在，而且必须占主体地位，这样才能保证我国社会主义制度的根本性质。而在社会主义初级阶段的基本经济制度下，则不仅存在着占主体地位的公有制经济，还存在着私营、个体和外资经济等多种所有制经济。这是两个既相联系又有区别的经济概念，不能等同和混淆。在我国宪法中，这两个概念是并列提出的，但由于没有被普遍重视，容易产生误解。请看我国宪法的规定："中华人民共和国的社会主义经济制度的基础是生产资料的社会主义公有制，即全民所有制和劳动群众集体所有制。社会主义公有制消灭了人剥削人的制度，实行各尽所能、按劳分配的原则。"这是对我国"社会主义经济制度"的规定。其后对社会主义初级阶段的基本经济制度则做了如下规定："国家在社会主义初级阶段，坚持公有制为主体、多种所有制经济共同发展的基本经济制度，坚持按劳分配为主体，多种分配方式并存的分配制度。"宪法中的这种分别规定是正确的。它表明，在我国社会主义初级阶段的基本经济制度中，"社会主义经济制度"与非社会主义经济制度既并存，又主次有别。显然，坚持和发展作为主体的社会主义经济制度，才能保证我国是社会主义社会，是社会主义国家。

二、"社会主义经济"与"社会主义市场经济"两个概念不容混同

有人认为，党的十五大报告中提出非公有制经济"是社会主义市场经济的重要组成部分"，就意味着肯定非公有制经济"是社会主义经济的重要

组成部分”。这个理论逻辑不能成立。“社会主义经济”与“社会主义经济制度”在内涵上具有相同的性质。社会主义经济是以公有制为基础的经济。这一观点从马列著作到毛泽东和邓小平著作，到历届中央文件，都讲得很清楚。邓小平在改革开放后的1979年，明确肯定，“社会主义的经济是以公有制为基础的”①。没有任何中央文件和中央领导讲过，私有制经济也是社会主义经济的重要组成部分。我国宪法中，既从内容上区别界定了社会主义经济制度和社会主义初级阶段的基本经济制度，也具体论述了社会主义市场经济所包括的非公有制内容：在法律规定范围内个体经济、私营经济等非公有制经济，是社会主义市场经济的重要组成部分。应当看到，市场和市场经济自身不是社会制度性范畴，而是经济体制范畴，是资源配置的手段。并不能根据不同经济成分分割为不同的市场和市场经济。市场配置资源是不分公有和私有的，国有经济参与的市场，同样会对私有制经济起资源配置作用。反之亦然。据此，社会主义市场经济比社会主义经济的内涵更大，它既包括作为主体的公有制经济，同时还包括了非公有制经济的内容。对此问题，我早在1993年第6期的《阵地》（后改回为《前线》）等报刊上，一再论述过，主张非公有制经济是社会主义市场经济的组成部分。但是，当党的十五大报告提出“非公有制经济是社会主义市场经济的重要组成部分”后，理论界有一种观点却提出，这是肯定了非公有制经济由制度外进入制度（社会主义经济制度）内。多位学者借此宣传非公有制经济是社会主义经济的重要组成部分。特别是一位在学界颇有影响的老前辈，1998年在山东《发展论坛》第1期发表论文《重要理论贡献——关于十五大报告的回答》，就是宣传十五大报告将非公有制经济列入社会主义经济制度范畴，认为这是超越了宪法的规定，是重要理论贡献。我认为这些学者对十五大报告的解读和宣传存在误解，于是在《理论前沿》1998年第

---

① 邓小平文选：第2卷［M］．北京：人民出版社，1983：167.

8 期发表了《要完整准确地宣传十五大的有关理论》，提出不同意见。这篇文章公开了两种关于社会主义经济理论观点的对立与争论，引来了我的研究生时期的老同学、老朋友方生教授为代表的一方与我展开持久争鸣。他先在《经济日报》1998 年 8 月 17 日发表论文，不指名地高调批评我的观点。他认为，“社会主义经济”就是“社会主义市场经济”，不能只包括公有制经济，而不包括非公有制经济。他甚至还提出，不承认非公经济是社会主义经济的重要组成部分，就是否定社会主义市场经济，是要从市场经济倒退到计划经济去，是应当被摈弃的传统社会主义观点。理论是非被变异为改革观点与反改革观点之争，影响到新闻媒体。我与方生同志展开了两年的理论交锋，各发表多篇辩驳文章。对方的观点，不仅把“社会主义经济”与“社会主义市场经济”等同，还把“社会主义经济制度”与“社会主义初级阶段的基本经济制度”相等同，进而把“中国特色社会主义”与“社会主义”相等同。对方认为，中国特色社会主义所包括的全部内容，都同样地具有社会主义性质。其理论根源在于，错误地将社会主义人为区分为应当摈弃的“传统社会主义”和中国特色社会主义。事实上，他们要摈弃的“传统社会主义”，正是马克思创立的科学社会主义。在我看来，社会主义经济和社会主义经济制度，要以公有经济为基础，这是科学社会主义的基本原理。而作为资本主义经济的私营经济和作为小商品经济的个体经济，本质上都是非社会主义性质的经济。因此，它们既不可能是“社会主义经济”的组成部分，也不可能归属于“社会主义经济制度”的范畴。这一“传统”理论，不能摈弃。近年来，公开主张私有制经济是社会主义性质的声音已有所减小，相关概念的误用也得到了澄清。特别是党的十七大和十八大报告先后指出，“我们既坚持了科学社会主义的基本原则，又根据我国实际和时代特征赋予其鲜明的中国特色”，“中国特色社会主义，既坚持了科学社会主义基本原则，又根据时代条件赋予其鲜明的中国特色。”习近平总书记指出：“中国特色社会主义是社会主义而不是其他什么主义，科学社会主义的基本原则不能丢，丢了就不是社会主义。”① 由此可见，将社会主义区分为应当摈弃的传统社会主义和中国特色社会主义，将两者对立起来，以后者否定前者，实际上就是要用中国特色社会主义否定科学社会主义。其错误就在于，它从根本上割断了社会主义的流与源的关系。从现实看，公有制经济的社会主义经济属性，私营经济和外资企业的资本主义经济性质，两者的区别是泾渭分明的。肯定非公经济在我国现阶段发展经济中的地位和作用，承认其“社会主义市场经济的重要组成部分”、是初级阶段基本经济制度的组成部分是一回事，但不能将其作为社会主义经济和社会主义经济制度的组成部分。后者是另一回事。

三、不要混同公有制的存在形式和其实现形式

2003年党的十六届三中全会通过的《中共中央关于完善社会主义市场经济体制若干问题的决定》中提出，“推行公有制的多种有效实现形式”，要使股份制成为公有制的主要实现形式。这引起学界和政界的广泛关注。但出现了偏离科学社会主义和中国特色社会主义，也偏离我国宪法的颇有影响的解读和宣传。

不少学者、媒体和官员没有分清所有制的存在形式和实现形式的区别。他们将国有经济、集体经济、股份制经济不加区别，认为都是公有制的实现形式。他们据此主张，中央提出股份制成为公有制的主要实现形式，就是要以股份制取代国有经济和集体经济的原有实现形式。其实，国有经济、集体经济是公有制的存在形式，而不是其实现形式。无论公有制还是私有制，都有其存在形式和实现形式的区别。历史地看，公有制的存在形式或类型并不是唯一的，而是有多种，远的有原始社会公有制，现阶段有社会主义公有制，将来还会有共产主义高级阶段公有制等。社会主义公有制的

① 习近平谈治国理政［M］．北京：外文出版社，2014：22.

实现形式同样有多种，如所有权和经营权“两权分离”的国家所有、企业经营形式，有承包制、租赁制、股份制等。与此相对应的是，私有制经济存在形式也多种多样，既有个体经济私有制，也有奴隶制私有制、封建主义私有制、资本主义私有制等。从实现形式看，资本主义私有制也有多种不同形式，如自有自营的业主制、合伙制、股份制等。

由于没有分清公有制的存在形式和实现形式的区别，媒体宣传上出现了否定国有经济和集体经济，否定公有私有区别的理论观点。如《光明日报》在2003年10月27日发表该报记者撰写的《公有制经济发展的新动力》一文中就认为：“十六届三中全会突破了把公有制主要实现形式定位为国有经济和集体经济的传统观点。”“完全摆脱了计划经济条件下对公有制的理解。”其言下之意就是不能再把公有制理解为国有经济和集体经济，应把公有制理解为股份制了。《经济日报》2003年10月13日发表了以“中央党校邓小平理论研究中心”名义写的《混合经济究竟姓什么》一文中也说：“传统的国有经济、集体（合作）所有制经济”被“肯定是公有制的实现形式”，现在，股份制、股份合作制等为载体的混合所有制经济成为公有制的主要实现形式，“理所当然应该姓‘公’”。把公有制的实现形式，等同于公有制的存在形式。断言以股份制为载体的混合所有制就是公有制，显然不能成立。我们知道，混合所有制是公私资本的混合参股。在混合所有制的股份制中，国有资本和集体资本依然姓“公”，参股的外资和私资依然姓私，怎么会统统姓“公”了呢？如果公有资本参股于私营经济，私人资本控股，依然是私营经济，难道能成为“理所当然姓公”的公有制吗？又如，《深圳特区报》2003年11月10日发表深圳市原市委书记厉有为的《公有制主体地位的道路越走越宽》一文。其中讲：“公有制的实现形式发生了重大变化，即由以往的‘全民所有制和集体所有制’的实现形式，发展到以股份制为主的实现形式。公有制的内涵发生了变化。”他把作为公有制的实现形式的股份制当作新的“公有制的内涵”，把作为公有制存在形式的国有经济和集体经济归于传统的公有制的实现形式。其实质就是要以股份制的"公有制"，取代国有经济和集体经济的公有制。有的学者竟从十六届三中全会的决定中悟出所谓解决了"姓公姓私"的争论。《北京日报》2003年11月10日发表多年从事经济体制改革研究的杨启先的文章，认为提出使股份制成为公有制的主要实现形式，是对股份制"姓公姓私"新突破，"把'姓公姓私'的问题基本上明确了"。是"放大公有制的界限，把股份制包括进去，今后由于绝大多数企业都是股份制企业，这样就没有必要再争论什么'姓公姓私'的问题了"。其实，党的十五大报告，已经解决了股份制的性质问题："不能笼统地说股份制是公有还是私有，关键看控股权掌握在谁手中，国家和集体控股，具有明显的公有性。"讲"明显的公有性"，不等于完全的公有制。这是因为，公有资本控股的股份制经济中，公有成分虽然姓公，但其中参股的私人资本依然"姓私"，是不能充公的。相反，如果由私人资本控股，股份制就应当具有明显的私有"性"。不过，其中参股的公有资本，依然还是"姓公"。

四、社会主义要把大力发展生产力和发展与完善社会主义生产关系合起来

什么是社会主义和怎样建设社会主义，这两个问题都是关系社会主义理论和实践的根本问题。我国在社会主义事业中凡是犯"左"的或右的错误，都与没有很好解决这一问题有关。邓小平指出，"我们总结了几十年搞社会主义的经验。社会主义是什么，马克思主义是什么，过去我们并没有完全搞清楚"①。在长时期中，理论界和决策部门对社会主义的认识，是公有制和按劳分配加上国民经济有计划按比例发展。把这作为社会主义的重

① 邓小平文选：第3卷［M］. 北京：人民出版社，1993：137.

要特点是符合马克思主义原理的。但不完全，而且没有体现社会主义的根本优越性。这与没有全面掌握马克思主义的科学社会主义理论、没有全面认识和把握社会主义的判断标准有关。在“左”的年代，把重视发展生产力批判为唯生产力论，把重视提高人民生活水平，批评为“好行小惠”，是经济主义。只强调公有制、按劳分配（往往流于平均主义）、计划经济，结果导致生产力难以快速发展，影响了人民生活水平的提高，从而造成普遍贫穷的社会主义。邓小平讲：“多少年来，我们吃了一个大亏，社会主义改造基本完成了，还是‘以阶级斗争为纲’忽视发展生产力。“文化大革命”更走到极端。”①

社会主义公有制固然是社会主义制度的经济基础，但社会主义不能仅仅为了公有而实行公有制。没有公有制为基础，不是社会主义。但只重视公有制，不重视生产力的快速发展，不重视人民的物质文化生活水平的不断提高并最终实现共同富裕，而去搞贫穷的公有制，贫穷的按劳分配，那不是合格的社会主义，“贫穷不是社会主义”。过去，讲社会主义，不强调发展生产力的必要性。认为任何社会都发展生产力，不是社会主义的特点，只从生产关系上判断社会主义。其实，社会主义优越性之一，就是更快更好地发展生产力。

无论科学社会主义还是中国特色社会主义，都强调搞社会主义必须抓好两大环节：一是大力发展生产力，二是不断提高人民物质文化生活水平，实现共同富裕。《共产党宣言》中就指出：无产阶级取得政权后，要尽可能快地增加生产力的总量。而发展生产力，增加财富，是丰富和提高工人生活的一种手段。马克思在1857—1858年的《经济学手稿》中写道，在未来新的社会制度中，“社会生产力的发展将如此迅速……生产将以所有人的富裕为目的”②。恩格斯、列宁都有类似的论述。

---

① 邓小平文选：第3卷［M］．北京：人民出版社，1993：141.

② 马克思恩格斯全集：第46卷：下［M］．北京：人民出版社，1980：222.

围绕什么是社会主义和怎样建设和发展社会主义，邓小平在1992年南方谈话中，提出了“社会主义的本质，是解放生产力，发展生产力，消灭剥削，消除两极分化，最终达到共同富裕”[1]。也是强调社会主义两大抓手和根本要求的，是对马列主义的继承与发展。这里没有提及社会主义公有制。因为既然讲的是社会主义本质，“社会主义”一词不言而喻，是以公有制的存在为条件的。还有，更为重要的是，公有制存在的必要性是服从于上述社会主义两大本质要求的。就资本主义国家来说，公有制消除了私有制与生产社会化的矛盾，有利于促进生产力更快发展；就我国来说，用公有制取代封建主义、官僚资本主义和在华帝国主义所有制，起了解放生产力的作用。再者只有在生产力高度发展的公有制基础上才能消灭剥削、消除两极分化，逐步实现共同富裕。

上述理论，使我们知道，搞社会主义，必须把大力发展生产力和消灭剥削，消除两极分化，实现共同富裕结合起来。就是把发展生产力和发展与完善社会主义生产关系结合起来，也就是要把生产力标准与社会主义价值标准（主要是生产关系标准）结合起来。

五、分清生产力决定论、生产力标准论与唯生产力论的区别

马克思主义认为，历史进程是生产力和生产关系相互作用的过程。生产力决定生产关系，后者要适合前者发展状况，生产力是人类社会历史发展的最终决定因素。这一观点可概括为生产力决定论。但是不能机械地、绝对化地理解生产力对生产关系的决定作用，完全否定其他因素的作用。如果没有中国共产党领导革命斗争并在全国（除台湾）取得胜利，我国不可能建立起社会主义制度，培育和发展社会主义的生产关系。党章中讲：

---

① 邓小平文选：第3卷［M］．北京：人民出版社，1993：373.

走中国人民自愿选择的适合中国国情的道路，中国的社会主义事业必将取得最终胜利。可见走什么道路有个选择的问题。不少原殖民地附庸国家独立后选择了资本主义道路，而中国选择了社会主义道路。沙皇俄国是一个生产力落后的资本主义国家，先于发达资本主义国家建立了社会主义制度，并快速发展强大，使苏联成为可称霸全球的超级大国之一。但经过70多年的发展，生产力水平远远超过沙俄时代的社会主义国家苏联，竟然倒退回资本主义制度。上述种种事例，显然不能用生产力决定生产关系的原理来说明。从长期历史进程看，生产力决定着社会经济制度的更替。但这是从“归根到底”历史过程来考察的。从原始社会到奴隶社会、封建社会和资本主义社会的依次更替，都可以用生产力决定论来说明。发达资本主义国家终将会由生产力突破其生产关系，转向社会主义。但转变的快慢与曲折，会受到政治等因素的影响。我国在生产力落后的情况下选择了社会主义道路，但生产力的决定作用，否定搞超阶段的“跑步进入共产主义”，也否定直接建立马克思所设想的在发达资本主义基础上将建立的单一社会所有制模式。我国实行中国特色社会主义制度，正是遵循生产关系一定要适合生产力发展状况规律的结果。我之所以要讨论生产力决定论问题，是因为有的学者宣传机械的生产力决定的“一元论”，否定任何其他因素的作用。若讲其他因素的作用，就是反马克思主义的“二元论”“三元论”。如汪海波先生就宣传这一观点。他从生产力决定“一元论”，推衍出“唯生产力标准论”和“唯生产力论”并自诩为马克思主义观点。马克思主义重视生产力的决定作用，不仅是因为生产力决定生产关系，而且是因为生产力的发展促进人类社会历史的进步。

原始社会火的发明，给人类带来福祉。我国高铁的创新，被不同社会制度国家采用，造福于社会，与生产力决定生产关系的变革无关。任何科技的创新与发明都会造福于社会。因此，重视生产力的作用，肯定生产力决定论，不能只从生产力决定生产关系来说明，更不能宣传机械生产力决定论。

正是因为重视生产力发展的重大作用，我们便提出了“生产力标准论”。一个社会制度的进步与落后，一个政党的得失，要首先用生产力标准来衡量，看它是促进还是阻碍生产力发展的，以及促进生产力发展作用的大小。我国针对“左”风时期忽视生产力的发展的弊端，十三大报告专门提出生产力标准论，“社会主义的根本任务是发展生产力……是否有利于发展生产力，应当成为我们考虑一切问题的出发点和检验一切工作的根本标准”。生产力的发展固然会有利于生产关系的发展，但生产力标准并不是以此为根据提出的。比如，我们用生产力标准评价半殖民地半封建主义的旧中国，可以肯定帝国主义、封建主义和官僚资本主义的统治，大大地阻碍了旧中国生产力的发展，但这难以用生产力决定论予以说明。又如，毛泽东在1945年的《论联合政府》中讲：“中国一切政党的政策及其实践在中国人民中所表现的作用的好坏、大小，归根到底，看它对于中国人民的生产力的发展是否有帮助及其帮助之大小，看它是束缚生产力的，还是解放生产力的。”[①] 显然，保护封建主义和官僚资本主义的国民党的政策和实践，束缚着生产力的发展。作为对比的是，共产党的政策和实践，则有利于生产力的发展。这与生产力决定论并不是一回事，也不能用生产力决定论来说明。

实践证明：没有生产力的解放与发展，就不会有社会主义生产关系的发展与完善，不会有全体人民的共同富裕。但是实践也证明：在我国现阶段，仅仅是生产力的发展还不足以自然地实现消灭剥削、消除两极分化、走向共同富裕。因此，必须在理论上和实践中自觉地将生产力标准与社会主义价值标准（主要是生产关系标准）统一起来。不能只强调生产力标准而忽视社会主义价值标准。然而，汪海波先生竟从他的机械生产力决定论引出“唯生产力标准论”和“唯生产力论”[②]，反对讲体现社会主义重要价

① 毛泽东选集：第3卷［M］．北京：人民出版社，1991：1079.

② 汪海波．必须坚持生产力标准［J］．经济学动态，2011（6）．

值标准的社会主义生产关系标准，认为在生产力之外再讲生产关系标准，是一种生产关系和上层建筑决定生产关系的“二元论”和“三元论”。那是他自己的理论混乱的逻辑，是将生产力决定论、生产力标准论与唯生产力标准论和唯生产力论混同的结果。他把主张社会主义经济社会生活中应有的公平、正义，批评为上层建筑决定生产关系，并大力宣扬马列主义批判过的“唯生产力论”，不顾邓小平对“唯生产力论”的否定与批评，邓小平说：“马列主义没有‘唯生产力论’这个词，这个词不科学。列宁在批判考茨基的庸俗生产力论时讲，落后国家也可以搞社会主义革命，我们也是反对庸俗生产力论。”① 在社会主义制度下宣扬“唯生产力论”，反对讲社会主义生产关系标准和上层建筑标准，其结果只能是有利于和平演变的实现。

六、三条“是否有利于”的标准不是判断姓“社”姓“资”的标准

邓小平南方谈话提出：“改革开放迈不开步子，不敢闯，说来说去就是怕资本主义的东西多了，走了资本主义道路……判断的标准，应该主要看是否有利于发展社会主义社会的生产力，是否有利于增强社会主义国家的综合国力，是否有利于提高人民的生活水平。”不少人包括有社会影响的高尚全先生等，都将其作为判断姓“社”姓“资”的标准，这是一种误解。其实，三条“是否有利于”是判断改革开放是非得失的标准，也可以是判断一切工作是非得失的标准，将其作为判断姓“社”姓“资”标准是悖理的。第一，我国由计划经济转向市场经济，符合三条“有利于”标准，难道能说市场经济姓“社”，计划经济姓“资”？第二，社会主义是不断发展与改革、除旧布新的过程，难道凡被改革的事物都姓“资”，或由“社”变

① 邓小平年谱：上［M］．北京：中央文献出版社，2014：222－223.

"资"？第三，发展私营企业、个体经济，引进外资，符合三条"有利于"标准，难道统统姓"社"？外资企业是资本主义经济，这个能获得共识。它虽符合三条"有利于"，但不能由"资"变"社"。但有人正是通过错解三条"有利于"判断标准，断言私营经济和个体经济统统是社会主义经济。事实上，私营经济中资本与雇佣劳动矛盾的现实存在，决定了其本质上是资本主义性质，我们不能把资本主义颠倒为社会主义。个体经济是小商品经济，存在于多个社会制度中，不具有特定的社会经济性质。第四，将三条"是否有利于"作为判断姓"社"姓"资"的标准，就会得出不科学的理论逻辑：凡是姓"资"的东西都不符合三条"有利于"标准，不应发展。据此，私营经济和外资经济姓"资"，就应排斥其存在与发展了。

还有学者，通过错解马克思的"普照的光"，断言我国社会主义现阶段的一切非公有制经济，在公有制为主体的普照的光下性质上都归属于社会主义经济。其实，马克思在《<政治经济学批判>导言》中讲："在一切社会形式中都有一种一定的生产决定其他一切生产的地位和影响，因而它的关系也决定其他一切关系的地位和影响。这是一种普照的光，它掩盖了一切其他色彩，改变着它们的特点。这是一种特殊的以太，它决定着它里面显露出来的一切存在的比重。"① 有的学者解读这段话时说：在各种不同的社会形态中都存在多种经济成分。其中，主要经济成分是普照的光，有了主要经济成分的存在，其他经济成分的性质在普照的光下就会改变自己的性质。我国既然有了作为主体地位的公有制经济，其他多种非公有制经济成分，在公有制普照的光的影响下，都具有了社会主义性质。这种误读，以讹传讹，在不少有关论著中出现。有必要说明：首先，认为多种经济成分存在于一切社会中，这本身并不符合历史事实。原始社会几百万年中没有多种经济成分。在马克思看来，成熟的社会主义制度中没有私有制经济。在共产主义高级阶段中，也不会有私人资本成分。其次，马克思讲这段话

① 马克思恩格斯选集：第2卷［M］. 北京：人民出版社，1995：24.

不是讲多种不同经济成分的关系，而是论述建立政治经济学体系的方法。在资本主义社会存在着土地所有制、商业资本、借贷资本、工业资本、农业资本等，其中工业资本是普照的光，因为资本主义制度的产生，是与工业资本的产生和发展相联系的。在工业资本主导下，前资本主义就存在的土地所有制、商业资本、借贷资本等，都成为资本主义经济体系的组成部分。

中国特色社会主义经济制度中有没有起普照的光作用的经济形式？如果说社会主义公有制是普照的光，我认为也顺理成章。因为它是社会主义制度的经济基础。没有公有制为基础或为主体，就不会有马克思主义科学社会主义和中国特色社会主义。社会主义公有制这一普照的光，对非公有制经济会产生重大影响，虽然不会使其成为社会主义经济，但在公有制影响和带动下，非公有制经济可以更好地为社会经济事业发展服务，最终有利于社会主义事业。

七、 经济体制转轨： 转向社会主义市场经济的是是非非

我国经济体制改革由计划经济体制转向社会主义市场经济体制，经过了一系列中间环节。由计划经济为主、市场调节（市场经济）为辅，到有计划的商品经济体制；到计划和市场是覆盖全社会的，国家调节市场、市场引导企业；到计划经济与市场调节（市场经济）相结合；最后发展到社会主义市场经济的确立。

在经济体制转轨问题上，存在一些理论是非，需要研究和澄清。第一，应当用历史观点看待由计划经济转向市场经济的改革过程。不应全盘否定社会主义在一定时期内实行计划经济的必要性和作用。苏联实行计划经济，也曾起过人力推进生产力发展的作用，迅速缩小了沙皇俄国时期与美国的巨大经济差距，为战胜强大的法西斯德国奠定了物质技术基础。新中国建

立后也曾实行计划经济，尽管有“左”的失误，发展成就也超过了旧中国百年以上。如果生产力落后的新中国在发展的初期就搞市场经济，就难以集中力量在短时期内建立完整的工业体系，也难以大力发展以国有经济为核心的社会主义经济。我们在新中国成立不久就实行计划经济，虽在短时期内促进了生产力一定程度的快速发展，但长时期后其弊端就逐渐显露出来，需要转轨，最终确立了社会主义市场经济。

第二，有人把邓小平和陈云的理论观点对立起来，认为前者是市场经济派，后者是计划经济派，而且存在褒市场经济贬计划经济和褒计划经济贬市场经济的对立。这两种对立观都与未准确掌握邓小平与陈云的理论观点有关。不少学者没有准确解读邓小平 1979 年 11 月 26 日与外宾谈话时提出的社会主义市场经济的本义，认为邓小平那时就提出了我国要实行现在的社会主义市场经济。邓小平说：“说市场经济只存在于资本主义社会，只有资本主义的市场经济这肯定是不正确的。社会主义为什么不可以搞市场经济……我们是计划经济为主，也结合市场经济，但这是社会主义的市场经济。”① 如果断言邓小平远在 1979 年就提出现在实行的社会主义市场经济，就会产生一系列难以说明的理论与实践的矛盾。兹举几例：例一，1984 年 9 月 9 日，时任总理赵紫阳写给邓小平等中央领导同志的信中讲，我们所要建立的管理体制“不同于资本主义那样的市场经济”获得同意，并将全信内容公开发表。例二，1984 年，《中共中央关于经济体制改革的决定》中继续讲计划经济的优越性，并强调指出，“就整体说，我们国家实行的是计划经济，而不是那种完全由市场调节的市场经济”。当时邓小平对这一决定的内容给予了高度评价，完全肯定。例三，1989 年的政治风波后，邓小平在 6 月 9 日讲话中：“我们要继续坚持计划经济与市场调节相结合，这个不能改……以后还是计划经济与市场调节相结合。”②

---

① 邓小平文选：第 2 卷［M］. 北京：人民出版社，1983：236.

② 邓小平文选：第 3 卷［M］. 北京：人民出版社，1993：306.

实际上，邓小平1979年11月26日所讲的内容，是计划经济为主，市场调节（市场经济）为辅的观点的另一种表述。在计划之外完全由市场机制来调节的经济，就是市场经济。“为主为辅”的观点是陈云提出的，得到邓小平的赞同，将这一体制模式写入1981年邓小平主持制定的《关于建国以来党的若干历史问题的决议》中。在1982年4月3日的一次谈话中，邓小平讲：“最重要的，还是陈云同志说的，公有制基础上的计划经济，市场调节为辅。”①

弄清邓小平1979年关于社会主义的市场经济讲话的本义，就可以明了邓陈的观点是一致的，不存在计划派与市场派的对立。原国家计委的一位老局长写文章说，陈云在1979年3月刚讲计划经济为主，邓小平同年11月就提出搞市场经济。他就此进行褒贬，既错解了邓小平的原意，也错解了陈云的观点。因为陈云讲市场调节为辅，就是市场经济为辅。其实，早在1979年2月，李先念就和陈云谈论过，两人主张计划经济和市场经济相结合，认为市场经济是补充，不是小补充，是大补充②。

第三，邓小平关于社会主义市场经济的理论观点，也有一个发展过程。他原来也是坚持计划经济的。后来同意陈云计划经济为主，市场调节为辅的改革模式。往后又赞同公有制基础上有计划的商品经济模式，1989年政治风波后，又提出计划经济与市场调节（市场经济）相结合，直到20纪90年代初的南方谈话，才确定了社会主义市场经济的改革模式。

仔细考证可以发现，有关我国社会主义经济中“市场调节”“市场经济”概念和理论观点的最先提出者，是陈云和李先念，获得邓小平的赞同。但后来邓小平超越了计划经济为主、市场调节（市场经济）为辅这种板块结合的观点。他在前者基础上，提出了计划经济与市场调节（市场经济）有机结合的新模式，就突破了社会主义不能全面实行市场经济的传统观点，

① 陈云年谱：下［M］．北京：中央文献出版社，2015：338.

② 陈云年谱：下［M］．北京：中央文献出版社，2015：265.

进而从理论上奠定了基础，最终建立了由市场配置资源的社会主义市场经济体制。

八、 关于效率与公平的理论是非和贫富分化的根源问题

我国曾流行过多年“效率优先、兼顾公平”的提法，将此作为社会主义的分配原则，有人还进一步讲：“初次分配重视效率，再分配重视公平。”也就是说，初次分配可以不重视公平。我始终不认同这种原则。在我的论著中，一贯讲在分配关系中应是公平与效率统一和并重。我主张生产重效率、分配重公平。在生产领域可以强调效率优先，优先于追求产值、追求GDP。社会主义应当重视初次分配的公平。理由是：第一，过大的收入差距和两极分化的产生，根源于初次分配不公。想靠再分配来取平，是不可能实现的。况且我国社会保障制度还不健全，靠再分配调节的难度更大。第二，社会主义最本质的优越性是实现全体人民的共同富裕。这需要从初次分配做起。社会主义的分配公平要区别于资本主义的分配公平。社会主义公平不仅要收入分配公平，而且要消灭剥削和消除两极分化，最终达到共同富裕。如果初次分配不重视公平，就会产生偏离社会主义原则的贫富分化。第三，效率优先，不重视分配公平，有利于资本而不利于劳动。私营、外资企业可以接过来将效率优先等同于利润率优先，不顾劳动者的收入公平，并损害职工的权益。第四，有学者从生产决定分配，先生产后分配来论证效率优先，兼顾公平的正确性，并形象地比喻为先做蛋糕，后分蛋糕。这种论证在逻辑上是不合理的。固然，生产先于分配，生产什么才能分配什么；生产的数量决定分配的多寡；蛋糕做大才能蛋糕分多。但是不能由此重生产、轻分配，认为初次分配可以不顾公平，任由收入分配差距过分扩大。先生产后分配，这是再生产过程的顺序。但生产是服从于消费需要

的，要通过公平分配来满足需要。先做是为了切分蛋糕。生产出蛋糕就要及时公平地分好蛋糕。生产决定分配，并没有决定社会主义经济中需要实行不公平的分配。相反，社会主义生产决定了与其相应的公平分配是按劳分配。先生产后分配顺序与分配公平不公平是不同的两回事。第五，效率优先，兼顾公平，初次分配不顾公平，是西方右翼经济学家如哈耶克、弗里德曼等的观点，并没有获得西方学界和社会的认同。西方政府也没有采纳这种原则。在我国收入分配出现差距过大的趋势下，不少学者首先是刘国光等提出应调整“优先、兼顾”的原则，应向公平倾斜。中央也逐渐调整并最后放弃了原有的提法。十七大报告改提“初次分配和再分配，都要处理好效率和公平的关系，再分配更加重视分配公平”。

改革开放以来，我国生产力快速发展了，却未能同步促进社会主义经济关系的发展与完善，没有有效实现社会主义本质所要求的目标，即消灭剥削、消除两极分化、逐步实现共同富裕。在现实中，甚至还出现了收入差距严重扩大的趋势，产生了贫富分化。贫富分化的根源，学术界认识不同。在这个问题上需要用马克思主义生产关系决定分配关系的原理来说明。贫富分化应区分非本质原因和本质原因。用城乡二元结构、地区发展不平衡、行业发展不平衡、垄断与腐败等作为其原因，固然有各自的道理，但都是非根本原因。讲根本原因是一个敏感的话题，但不能因此而回避问题。生产资料所有制是生产关系和分配关系的基础。资本主义的生产方式，即私有资本与雇佣劳动的结合，决定了资本主义的分配方式是以按资本分配为核心的按要素（生产要素和流通要素）所有权分配。社会主义公有制和劳动者作为主人与公有的生产资料相结合，决定了社会主义的分配原则是按劳分配。在资本主义经济中，资本处于强势，劳动处于弱势，资本追求利润最大化，必然产生收入分配不公平。从世界范围来看，以私有资本为主体的市场经济，都存在贫富分化。萨缪尔森等的西方经济学论著早已说明了这一问题。近期法国的《21 世纪资本论》又系统论证了这个道理。我国目前的 GDP 总量中，非公经济提供了 70% 到 80%。城镇劳动者 80% 以上在私有制经济中就业。按要素所有权分配比重远远大于按劳分配。无视这一现实对分配关系中贫富分化出现的作用，是非科学的。这样讲，会引起敏感话题：是否贬抑和否定非公有制经济和市场经济的地位和作用？不！只是主张一分为二地分析问题。既肯定现阶段非公经济发展的必要及其积极作用，肯定实行社会主义市场经济的必要和作用。但也要看到它会产生分配不公、出现贫富分化的负面效应。我国不能搞新自由主义的私有化、自由化和完全市场化，要在国家宏观调控下，抑制其负面效应，引导其向正面效应发展。中央目前强调以人为本、民生为重，强调共同富裕是社会主义的根本原则，着手改进分配制度，提高低收入者收入水平，就是要力求缓解收入差距过大的趋势。

九、 关于社会主义经济增长和经济发展的问题

中央文件中先提出转变经济增长方式，后提出转变发展方式。经济增长主要是发展生产力的问题；而经济发展是以经济增长为基础，包括经济、社会、环境、教育、经济关系等发展的多方面的内容。提出转变经济发展方式，并不是用以取代经济增长方式，二者是同时并存、前者包括后者并以后者为条件的关系。经济快速优化发展，才能拉动社会各方面的有效发展，但也可能割裂经济增长与发展的关系，出现快增长而慢发展，或有增长而无发展。这就需要统筹兼顾、全面协调可持续的科学发展。

经济增长分粗放型增长和集约型增长，又可以说内涵型增长和外延型增长。在英语中集约和内涵是同一个字，外延与粗放也是一个字，因而学术界不少人认为集约型增长与内涵基增长同义，粗放型增长与外延型增长

同义。根据这种认识，当党的十四届五中全会提出，我国要实现经济增长方式的转变时，有的学者宣称是要由外延型增长转变为内涵型增长。这种认识失去准确性与科学性。

集约型和粗放型本是应用于农业生产中的两个概念，是农业中的两种经营方式。扩大耕地面积发展生产称作粗放型，在同一土地上增加投入提高产量称作集约型。在李嘉图的著作中和马克思的《资本论》中也用这两个概念。马克思当时并没有把粗放型视作低效率。马克思认为扩大耕地面积增加产量，可以是投向肥沃程度不同的土地，也可以投向更肥沃的土地。而原始土地积淀着有利于农业生产的自然因素，所以并不一定是“广种薄收”，也可以是广种多收。因此，粗放型经营并不必然意味着效益低下。后来粗放型、集约型概念扩展到工业等其他经济部门，粗放型耕作变成“广种薄收”的同义词，工业等部门的粗放型经营，也变成高投入、高消耗、低产出、低效益的解读。概念的内涵也经历了历史的变迁。

在理论认识上，不能把经济增长的集约型等同于内涵型，把粗放型等同于外延型。内涵型扩大再生产与外延型扩大再生产，是马克思在《资本论》中提出的。集约型或粗放型增长是两种经营方式；而内涵型或外延型发展是两种扩大再生产的方式。同一字或同一词可以有多种含义，中外一样。不应从一词多义的引用混淆不同概念的内涵。如汉字“沽”字，既有买义，又有卖义。不能因此断言在汉语中买与卖是一回事。就一个企业内部来说，增加新车间、扩大厂房面积，是外延型扩大生产；在原有工厂和车间内增加投入和产出，是内涵型扩大生产。就社会范围来看，建立新企业，是外延型扩大生产，同一企业增加投入产出，是内涵型。我国倡导企业“挖潜改造”，通过管理创新、技术创新提高效益，这是内涵型扩大、集约型经营。不赞同低水平重复建设，乱铺摊子，也就是应减少低水平的外延型扩大，这是正确的，但是不排除和贬抑外延型扩大。国家需要建设高新科技产业，增加基础设施建设，可以是外延型扩大、集约型经营，如宝钢的建设、高铁的发展等。因此，我国的经济增长与发展，应是重集约、轻粗放，由粗放型增长方式转变为集约型增长方式，内涵型和外延型扩大再生产应并重，不存在强调由外延型扩大转变为内涵型扩大的问题。

近些年来，我国强调转变经济增长和发展方式，强调调整拉动经济增长的“三驾马车”的增长结构，减少过重的出口依赖和投资依赖，扩大消费内需。不以 GDP 论英雄，这是正确的。但是，又不能忽视 GDP 的增幅。不搞唯 GDP，但又不要忽视 GDP。不过度依赖出口和投资，但又不能忽视出口和投资的重要作用。特别在当前需保持经济中高速增长的新形势下，更是如此。

我国的经济发展应立足于科学发展，即要坚持以人为本、统筹兼顾、全面协调可持续发展，既要重视经济的发展，也要重视社会的发展、人的发展，还要重视经济社会发展的安全，重视社会主义经济制度的发展。我提出转变经济发展方式，在实践中要处理好四个方面的关系。一是转换经济增长方式与转变经济发展方式的关系，二者既具有一致性，又存在差异性和矛盾性。靠高投入、高消耗、高污染、低产出、低效益、低质量、低工资的经济增长，也可以是快速的，但不利于经济社会的发展和发展方式的转变。二是经济发展与人的发展相统一的关系。劳动者的生产知识、科技水平越高，越有利于经济发展和发展方式的转变。三是经济发展中利用外资和经济安全的关系。引进外资有利于我国经济发展，但是要分清外资与内资对民族经济发展的作用的差异。前一个时期有学者甚至政府高官宣称，外资企业在中国发展就是中国民族经济。这种论断我们不能认同。它会导致忽视民族经济的安全。有些外资并购我国品牌企业，具有垄断生产和市场的目的，应当引起注意。四是经济发展与社会主义经济制度发展的关系。经济发展了，财富增长了，但如果私有制经济占比不断扩大，以国有经济为核心的社会主义公有制经济不断消退，占比不断下降，收入分配差距不断扩大，广大工农群众成为弱势群体，与消灭剥削、消除两极分化，与逐步走向共同富裕的社会主义发展目标越来越远，经济发展和转变发展方式就会失去其社会主义应有的意义。应切记：我国的经济发展，是社会主义经济的发展！

（原载于《马克思主义研究》2015 年第 10 期）

中国特色社会主义经济理论体系研究

中国特色社会主义是对马克思主义科学社会主义的继承、坚持与发展、创新，是中国共产党经过新民主主义革命和社会主义革命建立了社会主义制度后，又经过长期社会主义实践，总结了社会主义建设与发展中得失成败正反两方面的经验与教训而提出和不断发展的新型社会主义。

中国特色社会主义，是一种适合中国国情的新型社会主义制度，是从中国实际出发所走出的一条新的社会主义道路；又是在发展与改革的实践中形成的一套中国特色社会主义理论体系。中国特色社会主义，是以中国特色社会主义经济为基础的。因而中国特色社会主义理论体系也是以中国特色社会主义经济理论体系为支柱和核心的。

改革开放 30 多年来，中国的经济发展取得了举世瞩目的巨大成就，正是在中国特色社会主义理论特别是其经济理论的指导下取得的。而随着经济社会实践的发展，中国特色社会主义经济理论体系也在不断发展与完善。它不是固定不变的，而是动态的、与时俱进的。当前所讲的中国特色社会主义经济理论体系，是适用于我国社会主义初级阶段的经济理论体系。即使到 21 世纪中叶，走出了社会主义初级阶段，进入中级阶段和更远的高级阶段，社会主义不断完善和成熟了，所有制结构、分配制度、劳动制度等的内涵发生了向社会主义高层次发展的变化，依然要走中国特色社会主义道路，将会形成日益成熟的中国特色社会主义经济理论体系。

需要明确：社会主义不同阶段的中国特色社会主义经济理论体系，其本质规定和核心内容应具有共同性。这一共同性的“源”，应是来自马克思主义的科学社会主义理论。诸如：大力发展生产力；以公有制（社会所有制）为基础；劳动者是生产和社会的主人；自觉地有计划地发展社会主义经济；实行按劳分配；消除两极分化；实现共同富裕等。没有这些内容的社会主义，不是科学社会主义，也不是中国特色社会主义。但是，又不能教条主义地对待马克思主义的社会主义理论。要从中国国情出发，结合中国革命和建设实际，结合中国改革开放的历史和现实实际，运用和发展科学社会主义经济理论。而发展和创新，就要增加新的内容。这种具有新内容的经济理论，就是中国特色社会主义经济理论。它是科学社会主义经济理论“源”和“流”的统一。

中国社会主义经济理论，经过中国共产党人九十年来的不断摸索与探索，经过新中国六十多年来的社会主义实践经验，特别是经过三十多年来改革开放的实践与理论的发展和创新，已形成了适用于整个社会主义初级阶段的中国特色社会主义经济理论体系。就是说，它已不是个别的原理和原则，而是具有丰富内容的和相互联系的、包括生产力发展特点和生产关系体系特点的较为完整的理论体系。

需要说明两点：第一，现阶段的中国特色社会主义经济理论体系应包括哪些具体内容？理论界有不同的概括和论述。见仁见智，角度和撷取有异。但从主要内容来看，是基本一致的，只是大同小异之别。我这里的概括与论述，是根据自己对这一理论体系的理解与把握做出的。第二，更重要的是学界对中国特色社会主义经济理论的某些重要原理，存在着理解上的分歧，存在着误解和错解。需要澄清理论是非。因此，本文既着眼于对中国特色社会主义经济理论体系的正面研究与阐述，又针对某些偏离马克思主义和中国特色社会主义本义的某些观点与解读，做一些正本清源的工作。

一、 社会主义本质论

什么是社会主义？怎样建设社会主义？改革开放前的新中国已经搞了近30年的社会主义，尽管取得了巨大的成就，但并没有完全搞清楚这两个问题。如果在理论认识上对什么是社会主义缺乏正确理解，必然对怎样建设社会主义的政策与实践会产生偏误。之所以会提出这个似乎不应产生的问题，是由于20世纪50年代后期在发展生产力和社会主义生产关系方面出现了“左”的一套东西。它既偏离了马克思主义的科学社会主义，也脱离我国的历史和现实的国情，使社会主义优越性未能得到充分发挥，反而给社会主义事业带来严重的消极后果。

马克思主义的科学社会主义认为：取代资本主义的新的社会主义制度，在发展生产力和新生产关系方面会优越于旧的社会制度。一方面，社会主义能够比资本主义更好更快地发展生产力；另一方面，在生产力发展的基础上，社会主义生产关系首先是公有制与按劳分配的发展会使人民摆脱剥削和贫富分化，走向共同富裕。在《共产党宣言》中就指出：无产阶级将利用自己的政治统治，把生产工具集中到国家手中，“尽可能快地增加生产力的总量”。发展生产力是手段，其目的是共同富裕。马克思在1852—1858年的《经济学手稿》中写道：在新的社会制度中，“社会生产力的发展将如此迅速……生产将以所有人的富裕为目的”①。列宁也讲：建设社会主义事业，“必须大力发展生产力”②，要“使所有劳动者过最美好、最幸福的生活。只有社会主义才能实现这一点”。他要求马克思主义者要“了解这个真理”③。

① 马克思恩格斯全集：第46卷：下［M］. 北京：人民出版社，1980：222.

② 列宁选集：第4卷［M］. 北京：人民出版社，1995：11.

③ 列宁选集：第3卷［M］. 北京：人民出版社，1995：546.

然而，在我国改革开放前的一段时间内，特别是在“四人帮”肆虐的“文革”时期，大批“唯生产力论”，批判“用生产压革命”，“宁要社会主义的草，不要资本主义的苗”，把关心人民经济生活，批之为“经济主义”，把发展商品生产和实行按劳分配看作是产生资本主义和资产阶级的土壤，等等。

党的十一届三中全会后，确立了向以经济建设为中心、进行改革开放的理论与实践的转变。邓小平同志提出：社会主义的根本任务是发展生产力，贫穷不是社会主义。后来又将社会主义的本质概括为“解放生产力，发展生产力，消灭剥削，消除两极分化，最终达到共同富裕”。这一本质规定，既是对科学社会主义的回归与坚持，又是新的发展。其新意有两点：其一是在马克思主义和社会主义发展史上，第一次明确和科学地概括了社会主义的本质规定；其二是提出社会主义还要解放生产力。以往一般只讲革命是解放生产力，社会主义要快速发展生产力。之所以提出社会主义解放生产力的任务，是根据社会主义实践的经验教训提出的。既是针对僵化的经济体制和其他体制而言的，也是针对过去“左”的一套忽视大力发展生产力，偏离社会主义本质而言的。

邓小平提出的社会主义本质规定，没有提公有制和按劳分配，有人据此认为公有制和按劳分配不是社会主义根本特点和必要内容。这种理解是错误的。需要弄清四点：第一，讲社会主义的本质，不言而喻，在“社会主义”概念中已经包含了作为社会主义经济基础的公有制和作为社会主义分配原则的按劳分配了。第二，社会主义本质的实现，要以公有制和按劳分配的存在为前提。在私有制的基础上，是不可能消除两极分化实现共同富裕的。而以公有制取代私有制，也是以有利于解放和发展生产力而立论的。实践证明，只要增强和完善公有制，包括国有经济和集体经济，是可以表现出其在发展生产力中的优越性的。新中国建立后，尽管曾有“左”的干扰，但以公有制为基础的生产力发展，远远超过旧中国的发展速度，其成就超过旧中国的几百年。第三，邓小平反复地讲，公有制为主体和共同富裕，是我们必须坚持的社会主义的根本原则。又强调“我们一定要坚持按劳分配的社会主义原则”[①]。第四，讲社会主义本质不是用以描述社会主义的特点和构成要素，而是重在揭示为什么要搞社会主义，社会主义是干什么的。也就是需要阐明社会主义的根本任务和目的，也可以说这是讲社会主义公有制和按劳分配的根本任务和目的。把握社会主义本质，可以使我们在社会主义建设事业中弄清应当建设什么样的社会主义。最能体现社会主义本质因而应致力于其中的是两个方面的规定：一是快速发展生产力；二是实现共同富裕。它涵盖了生产力和生产关系两方面。“左”的偏误正是忽视了这两方面的本质规定。

二、 社会主义经济是公有制基础上的有计划的商品经济论

商品经济是商品生产与商品流通的统称。对“商品经济”这一概念含义和属性，学界曾有不同的认识。有人认为有商品交换就有商品经济；而另有人认为只有当商品生产在社会经济生活中占据统治地位时，才有商品经济；还有学者曾认为，商品经济是资本主义经济范畴，社会主义只存在商品生产和交换。由于马、恩著作中没有商品经济范畴，只用商品生产、商品交换、商品流通等概念，而且在德文、英文等外文辞典中也一般没有商品经济一词，这就为改革开放前期关于社会主义经济是不是商品经济的讨论增添了疑难性和复杂性。

笔者认为，最初的商品交换还不是商品经济。表现为“偶然的价值形式”和“扩大的价值形式”的商品交换，是一种原始的物物交换，存在于原始氏族社会末期。当时的社会生产还不是为交换而生产，还属于自然经济形态，还谈不上是商品经济。随着社会经济的发展，出现了第二次社会

---

① 邓小平经济理论（摘编）［M］. 北京：中国经济出版社，1997：32－37.

大分工以后，才出现了为市场交换而进行的商品生产，并随之出现了货币，于是，由商品物物交换发展为由货币为媒介的商品流通，这时商品生产和商品流通在经济生活和经济发展中起着日益重要的作用，这就是商品经济。所以可以认为，商品生产和商品流通的统一，构成了商品经济。既不能认为有商品交换就有商品经济，也不应认为只有当商品生产在社会经济生活中占统治地位时才有商品经济。早在奴隶社会自然经济占统治地位时，就已经存在和发展着简单商品经济，在列宁的著作中，较多地运用商品经济概念。他将商品经济区分为资本主义商品经济和资本主义前就存在的简单商品经济即小商品经济。马克思没有把商品生产与商品流通看作资本主义经济范畴；列宁也没有这样看。

由于马克思主义的创始人认为，在消灭了私有制的社会主义公有制经济中，商品生产将会消亡，斯大林在《苏联社会主义经济问题》一书中虽然肯定了社会主义存在商品生产，但只限于全民所有制和集体农庄两种公有制之间的关系，否定生产资料是商品，而且提出商品流通范围扩大“会阻碍我们向共产主义前进”，主张“一步一步地缩小商品流通的活动范围”。受上述理论观点影响，我国理论界曾长期存在某些学者所主张的社会主义非商品经济论、生产资料非商品论、全民所有制内部非商品经济论等观点。在“左”的时期，还把发展商品经济与搞资本主义相联系。

改革开放以后，进行经济体制改革。为了把社会主义经济搞好搞活，更好更快地发展生产力，就需要有效地利用商品经济和市场关系。于是发生了社会主义经济是不是商品经济的讨论和争论。有的强调社会主义经济是商品经济，有的强调社会主义经济是计划经济，有的主张是有计划的商品经济，有的主张是有商品经济的计划经济。众说纷纭，各持己见。1984年党的十二届三中全会通过了《中共中央关于经济体制改革的决定》，这是城市经济体制改革的纲领性文件，得到了邓小平的高度评价和肯定。《决定》明确肯定了社会主义商品经济论，理论界的争论趋于统一。《决定》提出“商品经济的充分发展是社会主义经济发展不可逾越的阶段”。并指出：传统经济体制的弊端之一，“就是忽视商品生产、价值规律和市场的作用”，要突破把计划经济与商品经济对立起来的传统观念，计划经济“是公有制基础上的有计划的商品经济”。在后来的有关文件和论述中，将这个论断发展为“社会主义经济是公有制基础上的有计划的商品经济”，即用“社会主义经济”一词取代原来的“计划经济”一词，这在理论逻辑上更确切一些。这一论断具有重要理论与实际意义。肯定社会主义经济是商品经济，就要肯定价值规律的调节作用，就要肯定发挥市场机制在搞活经济中的作用，就可以提出市场取向的改革。党的十三大报告中回顾这一理论观点的重要意义时说：党的十二届三中全会提出的“社会主义经济是公有制基础上的有计划的商品经济”，“这是我们党对社会主义经济做出的科学概括，是对马克思主义的重大发展，是我国经济体制改革的基本理论依据”。党的十三大报告把我国的新的经济体制，称作“社会主义有计划商品经济的体制”，“是计划与市场内在统一的体制”。党的十四大报告提出确立社会主义市场经济新体制，同时对十二届三中全会提出的有计划商品经济理论继续给以高度评价：“提出了我国社会主义经济是公有制基础上的有计划的商品经济……是对马克思主义政治经济学的新发展，为全面经济体制改革提供了新的理论指导。”我国有些学者将“商品经济”与“市场经济”看作是内涵相同的概念，因而认为提出社会主义市场经济理论就应取代和不再提社会主义有计划的商品经济理论。其实，商品经济与市场经济是既相联系又有区别的经济范畴，不应等同，也不应从社会主义经济是有计划的商品经济这一论断，得出商品经济是社会主义经济的本质关系的结论。肯定社会主义经济是商品经济，不是从制度属性上讲的，而是从经济体制上讲的，而且强调以公有制为基础。同样，资本主义经济是商品经济，个体经济是商品经济。但社会主义经济、资本主义经济、个体经济的社会性质是完全不同的。社会主义经济是制度性范畴，商品经济是存在于多个社会的非制度性范畴，它不能规定任何社会经济制度的本质。

三、 社会主义市场经济论

在马克思主义和社会主义发展史中，曾长期把计划经济作为社会主义经济制度的属性，把市场经济作为资本主义经济制度的属性。在这个问题上，西方学者与政要也持同样的观点。对立的双方形成了一致的看法。这既与对立的理论认识有关，也与对立的经济实践有关。在马恩著作中，没有市场经济和计划经济概念，只提出社会主义实行有计划的自觉的生产和计划调节。列宁提出了计划经济与市场经济概念，将其分别作为社会主义与资本主义两种对立的制度性范畴。列宁在 1906 年的《土地问题和争取自由的斗争》一文中写道："只要还存在着市场经济……世界上任何法律都无法消灭不平等和剥削"，"只有建立起大规模的社会化的计划经济"，同时将一切生产资料转归劳动者所有，"才能消灭一切剥削"。在西方的经济学著作和有关词典中，把资本主义制度与市场经济制度作为含义相统一的概念运用，并将私有制作为市场经济的核心。理论既指导实践，又是实践的反映。在资本主义经济发展中，始终实行市场经济制度，有如鱼水关系。而在社会主义国家的发展中，曾长期实行计划经济制度。在这样的历史和现实背景下，我国由计划经济转型为社会主义市场经济，必然要经历一个理论认识和经济体制改革过程中的曲折的、复杂的历程。

我国的经济体制改革，是要打破僵化的体制，把社会主义经济搞好搞活，以便更好更快地发展生产力和满足人民需要。这就需要重视和增强商品经济和市场的作用。因而我国的改革也称之为市场取向的改革。在中央决策层中，邓小平、陈云、李先念等同志最早认识到传统计划经济的弊端，提出发挥市场调节作用的意见。这就是在改革前期所实行的计划经济为主，市场调节为辅的体制模式。在即时发表的中央正式文件中最早提出在计划经济中引入市场调节机制的，是李先念代表中央于1979年4月5日《在中央工作会议上的讲话》。他在讲话中指出：我们现在的经济管理体制弊端很多，非逐步改革不可，并提了改革的指导思想是“在我们的国民经济中，以计划经济为主，同时充分重视市场调节的辅助作用”，并对计划经济部分和市场调节部分做了具体说明。有必要指出，在邓小平和陈云、李先念的理论认识中，市场调节与市场经济是同义的。事实也是这样。属于计划经济外的完全由市场调节的经济，就是市场经济。市场调节为辅，也就是市场经济为辅。不过为了减少意识形态的障碍，在邓小平1992年南方谈话以前的一个长时期中，他们在内部讲话中，往往市场调节与市场经济并用和通用，而在公开发表时，只提市场调节，不用市场经济一词。在党中央的指导思想中，关于市场经济的理论认识，有一个发展过程。先是计划经济为主，市场调节（市场经济）为辅，这是指公有制首先是国有经济的体制模式，已经突破了市场经济以私有制为核心或市场经济是资本主义经济的传统看法。党的十三大报告中遵循邓小平的有关意见，放弃了“为主为辅”的模式，提出新的经济体制“应该是计划与市场内在统一的体制”。而“新的经济运行机制，总体上来说应当是`国家调节市场，市场引导企业的机制”。这实际上讲的是国家从宏观上调控市场、市场直接调节企业的市场经济运行机制。

1989年6月9日，邓小平在接见首都戒严部队军以上干部时的讲话中指出：“我们要继续坚持计划经济与市场调节相结合。”1989年11月9日党的十三届五中全会的决定中提出：“改革的核心问题，在于逐步建立计划经济与市场调节相结合的经济运行机制。”二者相结合的方式不再是“为主为辅”的关系，而是内在的有机结合。

邓小平1992年在南方的谈话，进一步指出：“计划经济不等于社会主义”，“市场经济不等于资本主义”，二者不是社会主义与资本主义的本质区别，而是发展经济的手段。这个论断完全排除了将计划经济与市场经济视为两种对立的姓“社”姓“资”的社会制度性范畴的传统观念，为建立社会主义市场经济体制提供了权威的理论认识基础。1992 年，党的十四大报告中明确提出，“我国经济体制改革的目标是建立社会主义市场经济体制”。

什么是社会主义市场经济？有两种认识值得斟酌。有人认为社会主义市场经济就是社会主义商品经济。这一见解难以认同。理由是：第一，我国实行计划经济的条件下，也存在商品经济和市场，但调节经济的不是市场，而是国家计划。因而只有计划调节而没有市场调节。可以说，市场不起调节作用，从而不起资源配置作用是商品经济，不是市场经济。第二，从我国经济社会发展的理论与实践历史过程看，是由社会主义商品经济发展和转型为社会主义市场经济的。1984 年党的十二届三中全会的《决定》中，既强调社会主义经济是公有制基础上的有计划的商品经济，又认为从总体上说，我国实行的是计划经济，而不是那种完全由市场调节的市场经济。完全由市场调节的只是其中的辅助部分，将商品经济和市场经济区别开来。

另有人认为，市场经济是高度社会化和市场化的商品经济。然而，20 年前提出建立社会主义市场经济体制时，我国还远谈不上经济的高度社会化和市场化。中央文件曾一再提出社会主义初级阶段是实现经济社会化和市场化的过程。

党的十四大报告指出：“我们要建立的社会主义市场经济体制，就是要使市场在社会主义国家宏观调控下对资源配置起基础性作用”。对社会主义市场经济的内涵，需要把握三点：其一，通过市场机制直接调节企业的经营活动，实现市场在资源配置中的基础性作用；其二，社会主义市场经济是将市场经济与社会主义基本制度结合起来；其三，社会主义国家要从宏观层次上对市场经济进行调控，以减少市场的盲目性和自发性，要用看得见的手引导看不见的手。

由于市场和市场经济是统一的，不能按不同的所有制经济划分市场范围和建立各自的市场经济，市场配置资源的作用也是统一的。因此，以公有制为主体的社会主义市场经济中应包括非公有制经济。中央有关文件指出，“非公有制经济是社会主义市场经济的重要组成部分”是符合实际的。但不能把“社会主义市场经济”同“社会主义经济”两个概念混同起来。前者是属于经济体制的范畴，后者是经济制度的范畴。社会主义经济是公有制经济，不包括非公有制经济。因此，不应讲“非公有制经济是社会主义经济的重要组成部分”。中央文件一再讲：“社会主义经济是公有制基础上的有计划的商品经济”，强调社会主义经济是“以公有制为基础”的，不包括非公有制经济。

四、 社会主义初级阶段基本经济制度论

任何社会经济制度从产生、发展到成熟，都要经历一个长期的历史过程。原始社会经历了两三百万年的时间；奴隶制和封建制社会经历了几千年的时间；西方资本主义制度从16世纪算起，也经历了400年左右的时间；社会主义社会作为共产主义社会的低级阶段，也不会是一个短暂的时间，需要经十几代人以上的发展过程。我国是从一个生产力落后的没有经历发达资本主义而进入社会主义的国家，在自己的发展中需要重视两点：一是要重视补生产力发展的课，要把大力和快速发展生产力作为根本任务；二是根据现有生产力的发展水平建立与其相适应的经济关系即经济制度。但在新中国建立以后一个时期中对此认识不足。先是把马克思主义创始人所描绘的发达资本主义国家进入成熟的社会主义制度后的经济模式，作为我国社会主义的起点模式，追求一大二公的单一的公有制度和公有制的不断升级，急于消灭一切非公有制经济，还“割资本主义尾巴”，把集市贸易、庭院种植等都作为资本主义看待。后来又刮“共产风”，要“跑步进入共产主义”，把社会主义看作是一个短暂的时期。遭受挫折后，转向抓阶级斗争

为纲。为此又提出整个社会主义阶段是从资本主义到共产主义的过渡时期，再把列宁所讲的过渡时期（原意是指进入社会主义制度前的时期）阶级斗争更加尖锐和残酷的话加之于我国社会主义。凡此种种，都是对我国社会主义所处的发展阶段缺乏科学定位的表现和结果。

改革开放以后，党中央根据我国生产力水平低、多层次、不平衡，提出社会主义处于初级阶段的理论。这一科学定位，可以避免不再盲目地去干一些超越阶段的错事。这一阶段至少需要经历一百年的时间，即至少到 21 世纪中叶结束。

提出社会主义初级阶段理论，为调整所有制结构和收入分配结构提供了理论支持。这一理论的内涵和表述，也是随着实践的发展而逐渐充实和规范的。在党的十三大报告中对社会主义初级阶段理论进行了充分的论述，并提出了这个阶段的基本经济制度："公有制为主体、多种所有制经济共同发展，是我国社会主义初级阶段的一项基本经济制度"。这里之所以讲"一项"基本经济制度，是因为所有制是经济制度的基础，而不是其全部。但由于所有制是决定生产关系体系最根本的经济制度，因而后来的提法中将"一项"二字去掉了。

我国的改革与发展，正是由于立足于社会主义初级阶段这一根本国情，坚持发展和完善初级阶段的基本经济制度，30 多年来，经济社会和其他各方面的发展取得了举世瞩目的成就。

有必要提出，需要重视理论和实践中存在的两个问题。一个问题是，不要把"社会主义初级阶段的基本经济制度"同"社会主义经济制度"相混同。中央有关文件和我国宪法中，是将其作为既相联系又有区别的两个概念应用的。"社会主义经济制度"是指以公有制为基础的社会主义生产关系体系，包括按劳分配，劳动者是生产和经济社会生活中的主人，消灭剥削和消除两极分化，实现社会公平和共同富裕，不包括私有制经济。社会主义经济制度在我国三大改造完成后就建立起来了。它要经历社会主义初级阶段、中级阶段和高级阶段的不断发展和成熟的过程。它不包括非公有制经济。而“社会主义初级阶段的基本经济制度”则反映初级阶段的特点。既包括作为主体的公有制经济，也包括非公有制经济。

非公有制经济的地位和作用，由最初的“拾遗补阙”到作为公有制的“补充”，再到社会主义市场经济的重要组成部分和现阶段基本经济制度的构成部分，表明由体制外进入体制内、由制度外进入制度内。实行多种所有制经济平等竞争，共同发展。

另一个问题是，坚持和发展公有制为主体，首先要巩固、发展和壮大作为国民经济主导的国有经济。国有经济是保证国家对经济运行实行宏观调控的物质手段；是实现国家和社会长远利益与共同利益的保证；是共产党的重要执政基础（如果搞私有制为基础，不需要共产党）。国有经济更是社会主义经济制度的内在要求和重要基础。它既是大力发展生产力、有效应对国际竞争和国际金融危机等各种挑战的经济力量，也是实现消灭剥削和两极分化、达到共同富裕的制度保证。因此，否定和唱衰国有经济的论调是错误的。有的学者通过错解《反杜林论》中批判“冒牌社会主义”把俾斯麦的国营经济称作社会主义，断言我国的国有经济不是社会主义经济。又通过错解邓小平三条“是否有利于”的标准，断言非公有制经济是社会主义经济，这是完全错误的。否定国有经济为主导和公有制为主体，就是否定社会主义经济制度，也就否定了社会主义初级阶段基本经济制度的存在。

宣扬“国退民进”是改革的方向，是背离基本经济制度和中央的有关指导方针的。高调批判和咒骂并不存在的“国进民退”借以反对国有经济的发展，也是完全错误的。

坚持现阶段基本经济制度，就是既不搞单一的公有制，又决不搞私有化。不搞单一的公有制已是不会逆转的现实，不存在搞单一公有制的理论和实践。但不搞私有化还需要去落实。私有化的思潮和理论一直很张扬，要在实践中由公有制为主体转向私有制为主体的演变。应防止和平演变计谋的得逞。

五、 按劳分配为主体多种分配方式并存论

分配方式是由生产方式决定的。公有制为主体多种所有制经济共同发展的所有制结构，决定了我国社会主义初级阶段的分配方式必然是按劳分配为主体，多种分配方式并存。所谓多种分配方式，就是除社会主义公有制经济中实行按劳分配外，在私营和外资经济中实行按生产要素即按资本、劳动、管理工作、科技工作等的贡献进行分配。其实，管理工作和科技工作也是劳动，是高级复杂劳动。作为生产要素的劳动，一般是指普通职工的劳动。在以自己和家人劳动进行生产经营的个体经营中，全部收入归个体所有，不再区别劳动收入和非劳动收入。不存在按劳分配或按要素分配问题，全部收入表现为个体劳动收入。

社会主义公有制经济中实行按劳分配，是因为资本、土地和其他生产资料归公共所有，劳动者只能凭借自己的劳动贡献取得报酬。既没有条件实行按需分配，又不能搞平均主义分配。实行按劳分配，奖勤罚懒、奖优罚劣，有利于调动劳动者的积极性和创造性，可促进生产力的发展和效率的提高。

按劳分配是社会主义的分配原则。按生产要素分配实际上是资本主义分配原则。由于我国存在私营、外资企业等资本主义经济，所以它也是社会主义初级阶段中的一种辅助性的分配原则，不能将按要素分配也看作社会主义性质的分配原则。在中外资本主义经济中，实行以按资分配为核心的按生产要素分配。由于我国现阶段的私营和外资企业依然是资本主义性质的经济，因而相应地实行按生产要素分配。

按生产要素分配或按其贡献分配，只存在于各生产要素分别归不同主

体所有的经济关系中，不管私有制或公有制都一样。在个体生产和奴隶制私有经济中，全部生产要素归同一主体所有，不存在按要素分配的关系。在原始社会和社会主义社会的公有制经济中，也都不实行按要素分配。原始社会实行平均分配，社会主义实行按劳分配。因此，不能把社会主义分配原则概括为按要素分配，也不应将按劳分配等同于按劳动要素分配。

社会主义经济中的劳动者是作为生产的主人参与生产和分配的。既然不实行按资本等非劳动要素分配，也就不存在按单一的劳动要素分配。按要素分配，实际上是按要素所有权分配。应弄清按要素分配的三层机制。一是只有进入生产的要素才能参与分配；二是只有生产要素被某些经济主体所占有才能凭借其所有权参与分配；三是不同生产要素分配的多少，主要取决于市场机制的调节。从第一层机制看，没有被垄断占有的自然力，如农业生产中的阳光、雨露等也是不可或缺的要素，但因未被任何主体占有而不参加分配。从第二层机制看，按要素分配，不是分配给资本、机器等要素，而是分配给其所有者，是凭借要素所有权取得收入。从第三层机制看，不同要素所有者凭借所有权获得收入的量的多少，主要取决于市场机制如供求机制、竞争机制等的调节，也受政府调控的影响。

按劳分配不是以劳动价值论为理论依据，马克思、恩格斯认为，在社会主义公有制度中，商品生产消亡，价值关系不再存在，劳动不再表现为价值。他们从来没有用劳动价值论为依据去论述按劳分配关系。决定按劳分配的是公有制条件，旧的分工和劳动差别，劳动还没有成为生活的第一需要等。同样，按要素分配不是以要素价值论为理论依据。把按要素贡献参与分配解读为庸俗经济学家萨伊的要素价值论，即资本、土地等与劳动一样，都为创造价值做了贡献，即资本创造了利润、土地创造了地租、劳动创造了工资，是不正确的。非劳动要素的贡献，在于它们是生产使用价值和价值的必要条件。自然要素和劳动是一切财富即使用价值的源泉。非劳动要素质量和效能的提高会使同量劳动生产更多的产品即使用价值量。

有必要分清一个问题：劳动贡献就是劳动者的贡献，二者是同一的。而资本的“贡献”并不等于企业主（资本所有者）的贡献；土地的“贡献”也不等于土地所有者的贡献。二者不是同一的，承认和鼓励要素所有者凭借所有权参与分配，可以充分发挥各种社会资源在发展生产力中的作用。但在分配关系中，劳动者凭劳动的直接贡献获得收入，同企业主凭借其资本所有权（不是凭个人贡献）获得收入，具有不同的性质。在社会主义制度下，企业主的非劳动要素所有权收入所占比重不应过高，更不应不断提高，使劳动收入比重不断下降。

六、 社会主义公平与效率统一与并重论

在我国社会主义制度建立以后的历史时期中，一般在理论宣传和中央文件中，主张实行按劳分配原则。但在具体执行上和实践中往往存在平均主义倾向。特别有一个时期，强调限制和破除“资产阶级法权”，把工资等级、按劳分配、体脑收入差别等，都看作是应当限制的资产阶级法权残余，助长了平均主义倾向，错解了马克思《哥达纲领批判》中关于资产阶级法权（后译为资产阶级权利）的本义。资产阶级是反对封建等级制度、主张权利平等的。但权利平等与平均主义是两回事。平均主义分配，既不公平，也无效率。改革开放以来，以经济建设为中心，要求克服分配中的平均主义，处理好公平与效率的关系，既重视效率，又实现公平。

1982 年，党的十二大报告中没有专门讲分配制度改革问题。不过在论述社会主义的特征时，强调了按劳分配和提高劳动生产率，要求兼顾国家、集体和个人三者利益，充分调动劳动者的积极性。实际上涉及了公平与效率问题。真正贯彻实行按劳分配，可以把公平与效率统一起来。

1987 年党的十三大报告提出：“我们的分配政策，既要有利于善于经营的企业和诚实劳动的个人先富起来，合理拉开收入差距，又要防止贫富悬

殊，坚持共同富裕的方向，在促进效率提高下体现社会公平”。这里既强调了合理拉开差距，又强调了共同富裕的方向，将“先富”和“共富”统一起来，既重视效率的提高，又重视社会公平，将效率与公平统一起来。这一分配政策是否定和破除平均主义分配关系的。十三大报告中还指出：“当前分配中的主要倾向，仍然是吃大锅饭，搞平均主义，互相攀比，必须继续在思想上和实际工作中加以克服”。

1992 年党的十四大报告提出：在分配制度中要“兼顾效率与公平”。兼顾二者即没有孰先孰后、孰轻孰重之分，是公平与效率并重。重视效率，就是要运用“各种调节手段”以“鼓励先进，促进效率”。而重视社会公平，就要体现在“既合理拉开收入差距，又防止两极分化，逐步实现共同富裕”。合理拉开收入差距，这是公平与效率的连接点；防止两极分化，逐步实现共同富裕，这是公平与效率的落脚点。

1993 年 11 月党的十四届三中全会通过的《中共中央关于建立社会主义市场经济体制若干问题的决定》中，改变了十四大关于效率与公平关系的提法：个人收入分配要“体现效率优先，兼顾公平的原则”，没有再强调以前所讲的“防止两极分化”“防止贫富悬殊”。“优先”与“兼顾”的关系，就是重效率轻公平，将效率放在首位，将公平放在次要地位。有的学者认为，这是实行市场经济应有之义。

“效率优先，兼顾公平”的原则，从 1993 年十四届三中全会起，到 1997 年党的十五大，到 2002 年党的十六大，再到十六届三中全会，延续了十几年。十六大报告将重效率、轻公平的思想加以推进：“初次分配重视效率，再分配重视公平”，表明初次分配可以不重视效率。

值得研究的一个问题是：2001 年 9 月，即党的十六大召开一年多前，中共中央印发了《公民道德建设实施纲要》，其中提出了效率与公平相统一与协调的新观点：“坚持注重效率与维护社会公平相协调，要把效率与公平的统一作为社会主义道德建设的重要目标。在全社会形成注重效率、维护公平的价值观念，把效率和公平结合起来。”显然，这一中央文件中关于效率与公平关系的提法与十六大前后的有关提法是不一致的。这一提法更符合社会主义的要求，而且将这个经济问题提高到“社会主义道德建设的重要目标”上来。根据生产力标准，社会主义要重视效率；根据社会主义价值标准，要更加重视经济与社会公平。

自20世纪90年代以来，我国出现了收入差距不断扩大、贫富分化的趋势，社会矛盾凸显，引起了社会的普遍关注。中央认识到这一问题的重要性。以胡锦涛同志为总书记的党中央，强调以人为本，科学发展，转变经济发展方式，构建和谐社会。同时一再提出要注重社会公平，最终调整了效率与公平关系的提法。2004年9月党的十六届四中全会指出，要“注重社会公平，切实采取措施解决地区之间和部分社会成员收入差距过大的问题，逐步实现全体人员的共同富裕”。2005年2月19日，胡锦涛同志在中共中央举办的省部级主要领导干部专题研讨班的讲话中，强调要把维护社会公平放在更加突出的位置，使全体人民朝着共同富裕的方向稳步前进。2005年10月党的十六届五中全会，再次强调注重社会公平，关注就业和分配的公平，解决低收入者的诸方面困难，缓解收入分配差距扩大的趋势。2006年10月，十六届六中全会提出：“在经济发展的基础上更加注重社会公平”，“促进共同富裕”。可以看出，自十六届四中全会以来，中央不再提“效率优先，兼顾公平”。但在理论界对这一问题依然进行着争论。有的继续坚持“优先”与“兼顾”的提法，并猛烈抨击主张调整这一提法的观点；有的主张向公平倾斜；有的主张公平优先；有的主张二者统一与并重。

党的十七大明确提出：“初次分配和再分配都要处理好效率与公平的关系，再分配更加注重公平。”并且在总结我国改革开放以来所取得的十大“宝贵经验”中，将“把提高效率同促进社会公平结合起来”作为列入其中的一条。

我始终主张社会主义应是效率与公平并重与统一。理由是：第一，“效率优先”可以放入生产领域，而不应放入分配领域，使其优先于公平。生产重效率，分配重公平，是社会主义应有之义。第二，分配领域中讲“效率优先，兼顾公平”，初次分配只重效率不重公平，有利于资本，不利于劳动。企业主、开发商和地方官员可以借口重效率（变成重利润率）不讲公平，损害劳动者权益。第三，初次分配不重公平，会促使收入分配差距不断扩大。贫富分化正是由于初次分配不公形成的，不可能通过再分配予以缓解和消除，我国社会保障事业还不健全，更难以通过再分配实现公平。第四，西方国家实行成熟的市场经济，但并不存在“效率优先，兼顾公平”的共识。西方经济学家存在三派观点：效率与公平并重；公平优先；效率优先；后一种观点是新自由主义学派的观点。

七、三条“是否有利于”的判断标准论

邓小平在1992年的南方谈话中，针对当时“改革开放迈不开步子，不敢闯”，受姓“资”姓“社”的争论干扰，提出了三条判断的标准：主要是看是否有利于发展社会主义社会的生产力，是否有利于增强社会主义国家的综合国力，是否有利于提高人民的生活水平。这究竟是判断什么的标准？理论界有不同的认识。有一种解读不符合邓小平的本义，即将其断定为判断姓“资”姓“社”的标准。借此解读，他们认为发展非公有制经济符合这三条“有利于”标准，因而统统姓“社”，都是社会主义性质的经济。其实，私营和外资经济是资本主义经济，不应指“资”为“社”。应当明确：三条标准是判断改革开放是非得失的标准，也可以将其放宽，作为判断一切工作是非得失的标准。需要澄清理论是非：第一，不能简单地把一切经济事物判断为不姓“社”便姓“资”，从而把某些有利于发展生产力而不是资本主义的东西，说成是姓“资”，束缚了改革开放的手脚。比如，发展个体经济，发展集市贸易和商品经济，并非资本主义，但曾被看作资本主义，

应予以澄清。第二，不能认为凡姓“资”的东西都不利于生产力的发展。即使是资本主义经济，如私营和外资企业，他们也符合三条“有利于”的标准，就应允许和鼓励其发展。

如果将三条判断的标准说成是判断“社”与“资”的标准，就会得出一些不科学和不符合实际的判断。比如，由计划经济转向市场经济，符合三条“有利于”的标准，便会得出市场经济姓“社”、计划经济姓“资”的错误判断；并把一切非公有制经济，判断为社会主义经济。

有必要指出：1992 年 3 月 9—10 日，中共中央政治局召开会议讨论我国改革和发展的若干重大问题时，曾提出：“判断姓‘社’姓‘资’，应该主要是看是否有利于发展社会主义的生产力，是否有利于增强社会主义国家的综合国力，是否有利于提高人民的生活水平。”① 但是中央很快认识到应有另外的准确的解读。在 10 天后即同年 3 月 20 日的《政府工作报告》中改变了原有认识，将其改为“判断改革开放得失成败的标准”。在以后的中央有关文件中，一再提到三条“是否有利于”的标准是判断“各方面工作是非得失”的标准，如 1992 年 10 月党的十四大报告中就是这样讲的。1997 年的十五大报告中又提及这个问题：“一切以这‘三个有利于’为根本判断标准。”这里讲的“一切”，是指一切工作的得失成败。2008 年 12 月胡锦涛同志在纪念党的十一届三中全会召开 30 周年大会上的讲话中再次肯定这一解读。

关于判断改革开放和一切工作得失成败的标准，其实邓小平早就有所阐述，1992 年的南方谈话只是将判断标准论做了系统化和集中化的论述。比如，1980 年 5 月 5 日邓小平在会见几内亚总统杜尔时说：“社会主义经济政策对不对，归根到底要看生产力是否发展，人民收入是否增加，这是压倒一切的标准。”1983 年 1 月 12 日，邓小平在一个谈话中说：“各项工作……都要以是否有助于人们的富裕幸福，是否有助于国家的兴旺发达，

---

① 十三大以来重要文献选编［M］. 北京：人民出版社，1993：197.

作为衡量对或不对的标准。”[①] 显然，邓小平讲的是判断“经济政策对不对”、衡量“各项工作”对或不对的标准。

邓小平提出的三条判断标准论，是从他的社会主义本质论中引出来的。将两者联系起来认识与把握，可以看出他始终强调这样两点：一是社会主义要大力发展生产力；二是走共同富裕道路。而共同富裕意味着消除两极分化。事实上，邓小平理论是把生产力标准与社会主义价值标准统一了起来。如果只强调社会主义道路而忽视生产力标准，只能搞贫穷的社会主义，价值标准也难以实现。如果反过来只强调生产力标准，而忽视社会主义的价值标准，就会出现贫富分化、偏离社会主义共同富裕的道路。

八、 转变经济发展方式与科学发展论

近些年来，中央和理论界一再强调转变经济发展方式。在党的十七大报告中，要求加快转变经济发展方式，党的十七届五中全会进一步把加快转变经济发展方式作为“十二五”时期经济社会发展的主线，并指出：加快转变经济发展方式是我国经济社会领域的一场深刻变革，必须贯穿经济社会发展全过程和各领域，提高发展的全面性、协调性、可持续性。而在过去的一个时期中，曾着重讲转变经济增长方式。1995 年所制定的“九五”计划中，提出要从根本上转变经济增长方式。2005 年中共中央关于制定“十一五”规划的建议再次强调要转变经济增长方式。有的学者认为，提出和强调转变经济发展方式，意味着取代和摒弃转变经济增长方式的提法。这是误解。党的十七大报告提出转变经济发展方式时，也同时提及转变经济增长方式，特别指出：我国“粗放型增长方式尚未根本转变”，“经济增长的资源环境代价过大”。这表明我国需要继续由粗放型增长方式转向集约型增长方式。

① 邓小平文选：第 3 卷［M］. 北京：人民出版社，1993：23.

经济增长与经济发展是两个既相联系又有区别的概念。经济增长主要从产值、国民收入或国内生产总值（GDP）来衡量。现在主要用GDP的增长来衡量。经济发展要以经济增长为前提，但经济发展包含的内容更多。如果经济快速增长了，但教育、医疗卫生等社会事业没有相应地发展，生态平衡破坏、环境污染、资源浪费、经济发展失衡、贫富分化、社会矛盾凸显，不可持续发展，就表明经济增长与经济发展不协调，增长快而发展慢，甚至有增长而无发展。

经济增长方式的转变，是经济发展方式转变的基础和前提。新中国60多年来，经济增长方式主要是粗放型的，即高投入、高消耗、高污染，低产出、低质量、低效益。转变经济增长方式，就是要从粗放型转向集约型，即转向低投入、低消耗、低污染，高产出、高质量、高效益。

转变经济增长方式，主要是从生产力发展的途径与方式着眼的；而转变经济发展方式，则是从发展生产力和社会经济关系的途径两个方面的统一着眼的。转变生产力发展的途径与方式包括诸多方面，如经济结构调整、产业结构优化升级、科技进步与创新、发展高新技术产业和新型战略产业，实现管理创新，提高劳动者素质，实现可持续发展，等等，这些方面对于转变经济发展方式是十分重要的。但只重视这些方面的内容是不够的，还应重视转变经济发展方式所包括的社会经济关系的发展和优化的内容。社会经济关系又可以区分为两类：一类是不具有特定社会性质的关系，如社会教育的发展与普及、社会保障制度的发展与完善、居民医疗保健事业的发展与水平提高、低收入群体居住条件的改善、内需与外需协调均衡发展、一、二、三产业协同带动转变，区域间协调均衡发展，等等。这些方面的内容，无论当代资本主义还是社会主义都会重视，也是我国转变经济发展方式所包括的内容。另一类是具有特定社会性质的关系，作为社会主义国家，我国的经济发展要“以人为本”。就是一切以人民利益为出发点和落脚点。权为民所用，情为民所系，利为民所谋，发展和改革的成果要惠及广大人民，缓解和扭转收入差距过分扩大的趋势，走共同富裕的道路。要改革和完善分配制度，加大按劳分配方式的比重（真正实行按劳分配为主体，不会产生贫富分化），重视社会公平正义，关注民生。目前党中央和政府把关注和解决民生问题，放在突出的重要地位。2010 年 10 月党的十七届五中全会通过的第十二个五年规划的建议中提出：我国的经济发展要顺应各族人民过上更好生活的期待，以科学发展为主题，以加快转变发展方式为主线，深化改革开放，保障和改善民生。

转变经济发展方式，就是走科学发展道路。而科学发展，就是以人为本、统筹兼顾、全面协调可持续发展。“十二五”规划建议还提出坚持科学发展的四个“更加注重”：一是要更加注重以人为本；二是更加注重全面协调可持续发展；三是更加注重统筹兼顾；四是更加注重保障和改善民生，促进社会公平正义。可以看出，科学发展观中加入更加注重的第四条，强化和延伸了以人为本的内容。我国讲经济发展和发展方式转变，是社会主义经济发展和发展方式转变。更好更快地发展经济，以人为本、公平正义、改善民生、共同富裕，体现了社会主义的本质要求。

九、 坚持独立自主同扩大开放、 参与经济全球化相结合论

我国作为发展中的社会主义大国，发展经济与社会事业，应放在独立自主、自力更生的基点上。新中国成立以后，西方发达国家对我国进行经济封锁，更促使我们坚持和发扬独立自主、自力更生的精神。

自力更生并不是自我封闭，而是主要依靠自己的力量，决不能靠依赖外国求发展。改革开放前，我国也想与西方发达国家进行经济文化交流，但没有条件。邓小平说：“毛泽东同志在世的时候，我们也想扩大中外经济技术交流，包括同一些资本主义国家发展经济贸易关系，甚至引进外资、

合资经营等等。但那个时候没有条件，人家封锁我们。”[①] 20 世纪 60 年代，我国具有了与外国交流的条件，但是“四人帮”把我国与国际交流诬之为“崇洋媚外”“卖国主义”，堵塞了实行对外开放的路子。

从社会主义的根本任务是解放与发展生产力这一理论认识出发，需要发展与国际的交流。1978 年党的十一届三中全会的公报中提出：“在自力更生的基础上积极发展同世界各国平等互利的经济合作，努力采用世界最先进技术和先进设备。”1978 年 10 月 10 日，邓小平在《实行开放政策，学习世界先进科学技术》的谈话中说：“要善于学习……引进国际上的先进技术，先进装备，作为我们发展的起点。”引进先进技术和装备，是为了更好更快地发展我国的生产力。邓小平谈对外开放时，始终是将其与我国的独立自主、自力更生结合在一起的。他在 1984 年 10 月 6 日的谈话《我们的宏观目标和根本政策》中说：“关起门来搞建设是不能成功的，中国的发展离不开世界。当然，像中国这样大的国家搞建设，不靠自己不行，主要靠自己，这叫自力更生。但是，在坚持自力更生的基础上，还需要对外开放，吸收外国的资金和技术来帮助我们发展。”

中国的对外开放是全方位的。既对发达国家开放，也对发展中国家开放。开放的内容，既有引进先进技术设备和人才；也有引进外资，发展外资经济；还有“走出去”，民族资本到国外投资，以及发展对外贸易等。

实行对内搞活、对外开放的政策，促进了我国的经济发展与繁荣。实行对外开放，实际上是参与了经济全球化进程。胡锦涛同志在纪念党的十一届三中全会召开 30 周年大会上的讲话中，将改革开放 30 年来的实践所积累的宝贵经验概括为十条，其中第八条就是“必须把坚持独立自主同参与经济全球化结合起来”。其中指出：“统筹好国内国际两个大局……30 年来，我们既高度珍惜并坚定不移地维护中国人民经过长期奋斗得来的独立自主的权利，又坚持对外开放的基本国策。”“既坚持独立自主，又勇敢参与经

① 邓小平文选：第 2 卷［M］. 北京：人民出版社，1994：127.

济全球化。”扩大开放，参与经济全球化，除始终要坚持独立自主、自力更生外，还需要注意以下几点。

第一，需注意经济社会安全。胡锦涛同志在上述讲话中强调指出：对外开放、参与经济全球化，要“始终把国家主权和安全放在第一位，坚决维护国家主权、安全、发展利益”。我国引进外资是必要的，但不能让外资主导我国的经济发展，不能让外资企业任意并购我国的民族企业，形成外资垄断。在理论认识上，不要有意模糊和否定民族经济和外资经济的区别。前些年有人提出不要区分民族经济和外资经济，凡在我国的外资经济，都是民族经济。近年来又有人主张凡在中国的外资企业都是中国企业。这种观点不应支持。按此观点，让外资企业全部吞并了中国企业或是形成外资垄断，也是顺理成章的事了。对邓小平讲的一句话要正确解读：“说‘三资’企业不是民族经济，害怕它发展，这不好嘛。”[①] 邓小平这里并非主张“三资”企业是民族经济，而是说不应因为“三资”企业不是民族经济就“害怕它发展”。他接着说：“发展经济，不开放是很难搞起来的。”

第二，不能重外资、轻内资；重资本、轻劳动。应重在引进高端产业、新型高科技产业，对我国发展经济确实有利和必要的外资企业。不要盲目引进，重数量而轻质量，放任外资企业排挤内资企业，让外国资本随意损害劳动者权益。

第三，在利用国内外两种资源和两个市场问题上，应既重视对国外资源和市场的利用，更应重视国内资源和市场的开发与利用。我国对外贸易依存度过高，是国内有支付能力的消费需求不旺的表现，又是收入分配差距过分扩大、产生贫富分化的结果。外贸依存度过高，会带来一系列消极效应。一是外贸顺差大，美国等发达国家给我国不断制造贸易摩擦，施压人民币升值；二是过多依靠外贸拉动经济增长，存在诸多不安全变数，受外国经济环境制约，特别当相关国家发生金融和经济危机或发生动乱时，

---

① 邓小平文选：第3卷［M］．北京：人民出版社，1994：367.

会对我国出口经济乃至整个经济造成重大损失；三是出口依存度高，内需外需失衡，不利于促进国内消费需求不断提升与扩大。而国内消费需求拉动经济增长，是最可靠、最无风险和最可持续的。应减少贸易顺差，扩大消费需求拉动经济增长的作用。

十、改革、发展、稳定三者关系统一论

总的来说，改革是动力，发展是目的，稳定是前提。改革，是为了更好更快地发展。发展，是为了满足人民日益增长的物质文化需要，实现共同富裕。稳定，是为改革与发展提供一个和谐而宽松的环境。改革与发展同稳定是互相依存与促进的。

所谓稳定，包括安定团结的政治局面和安定和谐的社会环境。邓小平在 1989 年 2 月 26 日与美国总统布什的谈话《压倒一切的是稳定》中讲："中国的问题，压倒一切的是需要稳定。没有稳定的环境，什么都搞不成，已经取得的成果也会失掉。""要改革，就一定要有稳定的政治环境。"

保持稳定，就要消除不稳定的因素。有来自国外的因素，也有国内的因素。西方国家常常采用和平演变或暴力干预的手段，推翻不与他们站在一起或政治制度不同的国家政权。"颜色革命"在许多国家上演，要防止由此而引发的动乱。更多的和经常性的不稳定因素来自国内。重资本轻劳动、收入分配不公、贫富分化，会引起劳动群众不满，影响社会稳定；官员腐败，还有的与开发商一起强征农民土地以自肥，会引起抗争；不顾广大职工的意愿与利益强行改制，将国企并入或变为私企，引发工人不满与抗争；有些私营和外资企业对职工缺乏人文关怀、严重侵犯职工权益，引发劳资冲突和罢工事件；官员不作为，或以权谋私或办事不公，引发与受害者的冲突；等等。这类不稳定因素，应力求事先防范，事后妥善处理。另外，改革的力度与发展的速度要考虑社会可承受的程度。要防止和缓解通货膨

胀给人民群众带来的损失。

胡锦涛同志在纪念党的十一届三中全会召开30周年大会上的讲话中，所提出的十条“宝贵经验”，其中第九条就是“必须把促进改革发展同保持社会稳定结合起来”。要确保社会安定团结、和谐稳定。把“不断改善人民生活作为处理改革发展稳定关系的重要结合点”。要重视和处理好这个“结合点”。人民群众的生活不断改善了，衣食无虑、住得起房、上得起学、看得起病、安居乐业、社会公平、和谐相处，就可以有社会稳定。人民群众也会拥护和积极参与改革与发展，就可以做到在社会稳定中积极推进改革发展，又通过改革发展促进社会稳定。

我国是社会主义国家，走中国特色社会主义道路。改革开放是社会主义的自我调整与完善；发展，是社会主义经济与社会的发展与壮大；稳定，要同时重视社会主义制度的稳定，要防止易旗改制。总之，是在中国特色社会主义旗帜下实现改革发展稳定的内在结合。

（原载于《经济学动态》2011年第5期）

马克思主义政治经济学时代化的几个重要问题

习近平同志在2014年7月8日主持召开经济形势专家座谈会时强调指出，发展必须是遵循经济规律的科学发展，必须是遵循自然规律的可持续发展。各级党委和政府要学好用好政治经济学，自觉认识和更好遵循经济发展规律①。

目前我国进入新的历史时期，需要明确的一个问题是：党政干部需要学习什么样的政治经济学，应重在学好用好政治经济学的哪些内容。国内出版的政治经济学教材很多，党政干部当然可以去读。但是，习近平同志要求各级党委和政府学好用好政治经济学，是围绕以经济建设为中心，推动经济持续健康发展这一目标任务提出的，重在认识和遵循经济规律，做好社会主义经济建设工作。因此，目前党政干部学习政治经济学，应与高校和研究院所学习和研究有所不同，应首先重在学好能运用于实践的经济学理论。

---

① 新华网北京7月8日电．习近平主持召开经济形势专家座谈会强调更好认识和遵循经济发展规律推动我国经济持续健康发展［EB/OL］．（201-07-08）［2015-06-24］http：//news．hexun．com/2014-07-08/166433166．html．

一、 将我国社会主义事业60多年来经济理论与实践得失成败的经验与教训，与马克思主义经济学的有关原理结合起来，重在认识和把握社会经济发展的一般规律和社会主义经济发展的特殊规律

马克思主义关于生产关系一定要适合生产力发展状况的一般规律，适用于一切社会制度。对指导我国的发展与改革具有现实意义。我国过去曾脱离开生产力发展的现实状况，搞一大二公单一的公有制，推行人民公社化，“跑步进入共产主义”，造成了重大失误。同时违反生产力发展循序渐进、波浪式推进的规律，在没有重大科技创新的条件下，人为地搞“大跃进”。当时主观主义、唯心主义盛行，宣传“人有多大胆，地有多大产”，“不怕做不到，就怕想不到”。弄虚作假，亩产万斤，每天“放卫星”，“捷报”频传，欺瞒高层领导。结果“大跃进”变成了大跃退，造成了1959—1961年的三年严重困难时期。通过这一经验教训，认识到违反经济规律要受到规律的惩罚。同时，吃一堑长一智，使我们对生产力和生产关系及其相互关系发展的规律有了更丰富更深刻的认识：（一）发展生产力和生产关系都不能离开客观条件人为地拔高。（二）生产关系一定要适合生产力发展的状况的规律，应包括两方面的内容，一是生产关系不能长期落后于生产力的发展。生产力的新发展，或是要求在原有社会制度内部进行生产关系和体制的变革，如当代资本主义为适应生产力的发展，进行了某些具体制度和体制上的变革；我国为解放和发展生产力，进行了改革，包括对所有制结构的调整和体制机制的改革。二是新的生产力的发展还会引起社会经济制度的更替。从原始社会到奴隶社会，到资本主义社会再到社会主义社会，整部社会发展史，就是生产关系一定要适合生产力发展状况规律发挥作用的经济社会史。另外，通过我国搞“大跃进”和刮“共产风”的经验教训，丰富了规律的内容，那就是：生产关系不能人为地超越生产力的发

展状况，那是拔苗助长，会造成严重损失。

改革开放以来，我国遵循生产关系一定要适合生产力状况的规律，从我国生产力发展的实际情况出发，提出了社会主义初级阶段理论，实行公有制为主体，多种所有制共同发展的基本经济制度，使生产关系适应了我国的现实生产力水平，促进了经济的快速发展。

学好用好政治经济学，需要完整准确地把握马克思主义关于人类社会发展和社会制度更替的一般规律性原理。《共产党宣言》和《资本论》中提出要消灭私有制，用社会主义公有制取代资本主义私有制，这是以生产力发展到一定高度、私有制已不利于生产力的发展为前提的。马克思在《〈政治经济学批判〉序言》中指出："无论哪一个社会形态，在它所能容纳的全部生产力发挥出来以前，是决不会灭亡的；而新的更高的生产关系，在它的物质存在条件在旧社会的胎胞里成熟以前，是决不会出现的。"① 这也是客观规律。马克思这里所讲的是"社会形态"的更替，也适用于经济成分的兴衰存亡。在旧中国，由于受"三座大山"的压迫，民族资本主义和个体工商业经济没有获得充分发展，解放生产力，也应包括解放民族资本主义和个体经济的生产力。还应看到，恩格斯在《共产主义原理》中回答"能不能一下子就把私有制消灭"的提问时，明确地说："不，不能，正像不能一下子就把现有的生产力扩大到为实行财产公有所必要的程度一样。"② 无产阶级革命"只有创造了所必需的大量生产资料之后，才能废除私有制"③。我国改革开放以来，在公有制为主体的前提下，鼓励和支持个体私营经济发展，是马克思主义理论与中国实际相结合的成果。

马克思主义把人类社会的发展看作是自然历史过程。从原始社会的公有制到奴隶社会的私有制，到封建社会的私有制，到资本主义私有制，再

① 马克思恩格斯全集：第31卷［M］. 北京：人民出版社，1998：413.

② 马克思恩格斯选集：第1卷［M］. 北京：人民出版社，1995.

③ 邓小平年谱：上［M］. 北京：中央文献出版社，2004：222－223.

到社会主义公有制，是合乎规律的客观的必然过程。旧中国半殖民地半封建主义的社会制度阻碍生产力的发展。新中国建立后发展了社会主义公有制，尽管出现过严重失误，但前30年的经济社会成就，远远超过旧中国百年或以上的成就，也超过一些原殖民地国家独立后的发展成就。中国特色社会主义的经济成就，更是世界空前的。社会主义以公有制为基础或为主体，同样是合乎社会历史发展规律的。

二、深入理解科学社会主义与中国特色社会主义在经济理论与实践上源与流的关系，认知和把握马克思关于社会主义的根本原则和本质特点及其在中国特色社会主义理论与实践中的坚持与发展

马克思在《资本论》中阐述了未来新社会中实行生产资料公有制，共同劳动，计划调节，按劳分配。这些根本原则或特点也是中国特色社会主义所遵循的。公有制是社会主义经济制度的基础，是社会主义的根本原则，这是从马克思主义经典论著到中国特色社会主义理论体系，包括我国宪法和历届中央文件一再说明的。习近平同志指出：国有企业“是国民经济的重要支柱，在我们党执政和我国社会主义国家政权的经济基础中也是起支柱作用的，必须搞好”①。这就说明了作为社会主义公有制核心的国有经济在我国社会主义制度中的重要作用。因此没有以国有经济为主导、公有制为基础或为主体的经济制度，就没有社会主义。这就要求必须搞好公有制经济特别是国有经济。

社会主义为什么必须实行公有制？这与弄清什么是社会主义、如何建设社会主义这一根本问题有关。这就涉及社会主义的根本原则或特点与社

① 新华社北京8月18日电．习近平：央企在我党执政和国家政权经济基础中起支柱作用［EB/OL］．（2014-08-08）［2015-06-24］http：//politics．caijing．com．cn/20140818/3661788．shtml．

会主义本质的关系问题。社会主义实行公有制、按劳分配、计划调节等，是服从于社会主义的本质规定和根本目的的。邓小平提出社会主义的本质是解放生产力，发展生产力，消灭剥削，消除两极分化，最终达到共同富裕，这是对经典社会主义本质理论的坚持与发展。马克思讲过，未来新的社会制度下，生产力的发展将如此迅速，将以所有人的富裕为目的。列宁也讲过，社会主义能战胜资本主义，因为它能够创造出比资本主义更高的劳动生产率。同时又讲社会主义要让人民过最美好最幸福的生活。因此搞社会主义，必须重在抓好两大环节，一是尽快发展生产力，二是最终实现共同富裕。共同富裕的全面实现意味着剥削的消失和两极分化的消除。但抓好两大环节，需要制度保障。旧中国多种私有制的经济制度和现代资本主义私有制度，不可能实现生产力的快速发展和共同富裕。社会主义公有制能够消除旧制度的根本内在矛盾，实现社会主义的本质要求。因此社会主义以公有制为基础或主体，是抓好快速发展生产力和共同富裕两大环节的制度安排。实践证明，脱离开快速发展生产力和共同富裕的目标，片面强调公有制和按劳分配，只能是贫穷的社会主义。为了重视发展生产力，就要强调生产力标准，为了强调消除两极分化，走共同富裕道路，就需要强调以公有制为基础的社会主义生产关系的价值标准，将二者统一起来。要学好用好关于生产力与生产关系的历史唯物主义理论。重视发展生产力的重要作用，要坚持生产力标准。但不能搞唯生产力标准论，更不能搞唯生产力论。“四人帮”把重视发展生产力诬之为唯生产力论，进行批判，是荒唐的，但不能认为唯生产力论是正确的。唯生产力论是庸俗生产力论，受到马列主义批判。邓小平指出：“马列主义没有‘唯生产力论’这个词，这个词不科学。列宁在批判考茨基的庸俗生产力论时讲，落后的国家也可以搞社会主义革命，我们也是反对庸俗的生产力论的。”① 在我国社会主义现阶段，宣扬唯生产力论，就会忽视消除两极分化，忽视社会主义生产关

① 邓小平年谱：上 [M]. 北京：中央文献出版社，2004：222－223.

系的价值标准。我国改革开放三十多年来，经济发展获得巨大成就。但是也有需要总结经验教训的地方。马克思关于社会主义制度下一要快速发展生产力，二要以所有人的富裕为目的的原则；邓小平关于社会主义本质的论述既强调发展生产力，又强调消灭剥削、消除两极分化，最终达到共同富裕。这一理论指导，在一段时间里，在我国的政策与实践中并没有全面贯彻。重视了生产力的发展而未同等重视消除两极分化和走共同富裕道路，结果出现了不符合社会主义原则和本质的贫富两极分化，导致社会矛盾凸显。从分配原则和政策来看，20 世纪 90 年代，我国收入差距在不断扩大，出现了贫富分化趋势。但从 1993 年起，中央文件一直宣传“效率优先，兼顾公平”的分配原则。党的十六大报告进一步提出：“初次分配注重效率……再分配注重公平”，由政府“调节差距过大收入”。就是说，允许存在由于初次分配造成的收入差距。从世界范围看，贫富分化的产生，都是形成于初次分配。不可能由再分配消除分化，何况我国的社会保障制度和其他再分配机制还不健全。中央文件后来调整了原有的提法，改提效率与公平的并重与统一，并且强调关注民生，强调共同富裕是社会主义的根本原则，回到了社会主义的本质要求。

三、将发展生产力和发展社会主义生产关系统一起来，弄清怎样发展生产力和怎样发展社会主义生产关系的问题

将发展生产力和发展社会主义生产关系统一起来，是篇大文章，涉及社会主义的兴衰成败。做好这篇文章，还需要弄清怎样发展生产力和怎样发展社会主义生产关系的问题，这里也存在规律性的东西。

关于发展生产力的问题，马克思有系统的论述。决定发展生产力的因素，不只限于劳动力、劳动资料和劳动对象。马克思把分工协作、经济管理、自然力，特别是科学的发明与应用，都作为推动生产力发展的因素。

在马克思的著作中，一再强调科学是生产力，而且是一种“独立的生产能力”。在改革开放前，我国普遍忽视马克思的这一观点。以至于1975年，邓小平在听取《科学院汇报提纲》时，赞同“科学技术也是生产力”的观点，竟遭到“四人帮”批判。粉碎“四人帮”后，邓小平进一步提出科学是第一生产力，才成为共识。发展生产力就要发挥决定生产力诸要素的各自功能和组合功能，特别要重在发挥科技的功能。当前，我国进入创新驱动阶段，科技创新、自主创新具有决定性的意义。谁占据科技创新的制高点，谁就可以引领经济社会的新发展。依靠科技发展生产力，有利于从粗放型增长模式，转向集约型增长，有利于提高发展的质量与效率和转变发展方式，也有利于实现以人为本、统筹兼顾、全面协调可持续的科学发展，还有利于解决社会主义初级阶段的主要矛盾即人民日益增长的物质文化需要同落后的社会生产之间的矛盾。

社会主义大力发展生产力的根本目的是实现共同富裕，十八大强调“必须坚持走共同富裕道路。共同富裕是中国特色社会主义的根本原则”。为实现共同富裕，既要重视发展和完善社会主义生产关系，即“社会主义经济制度”，又要重视发展和完善“社会主义初级阶段的基本经济制度”。请注意，在我国宪法中，这是作为两个有联系又有区别的概念提出的，前者是以全民所有制（国有制）和集体所有制为基础，实行按劳分配，消灭剥削，不包括非公经济。后者指坚持公有制为主体，多种所有制共同发展，坚持按劳分配为主体，多种分配方式并存的分配制度。就是既不搞单一的公有制，又不搞私有化。搞好公有制，要探寻公有制的多种实现形式，肯定了股份制是公有制的主要实现形式，也是包括非公经济的基本经济制度的重要实现形式。为此，要发展和完善混合所有制经济。有人把混合所有制经济作为新一轮“国退民进”、让私有经济销蚀国有经济的改革措施，是与中央精神背道而驰的。

改革开放以来，我国一直存在私有化的思潮。有人否定公有制特别是国有经济的地位和作用，否定以国有经济为主导的公有制经济是我国社会主义经济制度的基础，是党和政府执政的基础。还借助错误理解恩格斯、邓小平的理论观点来否定国有经济是社会主义经济，宣扬非公经济才是社会主义经济。恩格斯在《反杜林论》中批评把普鲁士首相俾斯麦的某些国有化称作社会主义，指出是“冒牌社会主义”。有人将其张冠李戴，用以否定我国的国有经济，又将邓小平的三条“是否有利于”的标准错解为判断姓“社”姓“资”的标准。据此推理，认为非公经济符合三条有利于标准，是社会主义经济。其实，邓小平的三条“是否有利于”是判断改革开放和一切工作是非得失的标准。

为了更好地发展社会主义经济，要深化改革扩大开放。我国实现了由计划经济体制向社会主义市场经济体制的转变，市场经济的本质和规律，是市场在资源配置中起决定性作用，关键是处理好市场与政府的关系，由市场决定资源配置的同时，要更好发挥政府作用。市场经济规律包括供求规律、竞争规律、价格运动规律、货币流通规律等。也就是马克思主义经济学所讲的价值规律。毛泽东曾指出，“价值规律是一个伟大的学校”，因此，需要学好用好。市场配置资源主要是在微观经济领域中起决定作用，在宏观经济领域，政府要发挥更多的作用。实行社会主义市场经济，要反对新自由主义的主张：私有化、自由化、全面市场化。我国所建设的市场经济，是与社会主义经济制度相结合的社会主义市场经济。

改革分配制度，缩小当前收入分配差距和财富占有差距过分扩大的趋势，处理好分配和经济社会生活中的效率与公平的关系，也是社会主义政治经济学中的重要问题。马克思关于生产、分配、交换与消费之间的辩证关系，关于生产关系决定分配关系的理论，对于我国当前致力于扩大内需促进生产的发展，对于弄清做大蛋糕和分好蛋糕之间的辩证关系，具有指导意义。另外，邓小平理论和中央有关文件特别是习近平同志近年来有关中国特色社会主义经济理论的一系列经济学思想，是马克思主义政治经济学的中国化，更要学好用好。

四、党政干部学习政治经济学，要认识和把握资本主义经济制度发展的规律，主要认识资本主义产生、发展、衰落和终将转向社会主义的客观规律

在当今经济全球化的大局中，我国深化改革与开放，既要与国外资本主义进行紧密交往，也要与国内资本主义经济成分紧密联系。我国既不走封闭僵化的老路，又不走改旗易帜的邪路。社会主义经济与国内外的资本主义经济，既存在相互联系、共同发展的一面，又存在相互竞争、相互矛盾的一面。因此，要认识资本主义经济的基本规律，即剩余价值规律、资本主义积累的一般规律、资本主义转向社会主义的客观规律。马克思很重视资本主义经济制度中新出现的经济因素。他把资本主义制度中出现的股份制看作是对资本主义生产方式的消极扬弃，把出现的工人合作社看作是对资本主义生产方式的积极扬弃。“扬弃”，就是既有舍弃又有保留。认为这些新因素虽然没有超越资本主义关系，但可以成为转向社会主义的过渡点。当代资本主义条件下内生的新经济因素日益增多，如市场调节与计划调节相结合，工人代表参加企业管理，建立较为完善的社会保障制度等。这些因素是对资本主义生产方式更多的积极扬弃，更是走向社会主义的过渡点。马克思对资本主义制度中出现的新经济因素，做了这样的论述：“我把生产的历史趋势归结成这样：它‘本身以主宰着自然界变化的必然性产生出它自身的否定’；它本身已经创造出一种新的经济制度的因素……实际

上已经以一种集体生产为基础的资本主义所有制只能转变为社会的所有制。”[①] 又说工人阶级“只是要解放那些由旧的正在崩溃的资产阶级社会本身孕育着的新社会因素”[②]。根据马克思的理论逻辑来研究资本主义制度内部“新的经济制度因素”的产生与扩大，可以判断，当代资本主义出现的新特点、新变化，不是意味着资本主义制度返老还童，青春永驻，而是表明新经济制度因素在增加和扩大，等待条件成熟时由工人阶级去“解放”。

全面阐述资本主义经济规律的论著，是马克思的《资本论》。习近平同志于2012年6月19日到中国人民大学《资本论》教学与研究中心进行考察时，发表了重要指导性讲话。他既强调要重视研究马克思主义中国化的两大成果——毛泽东思想和中国特色社会主义理论体系，又强调指出，两个成果的理论源泉是马克思主义的经典著作。“要重视马克思主义经典理论的学习”，《资本论》是马克思主义经典著作中的经典，“可以说它经受了时间和实践的检验，是一直永放光芒的真理”，要我们“旗帜鲜明、理直气壮”地坚守，“培养我们一代合格的接班人”。这是对高校《资本论》教学与研究的指导与要求。对党政干部来说，三卷《资本论》内容厚重、博大精深，难以有时间尽读其内容。可以选读一些内容精简的通俗性读物。我去年在中国财政经济出版社出版了一本五万多字的《〈资本论〉简说》本，中宣部理论局和中组部教育局今年向党员干部推荐的七本学习书目中，将我的这本小书也列入其中。我想，这也是遵循习近平同志重视对马克思主义经典著作特别是《资本论》的学习的指导思想而做的安排。

（原载于《中共贵州省委党校学报》2015年第4期）

① 马克思恩格斯全集：第19卷［M］. 北京：人民出版社，1963：130.

② 马克思恩格斯选集：第3卷［M］. 北京：人民出版社，1995：60.

深化对中国特色社会主义经济理论的认识

十八大以来，以习近平为总书记的党中央与时俱进、开拓创新，逐渐形成了全面建成小康社会、全面深化改革、全面推进依法治国、全面从严治党的四个全面战略思想。四个全面战略思想在理论形态上是中国特色社会主义理论体系的新成果。中国特色社会主义经济理论体系是中国特色社会主义理论体系的基础和核心。为深化对中国特色社会主义经济理论的认识，本刊特邀著名经济学家、中国人民大学经济学院卫兴华教授对中国特色社会主义经济理论的坚持、创新与发展进行深入解读。

一、 四个全面战略思想是中国特色社会主义理论体系的新发展

黄丽云：*十八大以来，以习近平为总书记的党中央在治国理政的实践中着力理论创新，逐渐形成了四个全面战略思想。您作为经济学家，如何看待四个全面战略思想对中国特色社会主义理论的新发展？*

卫兴华：四个全面战略思想是多层次的逻辑严密的系统理论。四个全面战略思想与中国特色社会主义理论体系一脉相承，都是中国共产党人以马克思主义为指导，在中国特色社会主义建设实践中的理论创新成果。四个全面都与中国特色社会主义经济理论与实践有着内在联系。全面建成小康社会，属于中国特色社会主义走共同富裕道路的内容；全面深化改革，首先要全面深化经济体制改革。发展与完善社会主义市场经济体制，属于

中国特色社会主义经济理论与实践的内容；全面推进依法治国，包括依法改革与发展，依法坚持公有制为主体，多种所有制经济共同发展的基本经济制度，要依据宪法，“保障国有经济的巩固和发展”，保障我国市场经济要在法治轨道上运行；全面从严治党，是坚持和发展中国特色社会主义的政治条件，只有中国共产党的正确领导，才能实现中国特色社会主义的顺利发展。

中国特色社会主义是对马克思列宁主义、科学社会主义的坚持、发展与创新，是中国共产党经过新民主主义革命和社会主义革命的长期社会主义实践的结果，是总结了社会主义建设与发展中得失成败、正反两方面的经验与教训而提出和不断发展的新型社会主义。中国特色社会主义，是一种适合中国国情的新型社会主义制度，是从中国实际出发所走出的一条新的社会主义道路；又是在发展与改革的实践中形成的一套中国特色社会主义理论体系。中国特色社会主义，是以中国特色社会主义经济为基础的，中国特色社会主义理论体系以中国特色社会主义经济理论体系为支柱和核心。

经过中国共产党人 90 多年来的不断探索，经过新中国 60 多年来的社会主义实践，特别是经过 30 多年来改革开放的实践与理论的发展和创新，我国已形成了适用于整个社会主义初级阶段的中国特色社会主义经济理论体系。就是说，它已不是个别的原理和原则，而是具有丰富内容的和相互联系的、包括生产力发展特点和生产关系体系特点的较为完整的理论体系。

二、 中国特色社会主义经济理论的十大内容

黄丽云：您将中国特色社会主义经济理论体系概括为十大理论内容，请您跟我们介绍一下这十大理论的主要内容。

卫兴华：对这个问题，理论界有不同的概括和论述。见仁见智，角度

和撷取有异。但从主要内容来看，是基本一致的。我根据对这一理论体系的理解与把握将其概括为十大理论内容。一方面着重从正面阐述和评析这一理论体系的重要内涵和实践意义；另外又对偏离这一理论体系本义的有关解读和观点辨明理论是非，力求准确科学地予以把握。

（一）社会主义本质论

讲社会主义本质，在“社会主义”这一概念中已经包含了作为社会主义经济基础的公有制和作为社会主义分配原则的按劳分配。社会主义本质的实现，要以公有制和按劳分配的存在为前提。最能体现社会主义本质是两个方面的规定：一是快速发展生产力；二是实现共同富裕。它涵盖了生产力和生产关系两方面。发展生产力，是实现共同富裕的物质条件；而消灭剥削，消除两极分化是实现共同富裕的社会制度条件。

（二）社会主义经济是公有制基础上的有计划的商品经济论

党的十二届三中全会通过的《中共中央关于经济体制改革的决定》提出“商品经济的充分发展是社会主义经济发展不可逾越的阶段”。并指出：传统经济体制的弊端之一，“就是忽视商品生产、价值规律和市场的作用”，要突破把计划经济与商品经济对立起来的传统观念。在后来的有关文件和论述中，将这个论断发展为“社会主义经济是公有制基础上的有计划的商品经济”。社会主义经济是制度性范畴，商品经济是存在于多个社会的非制度性范畴，它不能规定任何社会经济制度的本质。但强调提出社会主义经济是有计划的商品经济，对社会主义经济体制改革具有重大理论意义。

（三）社会主义市场经济论

党的十四大报告指出：“我们要建立的社会主义市场经济体制，就是要使市场在社会主义国家宏观调控下对资源配置起基础性作用。”对社会主义市场经济的内涵，需要把握三点：其一，通过市场机制直接调节企业的经营活动，实现市场在资源配置中的基础性作用（现改称“决定性作用”）；其二，社会主义市场经济是将市场经济与社会主义基本制度结合起来；其三，社会主义国家要从宏观层次上对市场经济进行调控，以减少市场的盲目性和自发性，要用“看得见的手”引导“看不见”的手。

（四）社会主义初级阶段基本经济制度论

改革开放以后，党中央根据我国生产力水平低、多层次、不平衡的情况，提出社会主义处于初级阶段的理论。这一科学定位，可以避免不再盲目地去干一些超越阶段的错事。社会主义初级阶段理论的提出，为调整所有制结构和收入分配结构提供了理论支持。坚持现阶段基本经济制度，就是既不搞单一的公有制，又决不搞私有化。

（五）按劳分配为主体多种分配方式并存论

公有制为主体多种所有制经济共同发展的所有制结构，决定了我国社会主义初级阶段的分配方式必然是按劳分配为主体，多种分配方式并存。所谓多种分配方式，就是除社会主义公有制经济中实行按劳分配外，在私营和外资经济中实行按生产要素即按资本、劳动、管理工作、科技工作等的贡献进行分配。

（六）社会主义公平与效率统一与并重论

党的十七大明确提出：“初次分配和再分配都要处理好效率与公平的关系，再分配更加注重公平。”并且在总结我国改革开放以来所取得的十大“宝贵经验”中，将“把提高效率同促进社会公平结合起来”作为列入其中的一条。

（七）三条“是否有利于”的判断标准论

邓小平在1992年的南方谈话中提出了三条判断标准：是否有利于发展社会主义社会的生产力，是否有利于增强社会主义国家的综合国力，是否有利于提高人民的生活水平。邓小平理论是把生产力标准与社会主义价值标准（主要是生产关系标准）统一了起来。如果只强调社会主义道路、社会主义公有制，而忽视生产力标准，只能搞贫穷的社会主义，价值标准也难以实现。如果反过来只强调生产力标准，而忽视社会主义的价值标准，就会出现贫富分化、偏离社会主义共同富裕道路的现象。

（八）转变经济发展方式与科学发展论

转变经济发展方式，主要是从发展生产力和调整社会经济关系的两方面途径着手。转变生产力发展方式包括诸多方面，如经济结构调整、产业结构优化升级、科技进步与创新、发展高新技术产业和新型战略产业，实现管理创新，提高劳动者素质，实现可持续发展等等。但只重视这些方面的内容是不够的，还应重视转变经济发展方式所包括的社会经济关系的发展和优化的内容。

（九）坚持独立自主同扩大开放、参与经济全球化相结合论

我国作为发展中的社会主义大国，发展经济与社会事业应放在独立自主、自力更生的基点上。既对发达国家开放，也对发展中国家开放。开放的内容，既有引进先进技术设备和人才；也有引进外资，发展外资经济；并坚持“走出去”的发展战略，鼓励民族资本到国外投资，发展对外贸易等。实行对外开放，实际上是参与了经济全球化进程。

（十）改革、发展、稳定三者关系统一论

改革是动力、发展是目的、稳定是前提。改革，是为了更好更快地发展。发展，是为了满足人民日益增长的物质文化需要，实现共同富裕。稳定，是为改革与发展提供一个和谐而宽松的环境。改革与发展同稳定是互相依存与促进的。改革的力度与发展的速度要考虑社会可承受的程度。

三、 经济体制改革的理论是非辨析

黄丽云：党的十八届三中全会通过《中共中央关于全面深化改革若干重大问题的决定》，全面深化改革的重点是经济体制改革。我国经济体制改革经历了漫长的探索过程，也产生了一些理论是非。您长期进行科学社会主义和中国特色社会主义经济理论的研究，请您跟我们谈谈您的见解。

卫兴华：我国经济体制改革经历了由计划经济体制向社会主义市场经济体制转变的过程。由最初的计划经济为主、市场调节（市场经济）为辅，到有计划的商品经济体制；到计划和市场覆盖全社会，即国家调节市场、市场引导企业；到计划经济与市场调节（市场经济）相结合；再到最后建立社会主义市场经济。

在经济体制转轨问题上，存在一些理论是非，需要研究和澄清。

第一，应当用历史观点看待由计划经济转向市场经济的改革过程。不应全盘否定社会主义在一定时期内实行计划经济的必要性和作用。苏联实行计划经济，也曾起过着力推进生产力发展的作用，迅速缩小了落后沙皇俄国时期与美国的经济差距，为战胜强大的法西斯德国奠定了物质技术基础。新中国建立后也曾实行计划经济，尽管有“左”的失误，发展成就也超过了旧中国百年以上。而且，生产力落后的新中国，如果在发展的初期就搞市场经济，就难以集中力量在短时期内建立完整的工业体系，也难以大力发展以国有经济为核心的社会主义经济。但计划经济有其内在的弊端，在经济发展到一定阶段时其弊端显露得更明显，这时就需要转轨，最终确立了社会主义市场经济。

第二，有人把邓小平和陈云的理论观点对立起来，认为前者是市场经济派，后者是计划经济派。而且存在褒市场经济贬计划经济和褒计划经济贬市场经济的对立。这两种对立观都与未准确掌握邓小平与陈云的理论观点有关。不少学者没有准确解读邓小平于 1979 年 11 月 26 日与外宾谈话时所提出的社会主义市场经济的本义，认为邓小平那时就肯定提出了我国现在实行的社会主义市场经济。邓小平说：“说市场经济只存在于资本主义社会，只有资本主义的市场经济这肯定是不正确的。社会主义为什么不可以搞市场经济……我们是计划经济为主，也结合市场经济，但这是社会主义的市场经济。”[①] 如果断言邓小平远在 1979 年就提出现在实行的社会主义市

① 邓小平文选：第 2 卷［M］. 北京：人民出版社，1983：236.

场经济，就会产生一系列难以说明的理论与实践的矛盾。兹举几例：例一，1984 年 9 月 9 日，赵紫阳总理写给邓小平等中央领导同志的信中讲，我们所要建立的管理体制是“不同于资本主义那样的市场经济”，获得同意，并将全信内容公开发表。例二，1984 年，《中共中央关于经济体制改革的决定》中继续讲计划经济的优越性，并强调指出，“就整体说，我们国家实行的是计划经济，而不是那种完全由市场调节的市场经济”。邓小平对这一决定的内容给予高度评价，完全肯定。例三，直到 1989 年，江泽民在国庆 40 周年大会上还讲：“如果一味削弱乃至全盘否定计划经济，企图完全实行市场经济，在中国是行不通的，必须导致经济生活和整个社会生活的混乱。”这一重大会议的讲话必然要经过邓小平的认同。例四，1989 年的政治风波后，邓小平在 6 月 9 日的讲话中讲：“我们要继续坚持计划经济与市场调节相结合，这个不能改。……以后还是计划经济与市场调节相结合。”①

实际上，邓小平 1979 年 11 月 26 日所讲的内容，是计划经济为主，市场调节（市场经济）为辅的观点的另一种表述。计划外的完全由市场调节的经济，就是市场经济。“为主为辅”的观点是陈云提出的。得到邓小平的赞同。在 1982 年 4 月 3 日的一次谈话中，邓小平讲：“最重要的，还是陈云同志说的，公有制基础上的计划经济，市场调节为辅。”② 并且，将这一体制模式写入 1981 年邓小平主持制定的《关于建国以来党的若干历史问题的决议》中。

弄清邓小平 1979 年关于社会主义的市场经济讲话的本义，就可以明了邓陈的观点是一致的，不存在计划派与市场派的对立。原国家计委的一位老局长写文章说，陈云在 1979 年 3 月刚讲计划经济为主，邓小平同年 11 月就提出搞市场经济。他就此进行褒贬。既错解了邓小平的原意，也错解了陈云的观点。因为陈云讲市场调节为辅，就是市场经济为辅。其实，早在

---

① 邓小平文选：第 2 卷［M］. 北京：人民出版社，1983：306.

② 陈云年谱：下［M］. 北京：中央文献出版社，2015：338.

1979 年 2 月，李先念就和陈云谈论过，二者主张计划经济和市场经济相结合，市场经济是补充，不是小补充，是大补充[①]。

第三，邓小平关于社会主义市场经济的理论观点，也有一个发展过程。他原来也是坚持计划经济的。后来同意陈云计划经济为主，市场调节为辅的改革模式。往后又赞同公有制基础上有计划的商品经济模式，1989 年政治风波后，又提出计划经济与市场调节（市场经济）相结合，直到 20 世纪 90 年代初的南方谈话，才确定了社会主义市场经济的改革模式。

有关我国社会主义经济中“市场调节”“市场经济”概念和理论观点的最先提出，是陈云和李先念，获得邓小平的赞同。但后来邓小平超越了计划经济为主、市场调节（市场经济）为辅的板块结合的模式，改为计划经济与市场调节（市场经济）有机结合的模式。最后突破了社会主义不能全面实行市场经济的传统观点，建立了由市场配置资源的社会主义市场经济体制。

四、 社会主义经济增长和经济发展的问题

黄丽云：近年来，中央和理论界一再强调加快转变经济发展方式。您刚才谈到，经济发展方式转变要从发展生产力和社会经济关系的途径两个方面的统一为着眼点。那么，究竟应该如何来理解这两者的统一呢？

卫兴华：中央文件中先提出转变经济增长方式，后提出转变发展方式。经济增长主要是发展生产力的问题；而经济发展是以经济增长为基础，包括经济、社会、环境、教育、经济关系等发展的多方面的内容。提出转变经济发展方式，并不是用以取代经济增长方式，二者是同时并存、前者包括后者并以后者为条件的关系。经济快速优化发展，才能拉动社会各方面的有效发展。但也可能割裂经济增长与发展的关系，出现快增长而慢发展，

① 陈云年谱：下［M］．北京：中央文献出版社，2015：265.

或有增长而无发展。这就需要统筹兼顾、全面协调可持续的科学发展。

经济增长分粗放型增长和集约型增长。又讲内涵型增长和外延型增长。在英语中集约和内涵是同一个词，外延与粗放也是一个词，因而学界不少人认为集约型增长与内涵型增长同义，粗放型增长与外延型增长同义。根据这种认识，当党的十四届五中全会提出，我国要实现经济增长方式的转变时，有的学者宣称是要由外延型增长转变为内涵型增长。这种认识失去准确性与科学性。

集约型和粗放型本是应用于农业生产中的两个概念，是农业中的两种经营方式。扩大耕地面积发展生产称作粗放型，在同一土地上增加投入提高产量称作集约型。在李嘉图的著作中和马克思的《资本论》中也用这两个概念。马克思当时并没有把粗放型视作低效率。马克思认为扩大耕地面积增加产量，可以是投向肥沃程度不同的土地，也可以投向更肥沃的土地。而原始土地积淀着有利于农业生产的自然因素，所以并不一定是“广种薄收”，也可以是广种多收。因此，粗放型经营并不必然意味着效益低下。后来，粗放型集约型概念扩展到工业等其他经济部门，粗放型耕作变成“广种薄收”的同义词，工业等部门的粗放型经营，也变成高投入、高消耗、低产出、低效益的解读。概念的内涵也经历了历史的变迁。

在理论认识上，不能把经济增长的集约型等同于内涵型，把粗放型等同于外延型。内涵型扩大生产与外延型扩大生产，是马克思在《资本论》中提出的。集约型或粗放型增长是两种经营方式；而内涵型或外延型发展是两种扩大再生产的方式。同一字或同一词可以有多种含义，中外一样。不应从一词多义引用混淆不同概念的内涵。如汉字“沽”字，既有买义，又有卖义。不能因此断言买与卖是一回事。就一个企业内部来说，增加新车间、扩大厂房面积，是外延型扩大生产，在原有工厂和车间内增加投入和产出，是内涵型扩大生产。就社会范围来看，建立新企业，是外延型扩大生产，同一企业增加投入产出，是内涵型扩大生产。我国倡导企业“挖潜改造”，通过管理创新、技术创新提高效益，这是内涵型扩大、集约型经营。不赞同低水平重复建设，乱铺摊子，也就是应减少低水平的外延型扩大，这是正确的。但是并不排除也不应贬抑外延型扩大。国家需要建设高新科技产业，增加基础设施建设。可以是外延型扩大、集约型经营。如宝钢的建设、高铁的发展等。另外，我国发展多种所有制经济，私营、个体和外资企业每年不断增加，这种外延型发展是需要的。因此，我国的经济增长与发展，应是重集约、轻粗放，由粗放型增长方式转变为集约型增长方式。至于内涵型扩大和外延型扩大，应是两者并重，不存在强调由外延型扩大转变为内涵型扩大的问题。

近些年来，我国强调转变经济增长和发展方式，强调调整拉动经济增长的“三驾马车”的增长结构，减少过重的出口依赖和投资依赖，扩大消费内需。不以GDP论英雄，这是正确的。但是，又不能忽视GDP的增幅。不搞唯GDP，但又不要忽视GDP。不过度依赖出口和投资，但又不能忽视出口和投资的重要作用。特别在当前需保持经济中高速增长的新形势下，更是如此。

我国的经济发展，是科学发展，是以人为本、统筹兼顾、全面协调可持续发展，既要重视经济的发展，也要重视社会的发展、人的发展，还要重视经济社会发展的安全，重视社会主义经济制度的发展。我提出转变经济发展方式，需要注意处理好四个关系。一是处理好经济增长方式转变与经济发展方式转变的关系，二者既具有一致性，又存在差异性和矛盾性。靠高投入、高消耗、高污染、低产出、低效益、低质量、低工资的经济增长，也可以是快速的，但不利于经济社会的发展和发展方式的转变。二是处理好经济发展与人的发展相统一的关系。劳动者的生产知识、科技水平越高，越有利于经济发展和发展方式的转变。三是处理好经济发展中利用外资和经济安全的关系。引进外资有利于我国经济发展，但是要分清外资与内资对民族经济发展的作用的差异。前一个时期有学者甚至政府高官宣称，外资企业在中国发展就是中国民族经济。这种论断不能认同。它会导致忽视民族经济的安全。有些外资并购我国品牌企业，具有垄断生产和市场的目的，应当引起注意。四是处理好经济发展与社会主义经济制度发展的关系。经济发展了，财富增长了，但如果私有制经济占比不断扩大，以国有经济为核心的社会主义公有制经济不断消退，占比不断下降。收入分配差距不断扩大，广大工农群众成为弱势群体，与作为社会主义本质内容的消灭剥削、消除两极分化、逐步走向共同富裕的要求越来越远，经济发展和转变发展方式就会失去其社会主义应有的意义。应切记：我国的经济发展，是社会主义经济的发展！

五、 贫富分化的根源问题

黄丽云：您刚才谈到，公有制经济是按劳分配，非公有制经济按要素所有权分配。这种分配制度有效激发社会创造力，促进社会财富的极大增长，居民收入普遍提高。但在经济持续增长的背后也产生了贫富分化问题。要如何来看待和解决这个问题？

卫兴华：我国曾流行过多年“效率优先，兼顾公平”的提法，将此作为社会主义的分配原则。还进一步讲：“初次分配重视效率，再分配重视公平”，就是初次分配可以不重视公平。我始终不认同这种原则。在我的论著中，一贯讲在分配关系中应是公平与效率统一和并重。效率优先的对象不应是优先于分配公平。我主张生产重效率、分配重公平。在生产领域可以强调效率优先，优先于片面追求产值、追求 GDP。社会主义应当重视初次分配的公平。理由是：第一，收入差距过大和产生两极分化正是初次分配不公的结果。想靠再分配来取平，是不可能的。何况我国社会保障制度还不健全。第二，社会主义最本质的优越性是实现全体人民的共同富裕。这需要从初次分配做起。社会主义的分配与资本主义的分配是不同的。社会主义分配公平是消灭剥削，消除两极分化，最终实现共同富裕。如果初次分配不重视公平，就会产生偏离社会主义原则的贫富分化。第三，效率优先，不重视分配公平，有利于资本而不利于劳动。私营、外资企业可以接过来将效率优先等同于利润率优先，不顾劳动者的收入公平，并损害职工的权益。第四，有学者从生产决定分配，先生产后分配来论证效率优先，兼顾公平的正确性，并形象地比喻为先做蛋糕，后切分蛋糕。这种论证在逻辑上是不合理的。固然，生产在先，分配在后；生产什么才能分配什么；生产多少才能分配多少；蛋糕做大才能蛋糕分多。但是不能由此重生产、轻分配，认为初次分配可以不顾公平，任由收入分配差距过分扩大。先生产后分配，这是再生产过程的顺序。但生产是服从于消费需要的。要通过公平分配来满足需要。先做蛋糕是为了切分蛋糕。生产出蛋糕就要及时公平切分好蛋糕。生产决定分配，并没有决定社会主义经济中实行不公平分配。相反，社会主义生产决定了社会主义的公平分配是按劳分配。先生产后分配顺序与分配公平不公平是不同的两回事。第五，效率优先，兼顾公平，初次分配不顾公平，是西方右翼经济学家如哈耶克、弗里德曼等的观点，并没有获得西方广大学界和社会的认同。西方政府也没有采纳这种原则。在我国收入分配出现差距过大的趋势下，不少学者首先是刘国光等提出应调整“优先、兼顾”的原则，应向公平倾斜。中央也逐渐调整并最后放弃了原有的提法。十七大报告改提“初次分配和再分配，都要处理好效率和公平的关系，再分配更加重视分配公平”。

改革开放以来，我国生产力快速发展了，但是没有同时促进社会主义经济关系的发展与完善，没有有效实现社会主义本质所要求的消灭剥削、消除两极分化，逐步实现共同富裕，出现了收入差距严重扩大的趋势，产生了贫富分化。贫富分化的根源，学界认识不同。在这个问题上需要用马克思主义生产关系决定分配关系的原理来说明。贫富分化应区分非本质原因和本质原因。用城乡二元结构、地区发展不平衡、行业发展不平衡、垄断与腐败等作为其原因，固然有各自的道理，但都是非根本原因。讲根本原因是一个敏感的话题。但不能因此而回避问题。生产资料所有制是生产关系和分配关系的基础。资本主义所有制和资本与雇佣劳动相结合的生产方式，决定了资本主义的分配方式是按资本分配为核心的按要素（生产要素和流通要素）所有权分配。社会主义公有制和劳动者作为主人与公有的生产资料相结合，决定了社会主义的分配原则是按劳分配。在资本主义经济中，资本处于强势，劳动处于弱势，资本追求利润最大化，必然产生收入分配不公平。从世界范围来看，以私有资本为主体的市场经济，都存在贫富分化。萨缪尔森等的西方经济学论著早已说明了这一问题。近期法国的《21世纪资本论》又系统论证了这个道理。我国目前的GDP总量中，非公经济提供70%到80%。城镇劳动者80%以上在私有制经济中就业。按要素所有权分配比重远远大于按劳分配。无视这一现实对分配关系中贫富分化出现的作用，是非科学的。这样讲，会引起敏感话题：是否贬抑和否定非公有制经济和市场经济的地位和作用？不！只是主张一分为二地分析问题。既肯定现阶段非公经济发展的必要及其积极作用，肯定实行社会主义市场经济的必要和作用，但也要看到它会产生分配不公、出现贫富分化的负面效应。我国不能搞新自由主义的私有化和完全市场化。要在国家宏观调控下，抑制其负面效应，引导其向正面效应发展。中央目前强调以人为本、民生为重，强调共同富裕是社会主义的根本原则，着手改进分配制度，提高低收入者收入水平，就是要力求缓解收入差距过大的趋势。

六、社会主义市场经济要在法治轨道上运行

黄丽云：党的十八届四中全会提出了“社会主义市场经济本质是法治经济”的重大命题。要如何看待社会主义市场经济与法治的关系？

卫兴华：过去学界研究和阐述社会主义市场经济，以及媒体宣传社会

主义市场经济，一般着眼于市场经济与经济制度的关系，着力于论述市场经济与宏观调控的关系，即政府与市场的关系，很少有专门研究和论述市场经济与法治关系的论著。其实，市场经济是竞争经济，也是法治经济，竞争要受法治监管。市场在资源配置中的决定性作用，要在法治的轨道上得到体现；政府的宏观调控，也要在法治的框架内进行。党的十八届四中全会《决定》中指出："社会主义市场经济本质上是法治经济。"要以法治"保护产权、维护契约、统一市场、平等交换、公平竞争、有效监管"。这实际上涉及社会主义市场经济的三层关系：政府、市场和企业。

先讲企业。在社会主义市场经济中，无论是国有企业还是私营企业，都是重要的市场主体，必须首先得到法律对其产权的保护。宪法和物权法已有保护公有和私有财产的规定。宪法规定："社会主义的公共财产神圣不可侵犯"，"禁止任何组织和个人用任何手段侵占或者破坏国家的和集体的财产"。对私有产权的保护也有明确规定："公民的合法的私有财产不受侵犯。国家依照法律规定保护公民私有财产不受侵犯。"物权法更有明确规定。党的十八届四中全会还特别提出"健全以公平为核心原则的产权保护制度"。也就是对多种所有制产权保护要以"公平"为"核心原则"，即法律保护一律平等。只有作为市场主体的多种所有制企业的财产所有权得到法律的承认和保护，企业才有权利以法人的独立身份进入市场，才具有平等权利，进行公平交易，参与竞争，提出自己的合法诉求，求取自己的权益。在市场经济中，企业间会发生各种契约关系。契约的确立以产权的确立为前提，法律要"保护产权、维护契约"。

再讲市场。市场是商品交换的场合、渠道。市场是统一的，不能搞市场封锁、市场割据。市场经济是竞争经济，但应是平等竞争，不能搞不正当竞争、违法竞争，不能搞市场垄断。这个方面也有相应的法律规定，如反垄断法等。

再讲政府。党的十八届三中全会和四中全会的《决定》都强调指出：

“使市场在资源配置中起决定性作用和更好发挥政府作用。”四中全会的《决定》中还强调提出“政府的有效监管”，也就是政府对市场和企业要进行有效的宏观调控。宏观调控包括两方面：一是对微观经济的有效监管；二是对宏观经济的政策引导与调控。政府的有效监管不能是主观随意的，更不能由官员借机寻租谋取个人利益，应是依法进行监管。政府对市场与企业的监管职能也要受到法治的监管。

黄丽云：非常感谢卫教授！通过您的解读，使我们对中国特色社会主义经济理论体系有了清楚的认识。

（原载于《东南学术》2015 年第 5 期；卫兴华，黄丽云。副标题：卫兴华教授访谈录）

从经典著作论述中把握中国经济改革与发展的逻辑

新中国成立以来，中国社会主义经济建设取得了巨大成就。中国的经济发展不能用西方经济学进行解释，因此能否结合新实践在马克思主义政治经济学平台上形成重大理论成果，成为当代中国马克思主义政治经济学发展面临的新挑战，关系到今后中国经济改革和发展的方向。作为理论经济学界的泰斗、马克思主义政治经济学中国化的奠基人之一，卫兴华教授在《资本论》研究、当代中国社会主义经济理论研究方面成果卓著，在全民所有制内生产资料的商品性质、非公有制经济与社会主义市场经济的关系、国有企业改革的模式、如何处理马克思主义政治经济学与西方经济学的关系等方面提出一系列重要学术观点，在学术界产生了重大影响。围绕中国特色社会主义政治经济学的重大原则、如何认识国有经济的地位和作用、如何坚持和发展马克思主义政治经济学等若干重要理论和现实问题，访谈人与卫兴华教授展开了深入交流，对卫兴华教授一以贯之的学术观点和严谨学风有了更加深刻的认识和体会，并深深意识到马克思主义经典著作相关论述对于指导当前中国经济改革和发展的重要作用，以及坚持和发展中国特色社会主义政治经济学的重要意义，同时也感觉到青年一代马克思主义政治经济学者重任在肩。

访谈人：在过去一年多的时间内，习近平总书记三次提出学习、坚持、发展政治经济学问题，并提出了当代中国马克思主义政治经济学和中国特色社会主义政治经济学的概念。请问在当前条件下学习和发展政治经济学，侧重点在于哪些问题?

卫兴华教授：在过去一年多的时间内，习近平总书记和党中央三次提出学习和发展政治经济学的问题，虽然具体提法有所不同，但其精神和根本内容是一致的。马克思恩格斯创立的政治经济学，侧重点在于研究资本主义经济制度，揭示资本主义经济规律。我们学习、创新和发展马克思主义政治经济学，对于马克思的《资本论》和其他政治经济学论著，应该系统深入地学习，这一点不言而喻。但是现在提出要坚持中国特色社会主义政治经济学的重大原则，显然侧重点不是研究资本主义经济制度，而是要通过学好用好政治经济学为社会主义建设和改革开放事业服务。恩格斯在《反杜林论》中把马克思主义划分为三个部分，即哲学、政治经济学、科学社会主义，这里的政治经济学就是资本主义政治经济学。而我们现在讲的政治经济学，是要与社会主义部分的内容联系起来的。马克思恩格斯的政治经济学著作虽然没有专门的篇章集中论述社会主义问题，但是对未来社会主义的某些根本原则和特点提出了一系列的科学预见，散见于《资本论》和其他论著中。

我们过去学习和研究社会主义政治经济学，更多地重视社会主义经济制度的特点，如生产资料公有制、按劳分配、国民经济有计划按比例发展等，这些特点在《资本论》中就被阐释过。马克思把未来社会主义制度称作“自由人联合体”，意指摆脱了剥削与压迫的劳动者的联合体。这里，生产资料归公共所有；由计划调节生产和社会需要的适当比例；劳动时间是计量生产者在产品分配中个人所占份额的尺度，即现在所说的按劳分配。这是为了与资本主义对比而提出的。我国实行中国特色社会主义经济制度也应遵循和发展这三项社会主义原则。但是，需要明确的是，这三项原则并不是对社会主义全部特点和本质规定的完整论述。改革开放前，我们讲社会主义经济制度，也主要是讲这三项特点。但是，出现了邓小平在改革开放后所讲的我们对于什么是社会主义、怎样建设社会主义不甚清楚的问题。之所以会出现这样的问题，正是与没有全面、系统、深入地学习和掌握马克思主义政治经济学理论和方法论有关。例如，对马克思主义关于社会经济发展的一般理论和规律，如生产力与生产关系相互关系的一般原理和规律，特别是生产关系一定要适合生产力发展状况的一般规律，以及生产力自身发展的规律，没有很好地遵循，办了一些超阶段的错事。强调社会主义要实行公有制，却没有讲清楚为什么要实行公有制。曾经有一种绕圈的解读：什么是社会主义？社会主义是实行公有制的社会！为什么要实行公有制？因为我国是社会主义制度，必须实行公有制！这样认识社会主义，必然搞不清什么是社会主义和怎样建设社会主义的问题。我认为，要彻底弄清这个问题，还需要首先阐明为什么要搞社会主义，怎样才能搞好社会主义。马克思主义政治经济学已经回答了这个根本性问题。

为什么要搞社会主义？如果概括地讲，根据马恩列的理论概括，搞社会主义就是为了让劳动人民摆脱受剥削、受压迫的旧制度，能够过上日益富足的生活。用列宁的话讲，就是社会主义要“使所有劳动者过最美好、最幸福的生活”①。搞社会主义就是为了这个最终的目的。怎样才能过上最美好、最幸福的生活？需要两个基本条件：一个是物质条件，就是社会主义要快速地发展生产力。不发展生产力，没有足够的物质财富，怎么能过上富裕的生活？另一个是社会制度条件，即生产资料公有制。仅有生产力的发展不能保证共同富裕，只有在公有制基础上发展生产力，才能消灭剥削、消除两极分化，最终实现共同富裕。马克思指出，在社会主义社会，“社会生产力的发展将如此迅速”②。迅速发展社会生产力的目的是什么？马克思回答说：“以所有的人富裕为目的。”③ 也就是现在讲的共同富裕。

① 列宁全集：第34卷［M］．北京：人民出版社，1985：356.

② 马克思恩格斯文集：第8卷［M］．北京：人民出版社，2009.

③ 马克思恩格斯文集：第8卷［M］．北京：人民出版社，2009.

由此可见，搞好社会主义必须紧抓三个环节：大力发展生产力；实行和发展生产资料公有制；遵循共同富裕的基本原则。在当前条件下学习和发展政治经济学，应该围绕上述几个方面展开，以这三个环节为侧重点。

访谈人：中国特色社会主义政治经济学是对改革开放以来中国经济改革和发展实践的理论总结与概括，那么在实践中，有哪些经验可以被归纳到中国特色社会主义政治经济学的体系中?

卫兴华教授：改革开放以来，特别是党的十八大以来，我国在经济社会发展和改革开放诸多方面提出了一系列新的理论和理念。习近平总书记指出，党的十一届三中全会以来，我们党把马克思主义政治经济学基本原理同改革开放新的实践结合起来，不断丰富和发展马克思主义政治经济学，形成了中国特色社会主义政治经济学的诸多重要理论成果①。

所有制问题，是马克思主义政治经济学第一位的问题。坚持、发展和创新马克思主义政治经济学，发展中国特色社会主义政治经济学，首先是要坚持、发展和创新我国社会主义现阶段公有制的主体地位和实现形式，而不是动摇、否定国有经济和整个公有制经济的存在和发展。正如习近平总书记所强调的：“公有制主体地位不能动摇，国有经济主导地位不能动摇，这是保证我国各族人民共享发展成果的制度性保证，也是巩固党的执政地位、坚持我国社会主义制度的重要保证。”②

发展中国特色社会主义政治经济学，必须在理论认识上弄清两个问题：为什么要搞以公有制为主体的社会主义，怎样搞好社会主义。马恩列告诉我们，实行社会主义，从根本上说，一是要更快更好地发展生产力；二是要通过发展社会主义经济，满足全体人民的物质文化需要，实现共同富裕。

改革开放以前，毛泽东和党中央十分重视政治经济学的发展与创新。

---

① 习近平：立足我国国情和我国发展实践发展当代中国马克思主义政治经济学［EB/OL］.（2015-11-24）［2016-06-12］. http://news. xinhuanet. com/politics/2015-11/24/c_1117247999. htm.

② 习近平：立足我国国情和我国发展实践发展当代中国马克思主义政治经济学［EB/OL］.（2015-11-24）［2016-06-12］. http://news. xinhuanet. com/politics/2015-11/24/c_1117247999. htm.

如毛泽东的新民主主义理论；“论十大关系”中的经济理论；党的八大提出的当前社会主义社会的基本矛盾是人民对经济文化迅速发展的需要同经济文化不能满足人民需要的状况之间的矛盾，全国的主要任务是集中力量发展社会生产力的理论；关于以农业为基础、工业为主导、农轻重协调发展的理论；陈云提出的综合平衡的理论等。其内容主要都是论述怎样更好地发展生产力、发展社会主义经济，怎样更好地处理和发展多方面的经济关系，特别是发展和完善社会主义生产关系。

但是，我国在社会主义经济建设事业中，也出现过违反经济规律、人为拔高生产力和生产关系的重大失误。改革开放以来，我国总结社会主义实践中得失、成败的经验与教训，提出了一系列坚持和发展马克思主义政治经济学的理论观点，并在实践中获得成效，包括：社会主义本质论以及判断改革开放和一切工作是非得失的三条“是否有利于”的标准；社会主义初级阶段理论和初级阶段的基本经济制度理论；关于用好国际国内两个市场、两种资源的理论；中国特色社会主义理论、制度、道路的创新观点；社会主义市场经济理论，特别是新提出使市场在资本配置中起决定作用和更好发挥政府作用的理论；关于促进社会公平正义、逐步实现全体人民共同富裕并强调“共同富裕是中国特色社会主义基本原则”的理论；十八大强调“推动经济更有效率、更加公平、更可持续发展”的理论；中央新提出的关于树立和落实创新、协调、绿色、开放、共享的新的发展理念；关于我国经济发展进入新常态的理论；关于推动新型工业化、信息化、城镇化、农业现代化相互协调的理论等。这些都是结合经济社会发展的新形势、新任务提出的新的政治经济学的创新理论。通过分析可以发现，这一系列的创新理论都是围绕怎样更快更好地发展生产力、发展社会主义经济，怎样更好地发展和完善中国特色社会主义的生产关系，包括民生为重、缩小收入过大差距，使劳动人民全面发展，走社会主义共同富裕的道路。

中国特色社会主义政治经济学已经形成系统的体系，但它是一个动态的概念，随着社会主义经济建设事业的不断发展，经济实践会取得新的成就和产生新的问题，从而被总结和上升为新的政治经济学理论，用以指导社会主义新的经济建设事业。理论创新是创建和发展中国特色社会主义政治经济学的必要条件，是马克思主义经济理论工作的重要任务。马克思主义政治经济学理论和社会主义经济实践相互推动与发展，将使我国由社会主义初级阶段依次上升到中级和高级阶段，将充分显示我国社会主义经济制度的优越性。

访谈人：供给侧结构性改革是目前理论界讨论的热点。有人认为，解决产能过剩问题，要按照供给学派的思路，实施简政减税。这是解决当前中国经济问题的正确道路吗？

卫兴华教授：习近平总书记于2015年11月主持召开中央财经领导小组第十一次会议时强调，在适度扩大总需求的同时，着力加强供给侧结构性改革，着力提高供给体系质量和效率。2015年年底召开的中央经济工作会议对于加强供给侧结构性改革做出了具体部署。几个月来，社会上出现了对供给侧结构性改革的种种解读，但有些解读并不准确，甚至存在较大偏差。只有澄清认识误区，将理论与实践结合，从而完整准确地把握中央精神，供给侧结构性改革才能取得预期效果。

“供给侧结构性改革”是一个新的经济术语，是党中央的重大创新。因此，不能简单地从西方经济学比如萨伊的“供给自动创造自身的需求”的观点中寻找我国推进供给侧结构性改革的理论源泉，因为两者根本不搭界。萨伊是用供给创造需求、总供给会与总需求相一致这一观点来否认资本主义会出现生产过剩的经济危机，进而为资本主义制度辩护。而我国的供给侧结构性改革是在供给侧结构与需求侧结构失衡的现实形势下采取的新的有效举措。也不能将某些西方国家供给侧改革失败的案例套用到中国的改革上。我国的供给侧结构性改革是从我国经济运行中的实际问题出发采取的看得见摸得着的改革措施，有利于经济更好发展，不能与其他国家简单类比。

为了正确认识和理解供给侧结构性改革，需要到中央的有关论述中寻找答案。2015 年年底召开的中央经济工作会议指出："推进供给侧结构性改革，是适应和引领经济发展新常态的重大创新"，应当"在理论上做出创新性概括，在政策上做出前瞻性安排"，"加大结构性改革力度，矫正要素配置扭曲，扩大有效供给，提高供给结构适应性和灵活性，提高全要素生产率"①。由此可见，我国的经济政策重点转向供给侧结构性改革，是要"矫正要素配置扭曲，扩大有效供给"。这里强调"提高供给结构适应性和灵活性"，是指提高供给结构对需求变化的适应性和灵活性。因此，决不能将供给侧结构性改革与扩大需求分离开来甚至对立起来，决不能割裂供给与需求的内在联系。推进供给侧结构性改革，是为了通过调整供给结构更好地发展经济，以适应和满足国内外市场需求，是适应和引领我国经济发展新常态的重大举措。

有观点认为，过去一直强调的发挥"三驾马车"（消费、投资和出口）对经济增长的拉动作用属于需求侧管理，需求侧管理与供给侧结构性改革是对立的、矛盾的，因而推进供给侧结构性改革就要抛弃"三驾马车"。其实，供给侧结构性改革与需求侧管理并不矛盾。消费、投资和出口的"需求"是从发展经济要满足这三方面的需要来讲的，其中只有消费需求是相对于供给侧需求的，投资和出口则不能简单地看作相对于供给侧的需求。

"三驾马车"中的消费，主要是指国内消费需求，国内消费需求旺盛会有力地带动经济发展。2015 年，我国国内消费对经济增长的贡献率达到 66.4%。现在和将来依然要重视扩大国内消费需求，它与供给侧结构性改革不是分离的，而是统一的。关于投资，固然存在对投资品的需求，但投资作为生产行为，是为需求提供产品，属于供给侧范畴。至于出口，则用以

① 供给侧结构性改革引领新常态［EB/OL］.（2016－01－04）［2016－06－12］. http://politics.people.com.cn/n1/2016/0104/c1001－28006547.html.

满足国外的消费需求，对我国来讲，是向国外供给产品，也属于供给侧范畴。因此，不能将促进“三驾马车”拉动经济增长的政策简单地理解为需求政策，也不能误以为中央提出供给侧结构性改革是为了取代对于“三驾马车”的需求侧管理。当前，我国仍然需要发挥消费、投资和出口对于经济增长的拉动作用。

从消费方面说，随着精准扶贫、精准脱贫的推进，我国几千万贫困人口在脱贫后对日用消费品的需求将不断扩大。应注重满足这些需求，同时在供给结构方面适应国内消费需求结构发生变化的新形势，生产适销对路、质优价廉、安全方便的产品。特别是随着居民收入和生活水平的提高，社会对中高端消费品的需求增加，要求增加中高端商品的多样性供给。

从投资方面说，经济发展离不开投资，我国每年仍然需要新增投资以满足经济发展的需要。但应更加注重投资效率的提升和投资结构的优化，做到有压有增，按照“矫正要素配置扭曲，扩大有效供给”的方针进行投资。

从出口方面说，由于受国际需求疲软的影响，我国近年来出口增速下降。应积极探索扩大出口贸易的新途径，包括优化出口结构，提供更加适应国际市场需要的优质中高端产品；提高出口产品附加值，推动我国产业向价值链中高端攀升，等等。

可见，供给侧结构性改革不是针对促进“三驾马车”发挥作用的需求侧管理，反而恰恰要求投资和出口作为提供产品的供给方进行适应需求变化的结构性改革，实现需求侧与供给侧的更好契合、有机统一。因此，在实践中，供给侧结构性改革要包括投资结构性改革和出口结构性改革。

访谈人：有人认为，中国经济发展进入新常态，经济增长由高速转向中高速，其根源在于国有企业效率低拖累经济发展，而解决的关键在于清理所谓的“僵尸企业”，即国有企业。如何理解国有企业在中国社会主义经济发展过程中的地位和作用？

卫兴华教授：马克思在《资本论》中阐述了未来新社会中将实行生产资料公有制，共同劳动，计划调节，按劳分配。这些根本原则或特点也是中国特色社会主义所遵循的。公有制是社会主义经济制度的基础，是社会主义的根本原则，这是从马克思主义经典论著到中国特色社会主义理论体系，包括我国宪法和历届中央文件一再予以说明的。习近平总书记指出，国有企业“是国民经济的重要支柱，在我们党执政和我国社会主义国家政权的经济基础中也是起支柱作用的，必须搞好”①。这就说明了作为社会主义公有制核心的国有经济在我国社会主义制度中的重要作用。因此，没有以国有经济为主导、以公有制为基础或主体的经济制度，就没有社会主义。这就要求必须搞好公有制经济特别是国有经济。

中国的改革道路和指导思想，是社会主义制度的自我完善与发展，是建立和完善国家宏观调控与社会主义经济制度相结合的社会主义市场经济，改革的中心环节是搞好搞活国有企业，改革与发展要坚持宪法规定的国有经济为主导、公有制为基础的社会主义经济制度。这也是坚持中国特色社会主义理论、制度和道路的重要基础。正是由于实行了这样的中国特色社会主义，我国才实现了改革开放30多年来年均9.8%的经济增长率，取得了举世瞩目的成就。

长期以来，一些人误解科学社会主义与中国特色社会主义在经济理论和实践上源与流的关系，将改革开放前的传统的社会主义理论与中国特色社会主义理论对立起来，认为中国特色社会主义的“特色”在于各种私有制经济、非公经济都具有社会主义性质，传统社会主义理论主张消灭私有制的看法是不科学的，而谁不赞成这种观点就会被他们扣以“反改革”“反市场经济”的帽子。这种观点是错误的，且影响很大，我与他们长期争论。

持上述错误观点的人经常引用恩格斯在《反杜林论》中的一段话，作

---

① 习近平：央企在我党执政和国家政权经济基础中起支柱作用［EB/OL］.（2014－08－18）［2016－06－12］. http：//politics. caijing. com. cn/20140818/3661788. shtml.

为否定我国国有经济是社会主义经济的根据。恩格斯曾经指出：“自俾斯麦致力于国有化以来，出现了一种冒牌社会主义。”① 实际上他们错解了恩格斯的原意，这不利于科学社会主义和中国特色社会主义政治经济学的发展。

第一，用恩格斯上述这段话来否定我国国有经济的社会主义性质，这是张冠李戴、文不对题之论。为什么恩格斯要将俾斯麦的国有化斥为“冒牌社会主义”呢？这是因为俾斯麦搞某些国有化措施，“并非考虑经济上的必要性”，并不是要将生产资料私有制变为社会所有制，他将铁路国有化，是为了“适用于战时”的需要，是为了获得“不依赖于议会决定的收入来源”，这与社会主义无关。

第二，更为重要的是，在资产阶级掌握政权、以生产资料资本主义私有制为基础的社会制度下实行某些国有化措施，是从资产阶级的整体利益考虑的。恩格斯在《反杜林论》中已经明确回答了为什么要批评“冒牌的社会主义”的道理。他指出：在资本主义国家，“无论转化为股份公司，还是转化为国家财产，都没有消除生产力的资本属性。……现代国家，不管它的形式如何，本质上都是资本主义的机器，资本家的国家，理想的总资本家。……工人仍然是雇佣劳动者，无产者。资本关系没有被消灭，反而被推到了顶点”②。

第三，马克思恩格斯反复说明，建立社会主义，必须首先把生产资料掌握在代表劳动人民的国家手中，在劳动人民掌权的条件下，国有经济就是社会主义。他们在《共产党宣言》中明确提出：无产阶级将把全部资本，把一切生产工具掌握在国家手中③。恩格斯在《反杜林论》中同样指出：“无产阶级将取得国家政权，并且首先把生产资料变为国家财产。”④

马克思恩格斯的这些明确的论述，驳斥了所谓国有经济是来源于希特

① 马克思恩格斯全集：第 20 卷［M］. 北京：人民出版社，1973：217.
② 马克思恩格斯选集：第 3 卷［M］. 北京：人民出版社，2012：666.
③ 马克思恩格斯文集：第 2 卷［M］. 北京：人民出版社，2009：52.
④ 马克思恩格斯文集：第 3 卷［M］. 北京：人民出版社，2009：561.

勒的国家社会主义的谬论。其实，科学社会主义运动始终把实行生产资料公有制首先是国有化作为运动的中心任务。

在现实中，我们看到，社会主义国家存在大量国有经济，资本主义国家也有国有经济，为什么资本主义国家的国有经济不具有社会主义性质，而社会主义国家的国有经济就具有社会主义性质呢？

过去的一些观点认为，资本主义国家的国有经济可被称为国家垄断资本主义，因为资本主义国家的国有经济是在资产阶级掌握政权的条件下发展起来的，是为资产阶级的利益服务的，因此不具备社会主义性质。这种观点在逻辑上并没有错，但也存在一些不科学的地方。经济成分的社会性质，国有经济是资本主义性质还是社会主义性质，由什么决定？是由上层建筑决定的吗？应从其内部关系入手来进行分析。恩格斯曾指出，资本主义国有经济、股份制企业没有改变资本与雇佣劳动间的关系，只要生产资料是私人占有，其资本主义性质就不会改变。对于社会主义条件下的国有经济，我们的分析也不能简单化，不是说政权掌握在工人阶级手里，国有经济就具有社会主义性质。社会主义性质体现在企业内部的经济关系上。国有企业工人拥有主人翁的权利，拥有话语权、知情权、选举权，企业经营体现工人的利益，落实习近平总书记指出的要真正让企业的工人当家做主，这才能体现国有企业的社会主义性质。

生产资料所有制的不同性质，决定了生产力中人和物的要素相互结合的不同形式，是具体地区分社会经济结构和社会经济形态及其性质的基本标志。一切剥削制度都是生产资料掌握在非劳动者手中的。而在社会主义条件下的国有企业，劳动者与公有生产资料相结合，作为生产的主人出现，这才具有社会主义性质。这个问题如果不解决，就调动不了劳动者的生产积极性。我们也不应放弃改革开放前对劳动者的重视，要充分尊重工人、发挥工人的创造力，这是国有企业改革的底线。

当前很多人将国有企业妖魔化，用“低效率”“与民争利”等词汇批评国有企业。俄国在十月革命后迅速缩小与美国的差距，抗衡法西斯德国，成为可与美国争霸的另一超级大国，在1929—1933年资本主义大萧条期间苏联蓬勃发展，这些都源于国有企业做出的贡献，而苏联解体后，俄罗斯在彻底私有化转向资本主义后至今仍停滞不前。新中国自成立以来，建立了完整的工业体系，国有经济的经济效益相当高。改革开放后政府对私营企业、外资企业税收减免优惠，而改革的社会成本却由国企来承担。有数据显示，目前国企员工的工资是私企的2倍，“效率”本身衡量标准就不合理，而且从实际数据来看，国企效率也并不比私企低。

访谈人：2016年4月8日，在中国人民大学“中国特色社会主义政治经济学”高级研修班开学典礼上，您将获得的第四届“吴玉章人文社会科学终身成就奖”的100万元奖金全部捐赠出来，您捐赠的目的是什么？您有何期望？

卫兴华教授：改革开放前的30年中，我经历了政治生活和教学与研究工作中的一些风雨；改革开放后，我投身到新时期社会主义经济理论的传播和发展中。吴玉章奖是对我所做工作的肯定和鼓励。当前知识更新不断加快，经济社会快速发展，我虽然已年过90，但仍然要不断充实理论知识储备，靠勤奋学习继续发光发热，为中国马克思主义政治经济学和国家经济社会发展贡献力量。

我见证了新中国成立60多年来的发展与成就，这些都是在马克思主义理论指导下取得的。但目前，如何让马克思主义政治经济学的精髓传承下去，成为我经常思考的一个问题。作为政治经济学的重要方法，辩证唯物主义和历史唯物主义已经揭示，事物是不断发展变化的，任何社会经济制度都处在发展变化之中。因此，不能把马克思主义政治经济学基本原理当作静止的教义来对待，而应把继承、发展与创新统一起来。

理论要掌握群众，首先就要掌握高等院校的青年学生。只有他们真学真信、踊跃投身，才能为发展当代中国马克思主义注入新鲜血液和生机活力，才能让创新理论为社会主义建设事业服务。正是出于这种期待和信念，我做出了将“吴玉章人文社会科学终身成就奖”百万元奖金全部捐出的决定。这笔捐款将被纳入“马克思主义政治经济学发展基金”，用以支持青年学者开展马克思主义政治经济学教学研究，用于支持马克思主义政治经济学的教学研究、人才培养及优秀成果奖励。

让人深感振奋的是，党的十八大以来，以习近平同志为总书记的党中央高度重视对当代马克思主义政治经济学的发展和建设，强调要“不断开拓当代中国马克思主义政治经济学新境界”，“坚持中国特色社会主义政治经济学的重大原则”。在这样的新要求、新任务面前，我时常提醒自己：勤学、勤思、勤写，不断充实理论知识储备，继续发光发热，为中国马克思主义政治经济学和国家经济社会发展贡献力量。要把马克思主义的接力棒交给年轻人，让他们继续把马克思主义政治经济学发扬光大，推动真理走向世界。

（原载于《高校马克思主义理论研究》2016 年第 2 期；蔡万焕，卫兴华。副标题：访中国人民大学荣誉一级教授卫兴华）

下卷

《资本论》与中国特色社会主义实践

坚持和完善中国特色社会主义经济制度

胡锦涛同志在2011年的“七一”讲话中提出，要“坚持和拓展中国特色社会主义道路，坚持和丰富中国特色社会主义理论体系，坚持和完善中国特色社会主义制度”。上述三个方面都会涉及生产资料所有制问题。所有制是经济制度的基础，而经济制度又是社会制度包括政治制度、法律制度和其他具体制度的基础。“中国特色社会主义制度”，以中国特色社会主义经济制度为基础，这一经济制度，就是以公有制为基础或主体的制度；同样，“坚持和拓展中国特色社会主义道路”，也离不开坚持和发展公有制为主体的根本方针；而坚持和丰富中国特色社会主义理论体系，又离不开坚持和丰富公有制为主体、多种所有制共同发展的理论建设。因此，坚持和完善中国特色社会主义，首先要坚持和完善中国特色社会主义经济制度。

一、中国特色社会主义经济制度的内涵及其坚持、发展与完善问题

过去讲“社会主义经济制度”“社会主义初级阶段的基本经济制度”，现在又提出“中国特色社会主义经济制度”，其内涵和相互关系是什么？“中国特色社会主义经济制度”从目前来看，是从“中国特色社会主义制度”中分离出来的，它与社会主义初级阶段的基本经济制度是同义的；但从长远来看，即使走出了社会主义初级阶段，进入中级阶段或高级阶段，

社会主义制度不断成熟与发展了，我国的社会主义依然可以说是中国特色社会主义，我国的社会主义经济制度依然可以说是中国特色社会主义经济制度。将来的“特色”是什么，可以与现在有所区别，可以是中级阶段或高级阶段所具有的新的特色。

中国特色社会主义经济制度的理论与实践，是马克思主义科学社会主义的继承与发展。否定社会主义以公有制为基础或主体，就是否定科学社会主义和中国特色社会主义。《共产党宣言》和共产党的称谓，就表明是主张“共产”的，即共生产资料的产，建立生产资料公有制。当然，马克思和恩格斯曾预计，社会主义首先在发达资本主义国家实现，而且认为这些发达国家建成了社会主义后，私有制完全消灭，建立起单一的公有制即社会所有制。我国是在生产力落后、没有经过资本主义独立发展阶段的基础上建立社会主义的，国情不一样，不能脱离实际照搬经典作家的理论观点，搞单一的“一大二公”的公有制度。要允许和鼓励非公经济与公有制经济共同发展，但又不能搞没有公有制为基础或为主体的“社会主义”，而是要实行公有制为主体，多种所有制共同发展的中国特色社会主义经济制度。有的学者主张不问姓公姓私，搞非公扬私，或断言马克思和恩格斯在后来的著作中否定了消灭私有制、建立公有制的理论观点，这都偏离了科学社会主义的本义。

马克思和恩格斯虽然没有专门系统论述未来社会主义和共产主义高级阶段的论著，但是对未来新社会制度的本质和特点，还是一再提出了其科学预见，这散见于他们的诸多论著中；特别是对社会主义实行公有制的理论观点，是自始至终都强调的。恩格斯在 1844 年 2 月发表的《国民经济学批判大纲》中就明确提出，只有消灭私有制，才能消除资本主义制度造成的极其严重的社会弊端。马克思在《1844 年经济学哲学手稿》中也提出：“社会从私有财产等等解放出来，从奴役制解放出来，是通过工人解放这种政治形式来表现的，这并不是因为这里涉及的仅仅是工人的解放，而是因为工人的解放还包含普遍人的解放。"[①] 在《共产党宣言》《资本论》《哥达纲领批判》和其他一系列著作中，直到恩格斯逝世前于1895年3月为马克思的《1848至1850年的法兰西阶级斗争》一书写的《导言》和1895年5月《对法国"费加罗报"记者的谈话》中，一以贯之地强调社会主义运动的重要任务是实行生产资料公有制。有的学者热衷于引证恩格斯晚年写的《导言》，断言马克思和恩格斯后期放弃了原来的社会主义理论，包括消灭私有制建立公有制的理论，完全是错解和歪解。《导言》中明确指出："这本书（指马克思《法兰西阶级斗争》一书）具有特别重大意义的是，在这里第一次提出了世界各国工人政党都一致用以扼要表述自己的经济改革要求的公式，即生产资料归社会所有。……这里第一次表述了一个使现代工人社会主义既与形形色色封建的、资产阶级的、小资产阶级等等的社会主义截然不同，又与空想的以及自发的工人共产主义所提出的模糊的财产公有截然不同的原理。如果说马克思后来把这个公式也扩大到占有交换手段上，那么这种扩大不过是从基本原理中得出的结论罢了。"[②] 因此，马克思主义的科学社会主义与其他社会主义流派的根本区别，就是始终主张实行生产资料和交换手段的公有制。

为什么马克思和恩格斯如此强调社会主义公有制的决定意义呢？因为公有制是实现社会主义根本任务和根本目的的，或者说，是实现社会主义本质要求的制度安排。马克思和恩格斯一再指出，社会主义的本质要求是快速发展生产力，而发展生产力是"以所有人的富裕为目的"，也就是邓小平所讲的共同富裕。而实现共同富裕需要两个前提条件：其一是物质条件，即通过生产力的快速发展，提供日益丰富多彩的物质文化产品；其二是社会条件，即实行生产资料公有制，消灭剥削和两极分化。公有制既是实现共同富裕的必要条件，也是快速发展生产力的制度安排。马克思和恩格斯

---

① 马克思恩格斯文集：第1卷［M］. 北京：人民出版社，2009.

② 马克思恩格斯选集：第4卷［M］. 北京：人民出版社，1995.

之所以提出以社会主义公有制取代资本主义私有制，也是从社会主义公有制可以消除资本主义固有的基本矛盾，即生产社会化与资本主义私人占有的矛盾出发的。资本主义的内在矛盾造成了周期性的经济危机，破坏生产力，延缓生产力的发展。

马克思和恩格斯讲公有制、公共占有制、社会所有制等概念，可以说是同义的。在国家存在的情况下，社会所有制要求采取国家所有制的形式。在社会主义国家所有制问题上，需要澄清一些理论是非。

第一，有人断言：国家所有制或国有经济不是来源于马克思和恩格斯，其“老祖宗”是希特勒，其根据是纳粹搞过国家社会主义工人党，并宣称国有制是“国家社会主义”，它在“一天天烂下去”。这完全是信口开河。社会主义国家实行和发展国有经济的理论和实践，与希特勒毫不沾边。《共产党宣言》中就提出，无产阶级取得政权后，要把一切生产工具集中在国家手中，并尽可能快地增加生产力的总量。在《论土地国有化》一文中，马克思又指出：“生产资料的全国性集中将成为由自由平等的生产者的各联合体所构成的社会的全国性的基础。”① 这里明确提出了生产资料国有制是新社会制度的经济“基础”。恩格斯在《反杜林论》中也指出：“无产阶级将取得国家政权，并且首先把生产资料变为国家财产。”② 社会主义的国家所有制，是国家代表全国人民掌握生产资料的所有制形式。社会所有制或全民所有制总得有个机构来代表社会或代表全民进行管理和运营，在国家没有消亡前，只能由国家的相应机构来代表。因此，我国宪法规定，国有经济是“全民所有制经济”。国有经济应是重在为国家和全国人民谋利益的经济，任何专注于本位利益、以权谋私乃至造成国有资产大量流失的事例，是背离社会主义原则的错误行为。

第二，有的学者宣称，任何社会都有公有制，资本主义国家也有国有

---

① 马克思恩格斯选集：第3卷［M］. 北京：人民出版社，1995.

② 马克思恩格斯选集：第3卷［M］. 北京：人民出版社，1995.

制，因此，不能认为公有制和国有制就是社会主义，以此否定我国的公有制和国有制的社会主义性质。的确，原始氏族社会也实行公有制，那不是社会主义。但社会主义必须以公有制为基础，没有公有制就谈不上科学社会主义。应区分原始社会的非社会主义的公有制同社会主义的公有制的根本差别。至于奴隶社会和封建社会的官办经济，是专为皇室和官僚阶层服务的，无益于劳动人民，不应视为公有制。公有制是指生产资料和产品归劳动人民所有所享。至于资本主义国家的国有或国营经济，理论界称之为国家垄断资本主义。恩格斯在《反杜林论》中批评了将俾斯麦的国营经济视为社会主义的“冒牌社会主义”，并论述了资本主义国家的国有经济为什么不是社会主义的道理。有的学者将恩格斯批评“冒牌社会主义”的理论观点泛化为社会主义国家的国有经济也不是社会主义的理论观点，这完全是误解和错解。前引马克思和恩格斯一再强调无产阶级取得政权后首先实行国家所有制，将其作为社会主义运动的任务，就表明是把国家所有制作为社会主义经济制度的内容和基础。同样，我国从毛泽东、周恩来、刘少奇，到邓小平和以后的中央领导，到中央有关文件和国家宪法，都一致把我国的国有经济定性为社会主义经济。这里有必要讲一讲我国宪法的规定。从1954年第一届全国人民代表大会通过的新中国的第一部宪法起，历经1982年、1988年、1993年、1999年的历次修正，直到2004年的再次修正后的人民共和国的宪法，始终把国营和国有经济定性为社会主义全民所有制经济。1954年的宪法规定：“国有经济即全民所有制的社会主义经济，是国民经济中的领导力量。”2004年的宪法规定：“国有经济即全民所有制经济，是国民经济中的主导力量。国家保障国有经济的巩固和发展。”宪法是国家的根本大法，按宪法要求，是要“巩固和发展”国有经济，而不允许损害和否定国有经济主导地位及其发展。

第三，要重视和正确解读宪法中分别规定的两个概念。这两个概念宪法做了明确规定，但没有引起应有的普遍重视，那就是：宪法把“社会主义经济制度”同“社会主义初级阶段的基本经济制度”作为两个既相联系又有区别的概念，分别进行论述的。宪法第六条先讲：“中华人民共和国的社会主义经济制度的基础是生产资料的社会主义公有制，即全民所有制和劳动群众集体所有制。社会主义公有制消灭人剥削人的制度，实行各尽所能、按劳分配的原则。”这一规定表明：作为社会主义经济制度的基础的所有制只能是公有制，并不包括非公有制经济。而社会主义公有制经济是消灭剥削和实行按劳分配的。这也从侧面表明，私有制经济不能消灭剥削和实行按劳分配。有的学者写文章讲：宪法中规定的“社会主义经济制度的基础”是“主体”之意，这样解读是为了把非公有经济也纳入社会主义经济制度之中。然而，这也是错解与曲解。“基础”是指社会主义公有制是社会主义经济制度大厦的根基；而“主体”是指在多种所有制经济中，公有制经济所占比重要大于非公经济。“基础”与“主体”是两个内涵不同的概念，绝对不能混同。

讲公有制是社会主义经济制度的基础，表明是在这一基础上建立起社会主义经济关系体系。经济制度是生产关系即经济关系的总和。社会主义经济制度概括地来讲，是在公有制基础上快速发展生产力，实行按劳分配，劳动人民是经济和社会的主人，消灭剥削和两极分化，实现共同富裕。在非公有制经济中不存在这种社会主义经济关系。私营企业和外资经济是资本主义性质的经济，尽管它们在我国国民经济和社会生活中的地位和作用与旧社会不同，但其社会性质不会因此而改变。在私营和外资企业中，是资本与雇佣劳动的关系，资方老板是主人，工人只是出卖劳动力的劳动者。由于发展非公有制经济符合三条“有利于”的标准，因而要鼓励、支持和引导其发展。从政治经济学的视角分清这种社会主义和非社会主义的不同经济关系，才能正确理解我国目前实行的社会主义初级经济制度或中国特色社会主义经济制度的内涵与规定，才能正确理解为什么要坚持和强调国有经济为主导和公有制为主体的原因所在。

我国宪法第六条在论述和规定了我国社会主义经济制度的内容后，紧接着又论述和规定了我国社会主义初级阶段的基本经济制度的内容：“国家在社会主义初级阶段坚持公有制为主体、多种所有制共同发展的基本经济制度，坚持按劳分配为主体、多种分配方式并存的分配制度。”这表明，社会主义初级阶段的基本经济制度反映初级阶段的特点，除作为主体的公有制外，还包括私营、个体经济等非公有制经济。

关于宪法的规定，有两个属于经济理论的问题值得探讨。其一是，生产资料所有制只是经济制度的基础，而不是其全部。宪法讲社会主义经济制度时对此表述得很清楚，但讲初级阶段的基本经济制度时，将公有制为主体、多种所有制并存的所有制结构作为基本经济制度的全部内容，而分配方式和其他经济关系游离于基本经济制度之外了。其二是，讲社会主义初级阶段的经济制度就可以了，没有必要加“基本”二字。中央文件最初提出这一基本制度时是讲：“公有制为主体、多种所有制共同发展，是社会主义初级阶段的一项基本经济制度。”有“一项”二字，表明初级阶段的所有制结构只是基本经济制度中的“一项”内容，而不是全部。笔者认为，多种分配方式并存，也应是初级阶段经济制度的内容。后来将“一项”二字去掉了，“基本”二字就没有保留的必要，或是仍将其保留，将多种分配方式并存也纳入其中，将“公有制为主体、多种所有制共同发展，按劳分配为主体、多种分配方式并存”，作为现阶段的基本经济制度，也就是中国特色社会主义经济制度。所谓“特色”，就是既不搞单一的公有制，要同时支持、鼓励和引导私营、外资和个体经济的发展，又要必须以公有制为主体，不搞私有化。什么叫“主体”？什么叫“私有化”？没有提出过量化的具体标准。学界的理解也不同。但讲公有制为主体，应肯定其所占比重大于非公有制经济。比重大的界限又在哪里？51∶49 恐怕不行，55∶45 也可算作主体，但这个主体的地位既软弱又不稳定，如果以 60∶40 作为主体，就可以较好地发挥公有制的作用，保证我国的经济社会发展的社会主义性质。

但作为主体的较大比重用什么尺度衡量？产值？GDP？资产？过去是用产值衡量公有制与非公有制经济所占比重的变化，但实行股份制等混合所有制后，难以准确确定产值比重的变化，于是提出按资产比重衡量。就是说，公有制为主体是指公有制资产所占比例占优势。但如果所占资产的相当部分被闲置、资源被浪费，形不成相应的增加值，这样的“主体”界线是要打折扣的。因此，衡量“主体”的比重不应只用所占资产比重为尺度，应以综合尺度来衡量，主要用新增加值和 GDP 为尺度，混合所有制经济中可按不同所有制成分所占资产比重计算其新增加值和 GDP 比重。

什么叫私有化？西方国家的政要、学者以及苏联解体后的俄罗斯和独联体国家认为，大中型国有企业搞股份制，让私人入股，小型国企出卖给私人，就是私有化。我国不这样看。可以这样判断，是不是私有化要看是不是坚持国有经济为主导、公有制经济为主体、多种所有制经济共同发展的中国特色社会主义经济制度。如果私有制经济成为国民经济的主体了，就很难否认是私有化的事实了。江泽民同志在庆祝中国共产党成立七十周年大会上的讲话中指出：“动摇了生产资料公有制，就动摇了社会主义的经济基础，必将损害全体人民的根本利益。也就谈不上社会主义了。”因此，要坚持中央提出的两个毫不动摇：既要毫不动摇地巩固和发展公有制经济，又要毫不动摇地鼓励、支持和引导非公有制经济的发展。对第二个“毫不动摇”来说，无论在理论和实践上，已是不可逆转的现实。而对第一个“毫不动摇”即巩固和发展公有制经济来说，还存在究竟是巩固还是动摇、是发展还是退缩的实际问题。要坚持和完善中国特色社会主义经济制度，就要通过改革与发展，坚持和完善国有经济为主导、公有制为主体的所有制结构，搞好搞活国有经济和集体经济，充分发挥其利国利民的优势，也要坚持和完善非公有制经济的地位和作用及其发展环境，也需完善其内部体制和资本运营。

二、 关于国有经济的“定位”问题

学界提出对国有经济的“定位”问题。有的学者将中央关于国有经济的布局和结构的战略性调整当作“定位”，而且对所提出的布局和结构的规定也理解得不准确和不完整。他们引证1999年《中共中央关于国有企业改革和发展若干重大问题的决定》有关战略性布局的一段话，作为反对国有企业做大做强和在竞争性领域发展的根据。《决定》中讲：“国有经济需要控制的行业和领域主要包括：涉及国家安全的行业、自然垄断行业、提供重要公共产品和服务的行业，以及支柱产业和高新技术产业中的重要骨干企业。”后面紧接的一段话他们不引用，即“其他行业和领域可以通过资产重组和结构调整，集中力量，加强重点，提高国有经济的整体素质”。他们根据前一段话得出结论：其他行业和领域实行民营，要求国有企业从竞争领域退出。然而，他们不引用的后一段话并没有说其他行业和领域国有经济一律退出，而是说，其他行业和领域，国有经济应“集中力量，加强重点”。

更重要的问题是：不应将国有经济的战略性布局和结构调整作为国有经济的定位。所谓定位，应是指国有经济在我国社会主义经济制度或中国特色社会主义经济制度中的地位、功能和作用问题。这种定位在我国宪法和中央文件中已有明确的规定和说明。离开本来意义的科学定位，去从经营范围和布局方面找寻定位依据，是舍本逐末之举，会导致并且已经导致否定国有经济在我国社会主义制度中的重要地位、功能和作用的理论观点。

我国宪法对国有经济的定位是：国有经济是社会主义全民所有制经济，是国民经济的主导力量。国有经济和劳动群众集体所有制经济是中华人民共和国社会主义经济制度的基础。国家保障国有经济的巩固和发展。

在《中共中央关于国有企业的改革和发展若干重大问题的决定》中也有“定位”性的论述：国有企业是我国国民经济的支柱，发展社会主义社会的生产力，实现国家的工业化和现代化，始终要依靠和发挥国有企业的重要作用。要增强国家的经济实力、国防实力和民族凝聚力，就必须不断促使国有经济的发展壮大。包括国有经济在内的公有制经济是我国社会主义制度的基础，是国家引导、推动、调控经济和社会发展的基本力量，是实现广大人民群众根本利益和共同富裕的重要保证。

党的十六大报告提出："发展壮大国有经济，国有经济控制国有经济命脉，对于发挥社会主义制度的优越性，增强我国的经济实力、国防实力和民族凝聚力，具有关键性作用。"

江泽民同志在《巩固和加强社会主义的经济基础》的谈话中指出："不断发展壮大的国有经济是我们社会主义国家政权的重要基础，我国国有经济的发展，不仅对保证国民经济稳定发展、增强综合国力、实现最广大人民的根本利益具有重大意义，而且对巩固和发展社会主义制度、加强全国各族人民的大团结、保证党和国家长治久安，具有重大意义。没有国有经济为核心的公有制经济，就没有社会主义的经济基础，也就没有我们共产党执政以及整个社会主义上层建筑的经济基础和强大物质手段。这一点各级领导干部特别是高级干部必须有清醒的深刻的认识。"①

对国有经济在社会主义经济制度或中国特色社会主义经济制度中的地位、功能和作用怎样进行科学定位，要不要巩固、发展、壮大和搞好国有经济，这与是否认同我国实行马克思主义的科学社会主义及其中国化的中国特色社会主义密切相关。

只要认同我国走科学社会主义道路，认同中国特色社会主义理论和制度，就不会认同那种一味否定和贬抑国有经济的思潮，不会认同所谓"国退民进"的改革与发展方向。在所有制结构的调整中，国有经济的比重可以也必然会降低。既然中国特色社会主义鼓励和支持非公有制经济发展，国有经济和集体经济的公有制经济一统天下的格局必然会打破，公有制经

① 江泽民文选：第3卷［M］. 北京：人民出版社，2006.

济包括国有经济的比重会随着非公有制经济的发展而出现下降趋势。国有经济的摊子原来也铺得太宽，缩短战线也是必要的。但是，提出“国退民进”“国有企业从竞争领域退出来”这种战略性口号，是不符合科学社会主义经济制度和中国特色社会主义经济制度的要求的。要求国有经济退出，让位给民营经济——主要是指私有制经济，是没有任何道理的。所谓“国退民进”，没有任何退与进的边界，可以理解为国有经济不断退出乃至全面退出，让私有制经济取而代之。连以私有制为基础的当代资本主义国家也还保持一定比例的国有经济，我国作为社会主义国家，能够废除国有经济的主导地位吗？问题还在于，有的学者声称“国退民进”是中央提出的改革方向，而更多的人，包括一些地方官员和企业人员，也以为这真的是中央提出的改革方向。

其实，中央是不赞成所谓“国退民进”“国有企业从竞争领域退出”这类提法和宣传的。《人民日报》和《经济日报》曾根据中央精神发表过多篇评论性文章，否定这种提法。例如，《人民日报》于2001年5月8日在头版发表《坚定信念、坚定信心》的“本报评论员”文章，明确地批评：“有的片面理解调整国有经济布局等重大决策，将国有企业改革简单地归纳为‘国退民进’，笼统地说‘国有企业要从一切竞争领域退出’。”指出只有坚定搞好国有企业的信心，才能更加自觉地贯彻执行中央关于国有企业改革与发展的一系列重大决策，牢牢把握国有企业正确的改革方向。2003年3月24日，《人民日报》以《坚持国有企业改革的正确方向》为题，发表金吉平的评论文章，指出：“深化国有企业改革，是为了搞活国有企业，增强国有经济的控制力，发挥国有经济的主导作用。那种所谓‘国退民进’，‘国有企业从一般竞争性领域退出’等提法，把发展公有制经济与非公有制经济对立起来，不符合‘两个毫不动摇’的要求。这是重大的原则问题，不能动摇犹豫。”2004年9月29日，《人民日报》又发表“本报评论员”的文章，更加尖锐地批评：“在改制过程中也出现了一些问题。有的把国有经济布局和结构的战略性调整演绎为‘国退民进’，主张‘国有经济从一切竞争性领域退出’；有的采用下指标、派任务、定时限、赶进度的做法，用搞运动的方式要求国有经济从竞争性领域全部退出；有的把国有经济布局和结构调整简单地理解为‘卖’……有的把国有企业当作包袱急于甩掉，一卖了之，损害了出资人、债权人和职工的合法权益，引起了职工的不满和各方关注。”尽管中央媒体根据中央精神一再否定和批评“国退民进”“国有企业从竞争性领域退出”等提法，尽管这种提法由于广为宣传已造成了国有资产的大量流失，而且国有经济所占比重已经相当低了，可是目前还有人在继续宣称“国退民进”是改革的方向，要求国有经济只能退，不能进，一有所进就批评是“国进民退”。中央的方针是：国有经济“有进有退，有所为有所不为”。不能只进不退，也不能只退不进。我国实行社会主义市场经济，市场经济是竞争经济，为什么不允许国有经济在竞争性领域存在和发展呢？

有的学者不仅要求国有经济从竞争性领域退出，而且反对国有经济掌握国民经济命脉，反对国企做大做强。连孙中山都主张不能由私人资本操纵国民经济命脉，应由国家掌控，要“节制资本”。无论是毛泽东的新民主主义理论、人民共和国的新政协《纲领》，还是社会主义中国的历届中央有关文件，都明确规定，有关国计民生和国民经济命脉的领域应由国家掌握，国有经济应占支配地位。有的学者不顾这一切，公开提出反对意见，因为他们不赞同国有经济为主导、公有制为主体的社会主义原则。那就不是单纯的理论是非问题了。

三、应弄清国有经济和公有制整体在社会主义制度中的真实地位与作用

有人往往将资本主义国家搞国有经济的状况作为我国国有经济的参照

系，混淆了社会主义制度与资本主义制度的区别。资本主义以私有制为基础，即使不搞国有企业，也不会损害资本主义一根毫毛。资本主义国家也建立一些国有企业，这并不是属于构成资本主义制度的内在要素，而是出于调控资本主义经济运行的需要。为了弥补市场这只“看不见的手”的缺陷，便于实行政府调控，需要一些国有企业作为物质手段。再者，这类国有企业一般是私人资本不愿或无力经营的部门。在遇到经济危机或特殊情况使某些私企濒临倒闭困难时，国家也会出手相助使其改为国企。而对社会主义国家来说：

第一，国有经济作为社会主义全民所有经济，是社会主义经济制度的内在构成要素。它从长远利益和全局利益方面支撑社会主义经济的发展。社会主义国家只有劳动群众的集体所有制是不够的，因为它会重视本位利益而忽视长远和全局利益。只有坚持和完善以国有经济为核心的公有制经济，才能实现社会主义的本质要求，才能消除两极分化，走向共同富裕。

第二，国有经济是社会主义国家对经济运行更为有效地实行宏观调控的经济手段。现举一例：日本这次强地震引发福岛核电站危机，使关东地区产生电荒，日本不能从全国调剂电力，因为国家不掌握电力，关西的大阪电力和关东的东京电力两大电网无法并网。而我国大电网可全国调配。

第三，国有经济是我国先进生产力的代表，是国民经济的支柱。发展社会主义社会的生产力，实现国家的工业化和现代化，始终要依靠和发展国有经济的重要作用。

第四，国有经济是保证我国经济独立自主和国家安全、应对国际竞争和突发事件、保障国家安全的重要支柱。在这次国际金融危机中，我国能够首先摆脱危机的冲击，经济继续快速增长，国有经济功不可没。

第五，以国有经济为核心的公有制经济是共产党执政的经济基础和物质手段。江泽民同志指出：“没有国有经济为核心的公有制经济，就没有社会主义的经济基础，也就没有我们共产党执政以及整个社会主义上层建筑的经济基础和物质手段。”对于这一论断，经常受到某些人的非难。他们认为，私有制经济就是社会主义经济，就是党和政权的执政基础。有人咒骂国有企业，竭力反对“国有企业是政权的基础”，断言国有企业“造成民营经济发展的困难、法治的破坏、民生的困难、腐败的蔓延、道德的沉沦”，因而国有企业“不是政权的基础”。这实在是强加于国有企业的罪责。国有企业固然还存在这样那样的问题，但这不是国有企业的制度性问题，而是需要通过深化改革、完善机制、实行科学管理的问题，并且这与上述对国企的诅咒毫不相干。例如，贪官腐败受贿，往往与私企资本相勾结有关，而非主要与国企相关。

之所以强调包括国有经济的公有制经济是党和政府执政的经济基础，正是因为公有制是社会主义制度的经济基础，在公有制的基础上才能建立起按劳分配、消除两极分化、实现共同富裕的社会主义生产关系体系。共产党是搞社会主义和共产主义的。如果搞私有化，搞资本主义，不需要共产党。非公有制经济是非社会主义经济，它们是社会主义市场经济的组成部分，而不是社会主义经济的组成部分。按照三条“有利于”的标准，即使是资本主义性质的外资经济和私营企业，也要毫不动摇地鼓励和支持其发展。但如果国有经济为主导、公有制为主体的经济基础丧失了，上层建筑会迟早随之变化。正因为如此，江泽民同志特别告诫：“这一点各级领导干部特别是高级干部必须有清醒的认识。”

以国有经济为核心的公有制经济究竟有无优越性？有人只拿发达资本主义国家实行私有制来论证私有制的优越性。然而，应明确两点：首先，世界上有约200个国家和地区实行私有制，而其中经济发达资本主义国家只占1/10左右，大部分私有制国家属于发展中国家，其中许多国家落后于社会主义的中国。其次，有些领先崛起的资本主义发达国家是通过对内掠夺人民对外侵略和掠夺别的国家并占领殖民地起家的，多个发达资本主义国家的财富是沾有中国人民的血和泪的。

再从社会主义国家发展的历史事实来看：沙皇俄国原是一个在经济上远远落后于美国的国家，十月革命建立了苏联社会主义公有制以后，迅速缩小了与美国的差距。美国在1901—1929年工业产值年均增长不过是4%，1955年的国民收入只为1917年的2.66倍；而苏联1957年的工业增加值与1913年相比，增加了32倍，国民收入增加了18倍左右。第二次世界大战后，尽管苏联在战争中受到重创，但迅速恢复和发展了经济，成为可与美国抗衡的超级大国。而苏联解体并转向私有化后，经历了十几年的经济停滞和衰退，昔日雄风不再，由远胜于中国的世界强国倒退为经济落后于中国的“发展中”国家。

新中国成立前的旧中国是一个十分落后的贫穷的衰弱国家，成人文盲率高达80%，人均寿命只有35岁左右。新中国建立前的一百多年中，多种私有制经济的存在没有导致中国走向繁荣富强，而是内忧外患，任列强宰割，民不聊生，经济社会趋于停滞与衰退。新中国成立后，建立了以国有经济为核心的公有制的社会主义制度，生产力获得解放与发展。改革开放前，尽管受到“左”的损害，公有制的优越性没有充分发挥，但由于摆脱了帝国主义、封建主义与官僚资本主义的掠夺、压迫与剥削，经济增长还是比较显著，到1978年的近30年中，新中国的年均经济增长率约为8%，处于世界前列，在较短的时期内建立了完整的工业体系，其成就超过了旧中国的几百年，而这种成就主要是依靠国有经济的作用。改革开放以来社会主义建设的成就又远远超过中国任何历史时期，而改革开放以来的显著成就是由国有企业付出了巨大成本取得的，非公有制经济的快速发展也与国有经济的付出相关。

四、 国有经济的效率问题及其与非公有制经济的关系问题

国有企业的效率问题经常受到不切合实际的指责。如果国有资产增长

快了，利润率大幅提高了，会指责你是“国进民退”，挤压了非公经济，甚至说你是明盈实亏；如果利润率低了，说你低效率，国有不如私有，主张“国退民进”。最近看到有人用统计数字批评国企：“近几年国进民退，国有资产从1999年9万亿元增加到2009年的43万亿元，是10年前的5倍。令人震惊！国有及国有控股企业整体上处于亏损状态。”并运用了一些数据。但这不是实事求是的论断。

对于国有经济在社会主义经济发展中的地位和作用，以及它与私有制经济的关系问题，只有从坚持和完善中国特色社会主义制度的总体理念和要求去考虑与研究，才会得出科学的认识。只根据国有资产10年增加到5倍，就认为是“国进民退”，是一种片面的武断之词。国有资产的绝对量增加并不是靠挤压私有制经济取得的，与私人资本更快的增长相比，国有资产的相对量是降低的。从国家统计局提供的数字看，2004—2008年，国有资产在全国资产所占比重中下降了8.1个百分点，而私营企业增加了3.3个百分点。多年来，国有工业资产在全国工业经济中的比重是持续下降的，从2002年的近70%，下降到2008年的43.7%。

断言国有企业整体上处于亏损状态也是违反事实的。国有企业承担着社会责任，不是只以盈利为目的。即使如此，通过改革，近些年来国有企业的利税率还是很高的。从全国国有企业的利税指标来看，1993年的利润总额为1142亿元，上缴税金为1634.9亿元，3级及以上企业户数为190780个；到2009年，企业户数减少为115115个，但利润总额增加为15702.9亿元，上缴税金增为22795.5亿元，分别为1993年的13.8倍和13.9倍，而且可以看出，国有企业的上缴税金远大于企业利润。再从国有工业企业来看：2002—2008年，国有工业企业实现的利润从2633亿元增加到9063亿元。2009年，中央企业利润总额达8151.2亿元，同比增长17.1%；2002—2009年，中央企业交纳税金由2914.8亿元上升到11474.8亿元，增长近3倍。根据有关单位的综合统计数字分析看出，2003—2008年间，国企税费大大高于其他类型企业，是私营企业税负综合平均值的5倍以上。截至2009年底，已有1561亿多元的国有股权转让收入，划归社保基金，使国企收益供全民共享。我这里提供的统计数字，都有可靠的出处，而有些人士为贬损国企所运用的数字并不真实可靠。

近年来，许多学者运用多种统计资料和实证分析证明国有企业的效率远高于私营企业。如张波和张益锋在《马克思主义研究》2011年第5期所发表的《我国国有企业高效率论》①，通过运用层次分析法，研究和分析了我国国有及国有控股工业企业的经济效率、社会效率都比私营经济高，而社会效率高于私企一倍。然后得出结论说："实证分析中可以得出结论，我国国有企业无论整体上的效率还是经济效率都好于私营工业企业，而在社会效率上占有绝对的优势，并且是不断提高的趋势。"并指出："只有实现了国有企业的私有化才可能实现高效率的观点是毫无科学依据的，也是违背实践经验的。"另外，宗寒同志发表于《当代经济研究》2011年第2期的论文《正确认识国有企业的作用和效率》②，反驳了《经济研究》2010年第1期所发表的刘瑞明和石磊的论文《国有企业的双重效率损失与经济增长》中的有关观点和分析判断方法。刘瑞明等认为，"国有企业不仅自身效率低下，而且构成了民营企业的拖累，从而拖累了整个国家的经济增长"，要"深入理解无效率的国有企业对经济增长的危害"，以此作为进一步要求"国退民进"的根据。宗寒同志运用统计数字，通过理论和实证分析，证明国有企业不是"双重效率低"，而是双重效率高。统计数字表明，从工业增加值率来看，从1998年到2006年，国有企业最低为2005年的32.44%，最高为2002年和2003年的35.27%；而私营企业则最低为1998年的24.44%，最高为2006年的27.86%。这就是说，国有企业2005年最低值也高于私营企业2006年的最高值；从成本费用利税率来看，2005年和2006

① 张波，张益锋．我国国有企业高效率论［J］．马克思主义研究，2011（5）．

② 宗寒．正确认识国有企业的作用和效率［J］．当代经济研究，2011（2）．

年，国有企业分别为8.44%和7.09%，而私营企业为4.93%和5.27%；再从劳动生产率来看，2005年和2006年国企分别为117653元和144954元，而私企分别为54790元和75976元，差距很大。

对国有企业和私有企业的效率高低问题，国外学者也有讨论。斯蒂格利茨不赞成国企低效率论，他指出："韩国的国有钢铁企业比好多美国的私有企业同行还有效率。""傻瓜式的经济理论暗示，私有比国有企业更有效率。私有制提供了激励，而公有制却做不到。好多年以前，诺贝尔奖得主西蒙曾对这个逻辑谬误在何处做过解释。"①

总之，应坚持和完善现阶段的基本经济制度，真正做到公有制和非公有经济平等竞争、共同发展。不应从理论和实践上依靠非科学社会主义的观点和不全面准确的统计数字来贬损国有经济，否定公有制为主体，为私有化张目。应真正夯实我国特色社会主义的经济基础，以保障中国特色社会主义经济制度的长治久安。

（原载于《政治经济学评论》2012年1月第3卷第1期）

① 斯蒂格利茨. 私有化更有效率吗？[J]. 经济理论与经济管理，2011（10）.

关于坚持社会主义市场经济的改革方向问题

党的十八届三中全会通过的《中共中央关于全面深化改革若干重大问题的决定》（以下简称《决定》）将过去一直讲的市场在资源配置中的“基础性”作用，改变为“决定性”作用，是一个突出的新提法。学界的解读存在差异。笔者认为，不能将市场决定资源配置的新提法做出新自由主义的解读和宣传，应坚持社会主义的改革方向。

一、改革的方向：建立和完善社会主义市场经济体制

有三种关于改革方向的提法，需要正确理解与把握。

（一）坚持改革的方向，倒退是没有出路的

对这一提法，应按其本义正确理解。那就是要改革僵化保守的不利于生产力发展的旧体制，建立有活力有效率的新体制。改革与不改革，是两种方向，应取前者而舍后者。但是，有人高调讲“坚持改革的方向”另有其取向。例如，一再宣称“国退民进”是改革的方向，他们主张国有企业退出经济领域，由私人经济取而代之，又大力宣传国有企业退出竞争性领域。诚然，改革开放以来，实行公有制为主体、多种所有制经济共同发展的基本经济制度，国有经济一统天下的局面会被打破。国有经济的绝对量和比重减少、非公有制经济的绝对量和比重增加，是必然趋势。我国现有

的国有经济还存在这样那样的问题，需要进一步深化改革，党的十八届三中全会已提出了改革的部署。但需要明确：我国是社会主义国家，应当坚持《中华人民共和国宪法》规定的国有经济为主导、公有制为主体的根本制度。“国有经济即社会主义全民所有制经济，是国民经济中的主导力量。国家保障国有经济的巩固和发展。”《中华人民共和国宪法》的这一规定不容否定。我国的国有经济的绝对量和相对量已缩小很多。如果继续宣传“国退民进”“国有经济从竞争领域退出”的主张，就离开了社会主义自我完善与发展的改革方向。国有经济大多是竞争性行业，市场经济是竞争性经济，为什么不允许国有经济参与竞争呢？如果让在国有经济中占多数的竞争性企业全部退出，由私人经济取而代之，让私有制经济一统天下，搞全面私有化，那就变成资本主义经济制度了。

（二）坚持市场化的改革方向或坚持市场经济的改革方向

这一提法本身是可以成立的，但存在正确解读和偏离本义的解读问题。正确的解读应是指坚持社会主义的市场化改革方向或社会主义市场经济的改革方向。而有人高调宣传坚持市场化改革方向或市场经济改革方向，是将其与社会主义制度相分离和相对立。他们否定国有经济的重要地位和作用，否定公有制是社会主义制度的经济基础。有时，他们也讲社会主义，但讲的是另一回事。有人讲国有经济不是社会主义，私营经济是人民社会主义。有人不断写文章引证恩格斯《反杜林论》中批评“冒牌社会主义”的话来否定我国国有经济的社会主义性质。这完全曲解了恩格斯的话，恩格斯批评“冒牌社会主义”，是指有人把镇压工人运动的“铁血宰相”俾斯麦的某些国有化措施称作社会主义，当然是错误的，“冒牌的”。资本主义国家的国有经济被学界称作国家垄断资本主义，没有改变资本的性质。恩格斯之所以将其批评为“冒牌社会主义”，是因为“现代国家”即资本主义国家，“不管它的形式如何，本质上都是资本主义的机器，资本家的国家，理想的总资本家”。即使搞国有化，“转化为国家财产，都没有消除生产力的资本属性”。而人民掌握政权下的国有经济，就是社会主义。恩格斯强调指出：“无产阶级将取得国家政权，并且首先把生产资料变为国家财产。”①这种生产资料国有制，是社会主义经济制度的基础。

（三）坚持社会主义市场经济的改革方向

这是党的十八大报告中强调的。《决定》再次强调这一提法。这一提法比前两种提法更明确、更完整。前两种提法只强调要坚持改革方向或市场化改革方向，容易被另有所图者接过去另搞一套。讲改革，必须弄清改什么、怎样改、举什么旗、走什么路，存在一个改革的大方向问题。改革，就是既不走封闭僵化的老路，又不走改旗易帜的邪路，是要改革不利于社会主义经济发展的传统体制，创立有利于社会主义经济发展的新经济体制，即社会主义市场经济体制。我国改革开放过程中，认识到了传统计划经济日益显露出的弊端，进行了市场取向改革的探索。最终，突破了市场经济姓“资”、计划经济姓“社”的理论框架，找到完全创新的改革模式。

二、从社会主义商品经济到社会主义市场经济

不要将市场经济与商品经济画等号。我国在传统计划经济体制下，也存在商品经济，是社会主义商品经济。党的十二届三中全会和中央其他文件中还提出，社会主义经济是公有制基础上的有计划的商品经济，将创建和发展有计划的商品经济体制作为改革的取向。有商品经济就有市场，但在传统计划经济体制下，市场不起调节经济的作用。在经济发展中起配置资源作用的是指令性计划，而不是市场。西方有些国家的词典中没有商品经济概念，只有市场经济概念，因而不存在市场经济与商品经济的异同问

① 马克思恩格斯选集：第3卷［M］. 北京：人民出版社，1995：630.

题。我国的特殊历史发展条件，造成商品经济与市场经济两个概念既相联系又有区别的情况。只有当市场机制能起调节生产的作用，从而成为资源配置者时，这种商品经济才是市场经济。因此，可以说，市场经济是通过市场调节起资源配置作用的商品经济。市场经济作为一种经济体制和资源配置方式，它自身不存在“姓资”“姓社”问题，但它又不能脱离开一定的社会经济制度而独立存在。它可以与资本主义制度相结合，形成资本主义市场经济，也可以与社会主义经济制度相结合，形成社会主义市场经济。

有人借口市场经济是中性的，不存在“姓资”“姓社”问题，因而反对讲社会主义市场经济。然而，当前世界上只有两种市场经济，反对讲社会主义市场经济，必然转向资本主义市场经济。这里存在一个思维逻辑问题：“商品经济”概念也是中性的，但我国区分“资本主义商品经济”和“社会主义商品经济”，没有人提出反对意见，形成共识。为什么一讲社会主义市场经济就要反对呢？其真实意图是反对与社会主义公有制相结合的市场经济。

我国对社会主义市场经济提出界定的是党的十四大。十四大报告指出：“我们要建立的社会主义市场经济体制，是同社会主义基本制度结合在一起的，是要使市场在社会主义国家的宏观调控下对资源配置起基础性作用。”① 这里所讲的资源配置，也就是马克思主义经济学所讲的通过价值规律的作用调节生产与流通，将生产资料和劳动力分配到各个经济部门。可以看出社会主义市场经济包括三层含义：一是市场经济是由市场机制（供求机制、竞争机制、利率机制、价格机制等）调节资源配置的经济体制；二是社会主义市场经济是市场经济与社会主义基本制度相结合的经济，是以公有制为基础或为主体、以共同富裕为根本目的的；三是社会主义市场经济，不是完全自发的自由市场经济，而是在社会主义国家宏观调控下运行的市场经济。国家要运用经济政策、经济法规、计划指导和必要的行政管理和法律手段，引导市场健康发展。

---

① 十四大以来重要文献选编：上［M］. 北京：人民出版社，1996：19.

社会主义市场经济的根本特点，在于将社会主义基本制度的优越性同市场经济的灵活性、效率性结合起来。市场经济是竞争经济。市场鼓励强者而不怜悯弱者。市场规律会形成一种激励机制和创新机制，促进经济的发展。同时也要看到，市场调节经济具有自发性、盲目性和滞后性，存在市场失灵。当代资本主义的市场经济也已不是政府只起“守夜人”作用的自由市场经济，也要实行政府干预。二战后，许多资本主义国家如日、法、韩等国实行的经济计划，包括短期计划和长期计划，用“看得见的手”引导“看不见的手”。德国实行“社会市场经济”，也是将政府的作用与市场的作用结合起来。我国是社会主义国家，公有制的主体地位和国家的宏观调控制约着市场经济的负面效应，可以避免和削弱资本主义市场经济必然产生的经济震荡和经济危机。

我国已经初步建立了社会主义市场经济体制，取消了指令性计划，放开了市场。商品价格的市场化率已达98%，企业的生产经营活动不再由国家计划规定任务指标，基本上是根据市场供求和价格状况安排生产结构和规模。消费者可以自由进入市场，按市场规则自由选择商品。“计划供应”“短缺经济”成为历史。卖方市场转为买方市场，这正是市场经济的特点。但我国初步建立起的社会主义市场经济还不完善，需要进一步深化改革。

党的十八大报告提出要全面深化经济体制改革。“经济体制改革的核心问题是处理好政府和市场的关系，必须更加尊重市场规律，更好发挥政府作用。”① 又指出：“要加快完善社会主义市场经济体制，更大程度更广范围发挥市场在资源配置中的基础性作用，完善宏观调控体系。”②

党的十八届三中全会通过的《决定》既是全面落实十八大提出的改革任务，又将各项任务具体化，并提出了新的理论指导与部署。怎样更加尊

① 胡锦涛．坚定不移沿着中国特色社会主义道路前进 为全面建成小康社会而奋斗［M］．北京：人民出版社，2012：20.

② 胡锦涛．坚定不移沿着中国特色社会主义道路前进 为全面建成小康社会而奋斗［M］．北京：人民出版社，2012：18.

重市场规律？怎样更大程度更广范围发挥市场在资源配置中的作用？怎样处理好政府和市场的关系？《决定》提供了指导意见。

三、为什么《决定》强调提出使市场在资源配置中起“决定性”作用？

《决定》关于深化经济体制改革的一个引人注目的新提法：“使市场在资源配置中起决定性作用和更好发挥政府作用。”① 将多年来所讲的市场配置资源的“基础性”作用，改变为“决定性”作用。显然，从行文上看，强化和扩大了市场配置资源的作用。习近平指出：这是这次全会决定提出的一个重大理论观点。

之所以强调提出市场在资源配置中的“决定性”作用，根据《决定》和习近平关于《决定》的说明，可以概括为以下几点：

（一）市场决定资源配置是市场经济的一般规律

市场经济本质上就是市场决定资源配置的经济，健全社会主义市场经济体制必须遵循这条规律。可以说，由“基础性”作用改变为“决定性”作用，是回归市场经济的本质规定和要求，是遵循市场经济规律。我们知道，市场经济和计划经济是两种不同的资源配置方式。在传统计划经济时代，国民经济完全受指令性计划调节，生产什么、生产多少、产品提供到何处，完全根据计划指标安排，企业没有生产经营自主权。因此，生产资料和劳动力等资源怎样分配到不同的部门和企业，完全由政府计划调节。因此，实行计划经济，发挥计划调节作用，就是国家计划在资源配置中起决定性作用。这是计划经济的本质要求。改革开放以来，我国实行市场取

① 中共中央关于全面深化改革若干重大问题的决定［N］. 人民日报，2013－11－16.

向的渐进改革，最终确立了社会主义市场经济体制模式。市场经济就是由市场机制调节企业的生产和销售活动。但政府不是从此撒手不管，而是要更好发挥自己应尽的责任。应当注意到，《决定》提出“使市场在资源配置中起决定性作用”，是与“更好发挥政府作用”连在一起作为不可分割的一句话来阐述的。政府起什么作用，《决定》也做了简要说明。

（二）过去一直提市场配置资源的“基础性”作用，而现在改提“决定性”作用，有一个条件成熟因素

从1992年党的十四大提出我国经济体制改革的目标是建立社会主义市场经济体制，要使市场在国家宏观调控下对资源配置起基础性作用到十八大的20年来，没有提市场配置资源的“决定性”作用，只提“基础性”作用，现在改提“决定性”作用，表示使市场在资源配置中起决定性作用已具备成熟的条件。按照历史事实和习近平的说明，大体有两方面的成熟条件：其一是认识上的条件；其二是实践所提供的条件。长期以来，马克思主义经济学和西方经济学都认为，市场经济是资本主义的，计划经济是社会主义的。而且从历史事实来看，资本主义国家都一直实行市场经济，而社会主义国家曾一直践行计划经济。我国由计划经济转向市场经济，经历了市场取向改革的不同阶段。大体上有：计划经济为主，市场调节（市场经济）为辅；社会主义有计划的商品经济体制（更大范围发挥市场作用）；计划和市场是覆盖全社会的；计划经济与市场调节（市场经济）相结合；最后统一了认识，建立了社会主义市场经济体制。这是逐步推进社会主义经济市场化的改革过程，也是逐步推进思想解放的过程。突破市场经济“姓资”、计划经济“姓社”的传统认识已不容易，如果再直接提出西方所宣传和践行的市场配置资源的决定性作用，仍会有认识上的障碍，不如提“基础性”作用更平稳。而目前之所以改提“决定性”作用，是由于如习近平所说：“考虑各方面的意见和现实发展要求，经过反复讨论和研究，中央

认为对这个问题从理论上做出新的表述，条件已经成熟。”① 这表明，以前不提“决定性”作用，是条件还不成熟。讲条件成熟，还有另一方面的条件即实践条件。习近平指出：“现在，我国社会主义市场经济体制已经初步建立，市场化程度大幅度提高，我们对市场规律的认识和驾驭能力，不断提高，宏观调控体系更为健全，主客观条件具备，我们应该在完善社会主义市场经济体制上迈出新的步伐。”② 就是说，在新的条件下，党和政府对市场规律的认识和驾驭市场的能力不断提高。因此，从理论认识和实践过程两方面看，提高和扩大市场配置资源作用的主客观条件都已成熟。主观条件是理论认识条件；客观条件是现实实践条件。据此，可以而且有必要将市场配置资源的“基础性”作用，改变为“决定性”作用。

所谓市场配置资源的“基础性”作用，一直没有人解释其含义。其实，“基础性”作用并非与“决定性”作用相排斥，也可以做出相一致的解读。有时，讲基础作用，就是决定作用。例如，讲经济是基础，决定上层建筑。讲生产资料所有制是生产关系体系基础，就是指所有制决定生产关系体系。另外，市场配置资源的基础性作用，也可以理解为基础层次的作用，即在政府、市场、企业的关系中，政府在宏观层次起作用，市场在基础层次起作用，并不排斥其决定性作用。不过，“基础性”作用的提法毕竟不够透明，会模糊其含义，容易被理解为“初步性”或“打基础”之作用，为地方官员不合理干预提供了空间。

（三）强调提出市场配置资源的决定性作用，是深化经济体制改革的需要

我国虽然初步建立了社会主义市场经济体制，“但仍存在不少问题，主

① 习近平．关于《中共中央关于全面深化改革若干重大问题的决定》的说明［N］．人民日报，2013-11-16.

② 习近平．关于《中共中央关于全面深化改革若干重大问题的决定》的说明［N］．人民日报，2013-11-16.

要是市场秩序不规范，以不正当手段谋取经济利益的现象广泛存在；生产要素市场发展滞后”；市场规则不统一，存在部门保护主义和地方保护主义；市场竞争不充分，阻碍优胜劣汰和结构调整，等等。习近平指出：遵循市场决定资源配置规律，是要“着力解决市场体系不完善，政府干预过多和监管不到位问题”。并且指出，有利于“抑制消极腐败现象”[①]。事实证明，有些政府人员不当干预，与腐败行为相关。

四、 市场决定资源配置要求更好发挥政府作用

习近平在关于《决定》的说明中指出：我国实行的是社会主义市场经济体制，我们仍然要坚持发挥我国社会主义制度的优越性、发挥党和政府的积极作用。“市场在资源配置中起决定性作用，并不是起全部作用。”[②] 这表明，某些特定行业和企业的资源配置，并不由市场决定。例如，发展国防军事工业，国家创建和发展战略性新兴产业，进行基础设施建设和公共服务体系建设，开创和发展航天工程事业，建立社会保障性事业等，这些方面的资源配置不会都交给市场决定，而主要由政府决定。

在市场经济运行中，政府的一个重要职责是市场监管。市场配置资源的决定作用越大，范围越广，政府监管市场的职责也越大，越需要“更好发挥政府作用”。习近平在关于《决定》的说明中指出：健全社会主义市场经济体制，既要着力解决“政府干预过多”的问题，又要着力解决“市场体系不完善”和“监管不到位问题”[③]。解决后两方面的问题，正是政府的职责所在和宏观调控的任务。所谓政府干预“过多”，表明并不否定不“过多”的、必要的、正当的政府干预。“过多的干预”是不当干预，不是政府

① 习近平. 关于《中共中央关于全面深化改革若干重大问题的决定》的说明［N］. 人民日报，2013-11-16.

② 习近平. 关于《中共中央关于全面深化改革若干重大问题的决定》的说明［N］. 人民日报，2013-11-16.

③ 习近平. 关于《中共中央关于全面深化改革若干重大问题的决定》的说明［N］. 人民日报，2013-11-16.

职责所在，也不是宏观调控任务。政府监管职责主要是针对诸如制假售假、生产和销售有毒食品、非法集资和传销、黄赌毒市场、欺行霸市、市场垄断、不正当竞争、虚假广告、环境污染，等等。这种政府干预是必要的。政府还要监管生产安全和职工权益保障。连西方经济学的权威著作萨缪尔森的《经济学》也概括了资本主义市场经济中的政府四项职能：为市场确立法律框架，确定市场准则；影响资源配置以改善经济效率，“帮助按社会需要进行资源配置”，“有时候，政府做出的选择凌驾于市场供给和需求的配置之上”，如“控制污染物的排放”；制订改善收入分配的计划，“看不见的手可能惊人地有效率，但它同时也带来非常不平等的收入分配”，“收入再分配是政府的第二个主要经济职能”；通过宏观经济政策来稳定经济。以上四种政府职能表明“政府应进行干预以增进市场经济的功能和公正”①。这里讲的是资本主义市场经济中的政府职能和必要干预。我国实行社会主义市场经济，应在更大程度上更好地发挥政府的职能。政府的职能除前面所讲的监管与促进作用外，还有完善市场经济体系的职责。要统一市场规则，维护市场秩序，消除市场封锁与割据，打破市场垄断，提供公平的市场竞争环境；防止和处置环境污染和损害生态平衡的行为；运用利率、税收、信贷等财政金融手段，影响和调节市场，引导企业科学发展；以效率和公平相统一的理念与政策，缩小收入分配过大差距、消除贫富分化、走共同富裕道路。

五、 分清两个层面的政府职能和宏观调控作用

处理好政府和市场的关系，让市场起决定性作用，是就市场经济运行中市场在资源配置中的作用而言的。在这个层面，是市场起决定作用，政府起监管和促进作用。这是市场经济运行中基础层面的关系，另一个是宏观层面的关系，即在整个经济社会发展中政府的作用。不应把市场的“决

① [美] 保罗·萨缪尔森. 经济学：上 [M]. 14 版. 胡代光等译. 北京：北京经济学院出版社，1996：552－555.

定性作用”泛化和扩展到第二个层面，我们讲“宏观调控”，有两层含义：一是在政府、市场、企业的三者关系中，政府处于宏观层次，即居高层次，市场处于中间层次，企业处于基础层次。在这个层面讲政府职能和宏观调控，就是指在市场起决定资源配置的前提下，政府在宏观层次上对市场和企业进行必要的、科学的监管和引导，并促进市场体系的完善和发展，促进企业的科学发展。宏观调控的另一层含义，是政府对宏观经济的调控。宏观经济是指整个国民经济的各种经济活动的总称。根据《决定》和习近平关于《决定》的说明，在资源配置和宏观经济发展中，政府职能和宏观调控的主要任务是：保持经济总量平衡，促进重大经济结构协调和生产力布局优化，减缓经济周期波动影响，防范区域性系统性风险，稳定市场预期，实现经济持续健康发展，健全以国家发展战略和规划为导向、以财政政策和货币政策为主要手段的宏观调控体系，增强宏观调控前瞻性、针对性、协同性。形成参与国际宏观经济政策协调的机制，推动国际经济治理结构完善。政府要加强发展战略、规划、政策、标准等制定和实施，加强地方政府公共服务、社会管理、市场监管、环境保护等职责。所有这些都需要政府去办而且应办得更好的事情。

使市场在资源配置中起决定性作用，处理好政府与市场的关系，市场能办到和办好的事，就让市场去起决定作用，政府不要过多干预，政府应做好自己能办而市场办不了和办不好的事。这是深化社会主义市场经济体制改革中的应有之义。

2014 年 1 月 1 日，《人民日报》等媒体发表了习近平的《切实把思想统一到党的十八届三中全会精神上来》一文。其中指出：“使市场在资源配置中发挥决定性作用，主要涉及经济体制改革，但必然会影响到政治、文化、社会、生态文明和党的建设等各个领域。要使各方面体制改革朝着建立完善的社会主义市场经济体制这一方向协同推进，同时也使各方面自身相关环节适应社会主义市场经济发展提出的新要求。”[①] 要适应经济体制改革的需要转变政府职能，党和政府要提高驾驭市场经济的能力，要为深化经济体制改革提供理论指导与实践决策。

全面深化改革的总目标是完善和发展中国特色社会主义制度，推进国家治理体系和治理能力现代化。要坚持社会主义市场经济的改革方向，以促进社会公平正义、增进人民福祉为出发点和落脚点。需要明确：“坚持社会主义市场经济的改革方向”，就表示不应单强调市场化改革，而与社会主义制度相脱离。离开社会主义的市场化改革，必然导向资本主义市场经济。《决定》在提出“紧紧围绕市场在资源配置中起决定作用”的后面，紧接着讲“坚持和完善基本经济制度”，并要求加快完善宏观调控体系。而坚持和完善基本经济制度，首先要求坚持国有经济为主导、公有制为主体。所有上述这些方面，都离不开党的领导和政府的推进。

六、 泛化市场决定作用的解读偏离《决定》精神

有的学者出于泛化市场决定作用的误解，质疑市场配置资源的决定性作用的新提法。认为这只适用于资本主义市场经济，而不适用于社会主义市场经济。其实，讲市场配置资源的决定作用，与马克思主义经济学讲价值规律调节生产即自发地将生产资料和劳动力（资源）分配于不同的部门，是一样的道理。价值规律调节生产，也就是企业生产什么、生产多少，由反映供求关系和竞争关系的价格来决定，价值规律决定同市场决定是一回事。讲价值规律决定资源配置或市场决定资源配置，涉及三个方面的“决定”事项：一是价格的决定。在市场经济中，市场价格不再由政府决定，而是在价值基础上由竞争机制和供求机制决定。二是企业的生产经营活动，

① 习近平．切实把思想统一到党的十八届三中全会精神上来［N］．人民日报，2014－01－01．

包括其生产规模与结构的安排，不再由政府指令性计划决定，而是由反映市场供求关系的市场信号决定。三是消费需求的选择与决定。不再是“短缺经济”和“卖方市场”下的凭票供应、排队抢购，购买者没有选择权和决定权的状况，而是在市场经济中的供求规律与竞争规律作用下，消费者有权决定自己的需求选择，也就是《决定》中所说的“消费者自由选择、自主消费”。弄清这些方面的理论与实际情况，弄清价值规律决定和市场决定资源配置的本义，就不会对社会主义市场经济中由市场决定资源配置的理论与实践产生怀疑。

有些读者和学者，由于没有分清不同领域政府和市场的不同作用，也没有弄清政府职能和宏观调控在不同层面的作用，误以为强调市场的决定作用涵盖了我国整个经济社会的发展，从而产生疑虑。

目前存在的一个问题是，有的主流媒体也出现了泛化市场决定作用的解读，这会误导读者。例如，2013 年 11 月 15 日，《人民日报》刊发了《中央财经领导小组办公室负责人详解十八届三中全会亮点：句句是改革、字字有力度——权威访谈·学习十八届三中全会精神》一文，受访者是中央宣讲团成员。他解读说：“市场的作用从‘基础’变为‘决定’……是深化经济体制改革以及引领其他领域改革的基本方针。”“提出市场起决定性作用，就是改革的突破口和路线图，基本经济制度、市场体系、政府职能和宏观调控、财政金融、土地制度、生态文明等方面的改革，都要以此为标尺。”这里竟然将市场的决定作用泛化到整个经济社会、生态文明等不同领域，甚至泛化到由市场决定基本经济制度。然而，国有经济为主导、公有制为基础的社会主义经济制度，或者公有制为主体、多种所有制经济共同发展的社会主义初级阶段基本经济制度，没有党和政府的引导与推进，能由市场决定其形成、存在和发展吗？竟然连政府职能和宏观调控也要由市场决定！颠倒了关系！应是由政府职能监管市场，由宏观调控调节市场运行，而不是反过来由市场决定政府的监管和宏观调控作用。对于这种解读，中国社会科学院“马工程”项目的一个课题组已在《对三中全会精神的一些“权威解读”值得商榷》一文中进行了评论①。

另外，有的学者以新自由主义的理念或欧美市场经济模式的理念为依据，对市场决定资源配置的作用也做了泛化的解读。如有的学者在解读中淡化和否定市场决定资源配置中的宏观调控作用，说什么“是市场起决定作用，不是宏观调控”。公然忽视和否定《决定》中强调宏观调控作用的有关论述。另外，有的学者认为中央提出市场的决定作用，就是要弱化政府的职能，是否定“强势政府”，否定政府对市场的“驾驭”和对市场及社会经济生活的监管，否定国有经济的作用。认为自己的一套新自由主义观点，被三中全会采纳，争论见了分晓。这种解读和宣传，完全不符合《决定》的本义和精神，也会影响和加重一些读者和学者对市场决定资源配置新提法的疑虑。应正本清源，按照《决定》的精神，澄清理论是非。

习近平在关于《决定》的说明中，明确提到“我们对市场经济规律的认识和驾驭能力不断提高”。指出：实行社会主义市场经济，要“发挥党和政府的积极作用”，“强调科学的宏观调控、有效的政府管理，是发挥社会主义市场经济体制优越性的内在要求”。而且，“全会决定强调必须毫不动摇巩固和发展公有制经济，坚持公有制为主体地位，发挥国有经济主导作用，不断增强国有经济的活力、控制力、影响力”。可见，《决定》和习近平关于《决定》的说明，是与新自由主义的“教义”完全对立的。

（原载于《毛泽东邓小平理论研究》2014 年第 2 期）

① 马克思恩格斯选集：第 3 卷［M］. 北京：人民出版社，1995.

发展和完善中国特色社会主义必须搞好国有企业

一、 国有企业的性质、 地位和应做好的三个方面

关于我国国有企业的性质、地位和作用以及怎样改革国有企业问题，存在着多种不同的认识和见解。其实，怎样认识和对待这问题，是与怎样认识和对待马克思主义的科学社会主义和中国特色社会主义紧密联系的。如果肯定和支持我国实行和发展科学社会主义及其中国化的特色社会主义，就必然肯定和赞同作为我国社会主义经济制度基础的国有经济的重要地位和作用。这种肯定是从历届党中央领导和文件到十八大以来一以贯之的，也是我国宪法明确规定的。宪法是国家的根本大法，人人都应遵守。《中华人民共和国宪法》规定：中华人民共和国的社会主义经济制度的基础是生产资料的社会主义公有制。国有经济是全民所有制经济，是国民经济中的主导力量。国家保障国有经济的巩固和发展。从本质上来看，可以说，作为社会主义公有制核心的国有经济的兴衰成败，关系着共产党革命和建设事业的兴衰成败，关系到社会主义事业的兴衰成败。所以，这一问题必须引起高度重视。习近平一贯关心国有企业的改革和发展问题，特别重视搞好中央管理企业的问题。2014 年 8 月 18 日，习近平在主持召开中央全面深

化改革领导小组第四次会议时强调："国有企业特别是中央管理企业，在关系国家安全和国民经济命脉的主要行业和关键领域占支配地位，是国民经济的重要支柱，在我们党执政和我国社会主义国家政权的经济基础中，也是起支柱作用的，必须搞好。"① 这表明，国有企业不仅是社会主义国民经济发展的支柱，而且是我们党执政的经济基础，是社会主义国家政权的经济基础。这指明了我国国有企业的重要地位和作用。2014 年 12 月，习近平在中央经济工作会议又强调提出："推进国企改革要奔着问题去，以增强企业的活力、提高效率为中心，提高国企核心竞争力，建立产权清晰、权责明确、政企分开、管理科学的现代企业制度。"② 这里讲的是国有企业改革的目的和改革方法，应建设和发展什么样的国有企业，怎样建设和发展。所谓"奔着问题去"，就是要对准国有企业存在的问题进行改革，而不能乱改。特别不能借改革搞私有化。

从习近平关于我国国有企业的定位中，可以明确：共产党事业的兴旺发达，社会主义事业的兴旺发达，同国有企业兴旺发达，是密切相连的。因此，国有企业"必须搞好"！当前，混合所有制趋向的改革，应遵循而不应背离这一宗旨。

不言而喻，国有企业实现其重要地位和作用，要以搞好和搞活国有企业为前提。国有企业作为社会主义全民所有制经济的重要特点是：其发展的成果要惠及广大人民，显示其社会主义性质。但应注意，并不是某些企业只要归国家所有，就必然具有全民的社会主义性质。如果国有企业高管贪污腐败，又拿天价高薪，国有企业的发展成果不能惠及广大人民，国有企业的职工没有当家做主的权利，这样的国有企业名为归全民所有的社会主义经济，实际上流于空谈，失去了社会主义性质。在国有企业转轨过程中，要警惕国企社会主义性质的蜕变。在我国，国有企业已由计划经济转

① 习近平主持召开中央全面深化改革领导小组第四次会议［N］. 人民日报，2014－08－19.

② 中央经济工作会议在北京举行　习近平李克强作重要讲话［N］，人民日报，2014－12－12.

向市场经济，实行了所有权和经营权两权分离，改变了僵化的管理体制，焕发了企业的生机，企业主管的经营权扩大了。但是也为企业相关人员，特别是高管独断专行、以权谋私、贪污腐败留下了空间。目前，国家派出巡视组进驻多家中央企业，正是要解决这一问题。

搞好国有企业，使其成为名实相符的全民所有的社会主义企业，应做到以下几点：

第一，国有企业管理人员特别是国家委派的高管，应以权谋公而不是以权谋私。但廉洁奉公不能只靠个人品德和政治觉悟来实现，国有企业高管的个人品德和社会主义理念固然重要，但更需要有制度来保证。为此，有必要建立一套有效的激励机制和监督机制相统一的管理体制。没有监督的权力越大，越会有独断专行和贪腐的空间。国有企业的监督机制应由两方面形成：一是来自企业职工的内部监督，二是来自国家的定期巡视和经营监督。内外监督的结合，使企业有关人员不敢贪腐、不能贪腐。

第二，国有企业属全民所有，其发展成果就应惠及全民。首先，由国家委派国企高管不应拿天价薪金；其次，国有企业一般职工的收入高于私企外企，是社会主义企业应有之义，不应非议。社会主义企业没有劳资对立，职工收入应随着企业效率和效益的提高而提高。但是，某些行业的国企职工收入，过高于一般国企职工收入，并不公平合理。再次，国有企业的收入除缴纳税负外，其利润主要用于积累，依然归全民所有，另有一部分上缴国家，而且占比在提高，今后应随企业效益的提高而提高，由国家统筹用于民生。国有企业利润还有部分用于发展社会事业和提高与改善职工福利。

第三，广大职工真正成为企业的主人。国有企业应有的一个重要特点是广大职工真正成为企业的主人，职工应具有知情权、管理参与权、监督权、重大决策和选举与罢免的投票决定权等。国有企业的社会主义性质怎样体现？主要体现在生产资料和劳动者相结合的特定方式上。光讲所有制，不能完全决定经济形式的性质。一般讲，生产资料所有制是经济制度的基础，这没有错。但封建社会、资本主义社会也有国有经济，并不是社会主义经济。再者都是非劳动者占有生产资料，劳动者不占有生产资料，为什么有的是奴隶制，有的是封建制，有的是资本主义制度呢？光从所有制不能说明其究竟。所有制是前提性意义上的基础，而不是全部决定意义上的基础。马克思指出："不论生产的社会形式如何，劳动者和生产资料始终是生产的因素。但是，二者在彼此分离的情况下只在可能性上是生产因素。凡要进行生产，它们就必须结合起来。实行这种结合的特殊方式和方法，使社会结构区分为各个不同的经济时期。"① 马克思的这一理论观点，对我们搞好国有企业，真正成为惠及劳动人民的社会主义经济，具有指导意义。国有经济和社会经济制度的不同性质，还取决于生产资料和劳动力相结合的特殊方式。如果非劳动者占有生产资料，劳动者作为"会说话的工具"，在主人的皮鞭棍棒下与生产资料结合进行生产，就是奴隶制度。如果生产资料作为资本，劳动者以雇佣劳动方式与资本相结合，资本所有者作为主人进行获取剩余价值的生产，就是资本主义制度。资本主义国家的国有经济，依然是资本与雇佣劳动相结合，劳动者不是所有者和主人。其性质是国家垄断资本主义。社会主义国有经济，应是作为企业主人的劳动者与归全民所有的生产资料相结合，这体现社会主义经济制度的性质。国有企业的改革，应关注劳动者作为主人与生产资料相结合的社会主义生产方式的确立。

二、国有经济不是"与民争利"而是与民谋利

新中国成立以来，不管在经济社会发展中有过多少次失误和错误，国有企业作为经济社会发展的骨干，在社会主义事业的建设与发展中始终起

① 马克思恩格斯文集：第6卷［M］. 北京：人民出版社. 2009：44.

着主导性和决定性的作用。断言国有企业的效率和效益必然低于私企，据以主张私有化，是不符合事实的以偏概全和主观武断。从国际上看，苏联十月革命后实行国有化的社会主义，迅速改变了沙俄时期落后的面貌，缩小了与美国原有的巨大差距，成为可与美国抗衡的超级大国。而当社会主义公有制度蜕变为私有制后，其国际地位和经济社会发展一落千丈。1989年，俄罗斯的经济规模是中国的2倍，现在只及中国的1/5多一点。2014年，GDP总量为10.4万亿美元，仅次于美国，居世界第二位，而俄罗斯GDP总量仅2.06万亿美元，居世界第九位，与居第十位印度的2.05万亿美元差不多。私有化不但没有加快俄罗斯的发展，反而损害和延缓了它发展的步伐。再从我国的发展来看，如果从1952年算起，到1978年，改革开放前的27年中，经济增长也有6%以上，经济建设的成就，超过了旧中国的百年以上。完整工业体系的建立和发展，主要依靠国有经济的效率和效益。1956年，毛泽东在《论十大关系》中曾经讲："从现有材料看来，轻工业工厂的建设和积累一般都很快，全部投产以后，四年之内，除了收回本厂的投资以外，还可以赚回三个厂，两个厂，一个厂，至少半个厂。"① 这里讲的是"三大改造"后的国有企业的经济效益。根据有关统计资料，国有经济的利税率也较高，1957年达34.7%，1965年也还达29.8%。如果没有"左"的失误，经济发展的成绩会更大。

改革开放以来，鉴于传统计划经济的弊端的性质。国有企业的弊端和我国生产力落后的国情，我国采取两大改革措施：一是所有制结构的改革，由单一的公有制变为公有制为主体、多种所有制经济共同发展；二是经济体制转型，由计划经济转向社会主义市场经济。这催生了经济的活力，造就了30多年年均9.8%的经济高速增长。这既有非公经济的贡献，更有国有企业改革成本的先期付出和后期发展与付出的贡献。有人断言，我国改

① 毛泽东文集：第7卷［M］. 北京：人民出版社，1999：26.

革开放30多年来的经济快速发展，主要是依靠私有制经济的发展，国有经济只起负面效应。这与事实相悖。就国内来讲，旧中国存在多种私有制经济，但发展缓慢，长期积贫积弱。因为落后才遭受列强的侵略。从国际上来看，许多经济落后的原殖民地国家走上独立后，选择了资本主义道路，而中国由半殖民地半封建社会的落后国家，走上社会主义道路。中国以公有制为基础或为主体的经济发展，远远超过了前一类国家，也超过了一切实行私有制的发展中国家。特别是改革开放以来，我国连续30多年的高速发展是世界历史上空前的，超过了从古至今一切实行私有制的国家和社会。总之，无论从纵向或横向对比，一切私有制经济的发展速度，都比不上我国以公有制为基础或为主体的经济发展。通过以上事实说明，还能断言社会主义新中国的经济成就或是改革开放30多年来中国特色社会主义经济的成就都应归功于非公有制经济吗？还能主张实行全面私有化、重蹈苏联解体的私有化覆辙及其后果吗？

就国内的经济发展来看，非公经济发展得很快，呈“国退民进”之势。由此产生一些问题：从纵向和横向看，我国改革开放30多年来，私有制经济的发展，是最有势头和成果的，超过了当今一切私有制国家。靠的是什么？这就涉及一个有争议的问题：国有经济的主导作用究竟是制约了私企的发展，还是起了促进、支持作用？事实证明是后者，而非前者。首先，国有经济为非公有制经济的发展提供了基础设施，节省了非公有制经济创业和发展的基础成本。其次，改革开放前一阶段，对外企私企实行减免优惠政策，国有企业承担了不公平的高税率负担，相对来讲，非公经济的一部分税负转嫁给国有企业。再次，在改革过程中，大量国有企业，通过贪腐性手段转为私营企业，导致大量国有资产流失，强盛的国有资源化公为私，成为扩大私企发展的重要一环。此外，国有企业科技水平一般高于私企，国有企业的科技创新有溢出效应，私企也可利用，特别是有些国有企业培养的科技和管理人员转向私营企业，这都促进了私企的发展。最后，改革开放以来，国有企业不断减少，为私企外企的发展腾出了市场空间和资源空间。目前，地方和中央国企总数只10多万户，而私企户数至2013年达1253万多户，从业人员达1.25亿人。国企从业人员为6365万人，只占城镇就业人口的16.6%。

非公经济的快速发展，还得益于政府的鼓励与支持，政府不断出台利好私企的政策，不断扩大私企发展的平台。

国有企业支持了非公经济的发展，特别在支持国家和社会的发展方面，承担了多种职责，如应对国内外各种突发事件，赞助社会事业等，如果进一步比较国有企业和私营企业的长短，还需着眼于三个方面：一是国有企业职工的工资高于私企。从有关统计数字看，私营企业职工的工资只及国有企业的一半多。二是国有企业的税负高，尽管国有企业就业人员只占城镇就业人口的16.6%，国有工业企业GDP只占全部工业企业GDP的20%以下，但税负占比却高于非公经济。就规模以上国有及国有控股工业企业主营业务税金及附加所占比重来看，1998—2002年，占80%或以上；以后随着国有企业不断退出，税负占比也下降，但与就业人员比重和GDP比重相比，依然是高税负。2011 2013年，税金及附加占比高达33%～36%。三是国有企业的利润除上缴国家一部分用于社会事业外，主要用于积累，仍归全民所有。私营企业贷款付息还贷后，增值的利润归私资所有。而国有企业付息还贷后，利润积累，依然是国有。这正是国企数量不断减少，但国资总量扩展较快的原因。四是国有企业的产品一般可信度高。假冒伪劣商品，假酒、假烟、假药、地沟油、有毒食品等，多来自个体私企。国有企业在保障民生方面负有责任，做出了重要贡献。

从上述我国国有企业在社会主义制度中的地位和作用看，从国有企业对国家和社会多方面的贡献看，贬公扬私、妖魔化国企，主张继续“国退民进”，消除国企、全盘私有化的主张是既背离科学社会主义和中国特色社会主义，也背离经济社会发展的实际。

三、改革和发展都要落实国有企业经营自主权

无须讳言，国有企业还存在这样那样的问题和矛盾，需要通过深化改革来解决。我们的改革是社会主义的自我发展与完善。中央文件一再讲，国企改革是改革的中心环节，要使其成为生机盎然、高质量、高效率的社会主义企业。我国已从传统计划经济体制转轨为社会主义市场经济，这是根本性的全面的改革。国企改革的一个重要环节是所有权与经营权两权分离。企业应具有经营自主权。现在的问题是，对国有企业的经营自主权，需要处理和解决好两个方面的问题：一是企业有了独立的经营自主权，但缺乏对企业主管的有效监管，企业的经营自主权，不是企业主管的独断专行权。国有企业主管的权力没有装进笼子里，其权力应有制度约束，有法治遵循，这样才能制约国企主管的贪腐行为。二是将国有企业搞好搞活的经营自主权应真正落实到位，目前依然存在政府有关部门不必要的干预。特别是多年来，在改革运作中，经常出现一股风、一刀切的现象。国有企业在大的方面的总体改革，如进行转轨实行社会主义市场经济，那是统一的，不可能有谁根据经营自主仍选择计划经济。但在具体改革路径上，应允许国企有选择权，即选择最有效的经营权。可以八仙过海，各显神通。多年来先后搞承包制，搞股份制，搞公私资本交叉的混合所有制，往往将指导思想变成了不是命令的命令，甚至一股风，一刀切。有些人和企业往往不管实际情况紧跟政策，定指标，倒计时，争前列。如一讲“抓大放小”，对中小企业便“一卖了之”。国企改革，可鼓励企业有自己的改革创新。对于来自上面的改革的指导思想，从决策者说，既要有顶层设计，又

要有实施细则，要有具体的规范化的准则。不要提抽象的、概念式、口号式会造成不同领悟与解读空间的模糊政策语言，要接受20世纪90年代国有企业改革中自卖自买、名卖实送、“一卖了之”、贪腐自肥、大量国有资产流失的教训。当前提出实行公私资本交叉参股的混合所有制经济，其本义是既有利于国企发展，也有利于非公经济发展。但出现了不同的解读。认识不同，改革实践就会有别。要警惕新自由主义借机搞侵蚀国企、搞全盘私有化的行径。要让国有企业有一定选择的权利。如果现有体制搞得有效，质量、效率、效益有保证，不愿引入私人资本，应允许其继续在现有体制中运行，这也应是落实经营自主权的必要环节。

当前，在理论宣传和改革实践中，出现了借实行混合所有制的改革之机，搞“国退民进”，销蚀国企的现象。一份在北京创办的有影响的官方刊物，在2015年第2期发表文章说：“混合所有制改革的一个要点是大幅降低国有股比重。”“混合所有制改革成功的一个必要条件是，在绝大多数行业，国家应放弃对企业的绝对控股权”，在竞争行业“应尽可能降低国有股权比重，甚至考虑完全退出”，主张“国退民进”。有些地方的市政府提出混改方案，主张不再强调国企控股。国有存量资本可以减少，转让给私企、外企，减少国有股比例。据《企业观察报》1月19日报道：国安集团混改中，5家民营企业以56.6亿元现金，就获得净资产高达155亿元国安集团80%的股权①。这种理论和改革方案，是背离宪法和中央改革精神和指导思想的，会给中国特色社会主义事业带来损害。国有企业有权不按此办理，而是按照中央和习近平的改革指导思想去践行。这是落实国有企业经营自主权，不受政府不当指挥的必要环节。

社会舆论多为非公经济鸣不平，多方面批评国有经济。其实，国有企业经营者也有自己的委屈和不平。2015年1月12日，《人民日报》刊发了

① 谢昱航.“混改”不是大家分蛋糕［N］. 报刊文摘，2015-01-26.

记者白天亮撰写的《让国企成为真正的企业》一文，其中讲到国企的困惑：在企业微观经营层面，民企的“紧箍咒”已越来越少，反而是国企的法人治理结构问题解决得不好。近年来甚至存在着越来越被捆住手脚的倾向。“规定企业只能干这个，不能干那个，企业还谈什么经营自主权。”[1] 多位国企负责人表示地方政府还不断增加强加于企业的种种社会负担。由此可见，搞好搞活国有企业，必须真正落实其经营自主权。应消除地方政府对国企的不当干预，让企业有选择或不选择某种改革方案的经营自主权。

（原载于《毛泽东邓小平理论研究》2015 年第 3 期）

① 白天亮. 让国企成为真正的企业 [N]. 人民日报，2015－01－12.

评析当前关于国有经济的混淆认识

一、应分清社会主义国家和资本主义国家国有经济的不同性质和作用

在2016年7月4日召开的全国国有企业改革座谈会上，传达了习近平的重要指示："国有企业是壮大国家综合实力、保障人民共同利益的重要力量，必须理直气壮做强做优做大，不断增强活力、影响力、抗风险能力，实现国有资产保值增值。"[①] 搞社会主义和共产主义，必须建立和发展作为公有制重要形式的国有经济，这是从马克思主义经典作家到毛泽东、邓小平，历届中央领导和文件坚持的基本原理。以国有经济为主导的公有制经济，是社会主义经济制度的基础，这是写入我国宪法中的社会主义基本原则。

然而，长期以来，国内存在着这样一种观点，即否定国有经济的社会主义性质及其重要地位和作用，主张用民营经济（私有制经济）取代国有经济，批判、否定国有企业为社会主义国家的标志和党的执政基础，反对

---

① 习近平．理直气壮做强做优做大国有企业［EB/OL］．http：//cpc．people．com．cn/n1/2016/0705/c64094－28523802．html．

简单地将国有化和社会主义等同起来，认为这种“基础论”站不住脚。其主要理论和事实依据是：第一，苏联垮台时，一统天下的国有经济没有支持苏共继续执政；第二，20 世纪 70 年代初，一些发达资本主义国家国有经济比重都比较高，但没有人说它们是搞社会主义；第三，恩格斯在《反杜林论》中批评有人把俾斯麦的国有化看作是社会主义，这是冒牌社会主义。俾斯麦搞铁路国有化是战争的需要，与社会主义无关。但有的观点据此否定我国国有经济的社会主义性质，认为任何国有化都是冒牌社会主义。

应当明确：我国是以马克思主义为指导的社会主义国家。中国特色社会主义是科学社会主义的继承与发展，必须区分资本主义国家的国有经济同社会主义国家的国有经济社会性质的差别。资本主义国家以私有制为基础，有无国有经济都不会改变其资本主义制度，其国有经济依然是资本主义，或称之为国家垄断资本主义。但社会主义国家的国有经济归全民所有，是社会主义制度的经济基础，当然是社会主义性质的经济。这在马克思和恩格斯的论著中讲得很清楚。

马克思和恩格斯在《共产党宣言》中就指出，无产阶级取得政权后要把一切生产工具掌握在国家手中①。这就表明要建立和发展国有经济。马克思在《论土地国有化》一文中指出：“生产资料的全国性集中将成为自由平等的生产者的各联合体所构成的社会的全国性基础。”② 就是说，生产资料国有化是联合体（社会主义和共产主义）的“全国性”基础。恩格斯在《反杜林论》中一方面批评了把资本主义制度下的某些国有化称作社会主义的“冒牌社会主义”，另一方面又指出：“无产阶级将取得国家政权并且首先把生产资料变为国家财产。”③ 就是说，无产阶级取得政权的国家应首先建立国有经济，才能实行社会主义。恩格斯还指出了为什么资本主义国家

① 马克思恩格斯文集：第 2 卷［M］. 北京：人民出版社，2009：52.

② 马克思恩格斯文集：第 3 卷［M］. 北京：人民出版社，2009：233.

③ 马克思恩格斯文集：第 9 卷［M］. 北京：人民出版社，2009：297.

的国有经济仍然是资本主义而非社会主义。因为生产资料“无论转化为股份公司，还是转化为国家财产，都没有改变生产力的资本属性……工人仍然是雇佣劳动者，无产者。资本主义关系并没有被消灭，反而被推到了顶点”①。令人不解的是，有人竟根据资本主义国家的国有经济不是社会主义，根据恩格斯批评“冒牌社会主义”来否定我国的国有经济是社会主义经济。

只要翻看一下，从毛泽东到历届中央领导人的论著和中央有关文献，就可清楚地知道，无论是搞新民主主义还是社会主义，国有经济都是社会主义性质的经济。毛泽东在《新民主主义论》中指出：“无产阶级领导下的新民主主义共和国的国营经济是社会主义的性质，是整个国民经济的领导力量。”② 新中国建立前夕，全国政协制定的《共同纲领》也讲：在我国新民主主义制度下国营经济为社会主义性质的经济。《中华人民共和国宪法》规定：中华人民共和国的社会主义经济制度的基础是生产资料的社会主义公有制，即全民所有制和劳动群众集体所有制。国有经济，即社会主义全民所有制经济，是国民经济中的主导力量。国家保障国有经济的巩固和发展。我国处于社会主义初级阶段，不搞单一的公有制，实行国有经济为主导、公有制为主体、多种所有制经济共同发展的基本经济制度，要坚持“两个毫不动摇”。这也是写入宪法、党章和中央文件中的基本原理，不认同这些基本原理并与其相对立的观点是完全站不住脚的。

二、 国有经济是不是党和政府的执政基础？

改革开放以来，否定国有经济、宣扬“国退民进”的私有化思潮颇为盛行。中央和马克思主义学界提出了以国有经济为核心的公有制经济是党和政府的执政基础的论断，以澄清理论是非。1999 年，江泽民指出：“我国

① 马克思恩格斯文集：第 9 卷［M］. 北京：人民出版社，2009：295.

② 毛泽东选集：第 2 卷［M］. 北京：人民出版社，1991：678.

社会主义工业化和现代化建设的一切重要成就，我国具有今天这样比较雄厚的综合国力和重要的国际地位，我国经济能够在激烈的国际竞争中持续稳步发展，都同国有企业发挥的巨大作用分不开。”① 2000 年，他又指出：“没有国有经济为核心的公有制经济，就没有社会主义的经济基础，也就没有我们共产党执政以及整个社会主义上层建筑的经济基础和强大物质手段。这一点各级领导干部特别是高级领导干部必须有清醒的深刻的认识。”②

不赞同讲国有经济是党和政府执政基础的观点认为，如果按照这种“基础论”定位，那么，国有经济就只能进、不能退。苏联垮台的时候，一统天下的国有经济为什么没有支持苏共继续执政？这种逻辑是不合理的。讲“执政基础”，并不意味着国有经济只能进不能退，而是有进有退，进退有序，进退合理。不能把“国退民进”作为国企改革的方向。要坚持在国有经济为主导、公有制经济为主体的原则下使多种所有制经济共同发展。坚持“两个毫不动摇”、公私共同发展，是在坚持国有经济为主导、公有制为主体的原则下进行的。为什么要强调公有制经济为主体？这是国有经济的重要地位和作用决定的。第一，公有制经济如宪法所规定是社会主义经济制度的基础。社会主义要消灭剥削、消除两极分化，走向共同富裕，必须在公有制基础上实现。以私有制为基础的社会，不可能消除贫富分化、实现共同富裕。因此，公有制的兴衰成败关系着社会主义的兴衰成败。第二，以国有经济为核心的公有制是共产党和人民政府执政的基础。共产党的名称就表示它的宗旨是要共生产资料之产的。如果不搞公有制，不搞国有化，而是搞私有制，需要共产党吗！如果公有制全盘倒退为私有制，经济基础决定上层建筑，共产党就会失去其执政的经济基础。因此，公有制的兴衰成败，关系到共产党的事业的兴衰成败。正因为如此，习近平一再

① 开创国有企业改革和发展的新局面——热烈祝贺党的十五届四中全会胜利闭幕［N］. 人民日报，1999-09-23.

② 江泽民文选：第3卷［M］. 北京：人民出版社，2006：71.

强调“基础论”。2014年8月18日，在中央全面深化改革领导小组会议上，习近平指出：“国有企业特别是中央管理企业，在关系国家安全和国民经济命脉的主要行业和关键领域占据支配地位，是国民经济的重要支柱，在我们党执政和我国社会主义国家政权的经济基础中也是起支配作用的，必须搞好。”[①] 在2015年11月23日中共中央政治局集体学习会上，习近平又强调指出：“公有制主体地位不能动摇，国有经济主导作用不能动摇，这是保证我国各族人民共享发展成果的制度性保证，也是巩固党的执政地位、坚持我国社会主义制度的重要保证。”[②] 可见，否定“基础论”的观点是与马克思主义指导思想和中国特色社会主义理论相悖的。

否定“基础论”的观点还有一个事实根据，是苏联垮台时一统天下的国有经济并没有支持苏共继续执政。这个根据在逻辑上也是不合理的。讲国有经济是执政基础，不是说只要有国有经济为基础就能保证共产党及其政权长治久安。如果共产党脱离群众不为劳动人民谋利益，而是以权谋私，又不坚持把发展生产力与发展和完善社会主义生产关系（主要是消灭剥削，消除两极分化，人民当家做主，实现共同富裕）以及发展和完善社会主义上层建筑统一起来，任由去马克思主义、去社会主义的思潮和势力泛滥成灾，亡党亡政的可能性就会成为现实。苏联亡党亡国是前车之鉴。党的十八大以来，习近平提出“四个全面”的战略布局，正是保证我国长治久安的治国理政方略。他强调，要始终把人民放在心中最高的位置，时刻把人民群众的安危冷暖放在心上，夙夜在公，始终与人民心心相印，与人民同甘共苦，与人民共同奋斗。又提出了新的发展理念，提出了以人民为中心的共享思想。共享什么？笔者认为这是具有丰富内涵的概念。共享改革与发展的成果；共享青山绿水、蓝天白云；共享无公害食品；共享教育医疗

① 习近平主持召开中共中央政治局会议［EB/OL］. http：//news. xinhuanet. com/politics/2014－08/29/c_1112288803. htm.

② 习近平：公有制主体地位不能动摇［EB/OL］. http：//news. ifeng. com/a/20151125/46376721_ 0. shtml.

资源；共享安全生活；共享共同富裕。但所有这一切都要求把国有经济搞好搞活，如果搞私有化，则一切背道而驰！还应看到，苏联搞新自由主义的改革，苏共亡党亡政的过程，正是与私有化的改革同步进行的，是与其放弃公有制经济基础相联系的。

三、搞混合所有制经济不能以私资消国资，而是共同发展

否定“基础论”的观点认为，混合所有制改革不能受片面观念束缚。其用意何在呢？显然，从它否认我国国有经济是社会主义经济，否认“执政基础”，可以看出，它是主张在搞混合所有制经济中，不必坚持国有经济的主导地位，可以不坚持国有经济的控股权，而认为党的执政基础是“三个民”，即“民心、民生、民意”。这是什么意思？难道国有经济与民心、民生、民意相对立吗？难道搞好搞活、做优做强国有经济不是民心所向吗？难道国有企业作为全民所有制经济不是保障与改善民生的经济基础吗？难道广大工人群众在国有企业的工资待遇和地位远比私资企业高，不愿将国企私有化，不是民意所向吗？吉林省通钢事件说明了什么？其实，这里所说的“三个民”，不是广大劳动人民的“民”，而是民营经济即私有制经济的“民”，主张发展“民本经济”。什么是民本经济呢？就是以民为本，立足于民，民有、民营、民享的经济。其主要特点就是社会投资以民间投资为主，经济形式以民营为主，社会事业以民办为主。显然，这三个“民”的本义就是以发展私有制经济取代国有经济，主张国有经济不符三“民”，应换之以民营经济（私有经济）的三“民”。

中央提出发展混合所有制经济，绝不是如有些人所主张的那样，以私资股销蚀国资股，而是为了更好地发展国有经济。党的十六大报告提出发展混合所有制经济时，同时提出必须毫不动摇地巩固和发展公有制经济，发展壮大国有经济。十八届三中全会进一步提出积极发展混合所有制经济。

同时提出：必须毫不动摇地巩固和发展公有制经济，坚持公有制主体地位，发挥国有经济主导作用，不断增强国有经济活力、控制力、影响力。中央有关文件一再讲：搞混合所有制经济，要使国有经济保值增值，防止国有资产流失。难道遵循中央有关决定中的这些规定就是所谓的“受片面观念束缚”，应该突破吗？

四、 从马克思主义的理论逻辑和社会主义的实践逻辑认识国有经济的地位和作用

马克思主义和中国特色社会主义，之所以强调国有经济的重要地位和作用，是有其科学理论和实践逻辑的，绝不是为国有而国有，不是什么意识形态偏好。我国的国有经济还存在这样那样的不少问题，需要通过改革和完善管理将其搞好搞活。认为国有经济注定不如私有经济有效率，从中外整体经济发展的历史来看，这一论断并不具有科学性。从马列主义基本原理来说，首先要阐明为什么要搞社会主义。其本义可概括为两方面：其一是要让广大劳动人民摆脱在旧制度下受剥削受压迫的境地，全面自由发展，过上美好幸福的生活，最终实现共同富裕。为此，就需要以公有制取代私有制，这是制度保证。搞国有经济正是服从于这一根本目的的。其二是搞社会主义，是为了更好更快地发展生产力，这既是不断提高人民生活水平、实现共同富裕的物质保证，又是消除旧社会制度中束缚生产力发展的桎梏的需要。就资本主义国家来说，周期性的经济危机破坏着生产力的发展。就旧中国来说，在“三座大山”的压迫下，生产力发展被束缚着，使旧中国处于生产力十分落后的境地。从历史事实来看，以社会主义公有制取代旧制度的私有制，显示出了社会主义公有制有利于生产力发展的优越性。苏联建立了以公有制为基础的社会主义制度后，迅速缩短了沙俄时代与美国经济的巨大差距。在 1921—1933 年资本主义经济大危机年代，苏

联经济蓬勃发展。二战中还打败了强大的法西斯德国的进攻；二战后成为可与美国抗衡的超级大国。而苏联解体、实行私有化后，多年经济停滞不前，国际地位雄风不再，其经济规模占世界的比重大幅下降。旧中国的多种私有制没有促进生产力的快速发展，反而成为生产力发展的障碍。新中国建立了社会主义国有经济以后，显示出了远超私有制经济的优越性。尽管改革开放前有“左”的失误，但经济建设事业和经济发展的成就超过旧中国的一两百年，年均6%以上的发展速度也超过了许多私有制的资本主义国家。改革开放前，新中国的经济建设成就主要是靠国有经济的贡献。国有经济也显示了它的效率。1956 年，毛泽东在《论十大关系》中讲：“从现在的材料来看，轻工业工厂的建设和积累一般都很快，全部投产以后，四年之内，除了收回本厂的投资以后，还可赚回三个厂、两个厂、一个厂，至少半个厂。”[①] 这表明利润率是很高的。据此分析，如果投产四年就可收回全部投资，表示年均利润率为25%；如果四年之内还可赚回三个厂，表示年均利润率为100%。当然这指的是轻工业，重工业的利润率会低些。改革开放以后，出现了不少国企亏损、倒闭，国有资产大量流失情况，需要实事求是地分析其历史和现实原因。为什么有些原来效率很好的国企变得亏损甚至倒闭，是完全可以讲清楚的。但这不是本文的任务。这里重在说明：不能不加分析地得出国有经济必然比私有制经济效率低的论断。从而借此提出以私有制经济取代国有经济，搞“国退民进”的改革方向。

（原载于《毛泽东邓小平理论研究》2016 年第 8 期）

---

① 毛泽东文集：第 7 卷［M］. 北京：人民出版社，1999：26.

论社会主义共同富裕

一、 共同富裕是社会主义最本质的规定

胡锦涛同志在中共第十八次全国代表大会上所做的报告（以下简称《报告》），全面、系统、深入地阐述了中国特色社会主义和科学发展观的内容与要求。《报告》给人的鲜明感受，是它高度关心人民的利益，将保障和改善民生提到一个很高的位置。《报告》指出："任何时候都要把人民利益放在第一位"；"把以人为本作为深入贯彻落实科学发展观的核心立场，始终把实现好、维护好、发展好最广大人民根本利益作为党和国家一切工作的出发点和落脚点"，"保障人民各项权益，不断在实现发展成果由人民共享、促进人的全面发展上取得新成效"；提出"加强社会建设，必须以保障和改善民生为重点"；要"在中国共产党成立一百年时全面建成小康社会"；在2020年实现国内生产总值和城乡居民人均收入比2010年翻一番，"使我国人民生活水平快速提高起来"①。所有这一切，都围绕社会主义的一个本质规定和根本目的：共同富裕。《报告》指出："必须坚持走共同富裕的道路。共同富裕是中国特色社会主义的根本原则。"走中国特色社会主义道路，以经济建设为中心，坚持改革开放，解放和发展生产力，建设社会主

① 胡锦涛. 坚定不移沿着中国特色社会主义道路前进为全面建成小康社会而奋斗［N］. 人民日报：2012－11－18.

义市场经济，建设社会主义生态文明，是为了“促进人的全面发展，逐步实现全体人民共同富裕，建设富强民主文明和谐的社会主义现代化国家”①。共同富裕是中国特色社会主义的重要内容和根本目的，是社会主义最本质的规定，是建设富强民主文明和谐的社会主义现代化国家的条件和要求。

《报告》强调提出：在新的历史条件下夺取中国特色社会主义的新胜利，“必须牢牢把握”的八项基本要求，其中“必须坚持走共同富裕道路”是最核心的一项。将共同富裕确定为“中国特色社会主义的根本原则”，要使发展成果“更多更公平惠及全体人民，朝着共同富裕方向稳步前进”。其他七项基本要求虽与“必须坚持共同富裕道路”并列，也都与共同富裕密切相关，但都是实现共同富裕的条件和保证。

“必须坚持人民主体地位”，就是必须坚持人民当家做主，发挥主人翁精神，让人民有话语权、参与权、管理权、监督权。只有人民当家做主，积极从事发展与改革事业，才能保证“朝着共同富裕方向稳步前进”。“必须坚持和发展社会生产力”。这是中国特色社会主义的根本任务，是实现共同富裕的物质条件。共同富裕只能建立在生产力高度发展的基础上。“必须坚持推进改革开放”。推进改革开放、坚持社会主义市场经济的改革方向，是为了更好更快地发展生产力，是提高人民的物质文化生活水平、走向共同富裕的必由之路。“必须坚持维护社会公平正义”，这是中国特色社会主义的内在要求。坚持社会公平正义，有利于缩小收入分配差距，有利于消除两极分化和逐步实现全体人民的共同富裕。“必须坚持促进社会和谐”，“要把保障和改善民生放在更加突出的位置”。民生为重，民生为上，高度重视保障和改善民生，是走向共同富裕的必要措施。贫富分化，凸显社会矛盾，不利于社会和谐。走共同富裕道路，是促进社会和谐的根本途径。而社会和谐，减少和缓解社会矛盾，也有利于在共同富裕的道路上胜利前

---

① 胡锦涛．坚定不移沿着中国特色社会主义道路前进为全面建成小康社会而奋斗［N］．人民日报：2012－11－18.

进。“必须坚持和平发展”。不仅重视国内和谐发展，也重视国际和平发展。坚持改革开放的发展、合作的发展、共赢的发展，争取在国际和平环境中发展自己，才能有利于中国特色社会主义建设事业的顺利发展，有利于全面小康社会的建成，有利于共同富裕的逐步实现。“必须坚持党的领导”。中国共产党是以马克思主义为指导的中国特色社会主义事业的领导核心，只有坚持中国共产党的坚强和正确领导，才能保证马克思主义科学社会主义和中国特色社会主义事业不断发展。作为社会主义的本质规定和中国特色社会主义根本原则的共同富裕，才能稳步实现。如此强调保障和改善民生，如此关注谋取和保障广大人民的根本利益，如此从理论与实践的结合上着力于全体人民的共同富裕，在以往的中央文件里并不多见。

怎样认识和看待社会主义共同富裕的理论和实践？共同富裕是不是马克思主义科学社会主义的最本质规定和根本目的？是否确认共同富裕是中国特色社会主义的根本原则？还需要用马克思主义理论进行一些分析。这里存在一个理论问题：邓小平强调共同富裕是社会主义的本质规定，十八大报告强调共同富裕是中国特色社会主义的根本原则。其理论背景是要与改革开放前搞贫穷的社会主义进行区别呢，还是在回归和发展经典马克思主义，是科学社会主义和中国特色社会主义应有之义，是社会主义的根本目的和根本原则呢？可以回答说：二者兼有。

在改革开放前“左”的形势下，是不讲也不能讲社会主义的本质规定和根本目的是共同富裕。那时宣传的是穷革命、富则修（修正主义），宁要贫穷的社会主义，不要富裕的资本主义；把重视发展生产力诬之为“唯生产力论”，把关心人民生活水平的提高批之为“经济主义”“福利主义”。那时讲社会主义就是强调三条：公有制、按劳分配、国民经济有计划按比例发展（计划经济）。于是，建设和发展社会主义就是提高公有制水平，扩大公有制范围，追求一大二公三纯的共有制度。讲按劳分配往往成为吃大锅饭的平均主义，而且只能靠在公有制经济中做工、种田获得劳动收入。长途贩运是投机倒把，个体经济是资本主义，农民在庭院中种点玉米、南瓜，也被当作搞资本主义。只能讲工人“为革命而做工”，农民“为革命而种田”，不能讲为发家致富而发展生产。把农民搞点土特产、发展点商品经济看作是走资本主义道路，进行堵截。所谓“堵不住资本主义的路，就迈不开社会主义的步”，就是在堵塞发展商品经济提高生活水平的路。实行指令性计划经济，企业没有经营自主权，农民也没有经营自主权。搞经济不重视经济效益，重视“政治账”，而忽视“经济账”。社会主义生产的目的被模糊了。把某些有利于发展生产力、改善人民生活的经济行为作为资本主义道路批判，其结果是普遍贫穷的社会主义。但“贫穷不是社会主义”。

实行公有制、按劳分配、计划调节的目的是什么？或者概括为一个问题：搞社会主义是为了什么？难道是为社会主义而搞社会主义，为公有制而搞公有制？只有先弄清为什么要搞社会主义，才能搞清什么是社会主义，怎样建设社会主义。

改革开放以来，邓小平总结新中国建立后社会主义建设中正反两方面的经验与教训，一再提出：什么是社会主义，怎样建设社会主义，在认识上不是很清楚的。他一再强调提出社会主义的根本任务是发展生产力。在1980年4—5月的谈话中，强调“首先要发展生产力”，“经济长期处于停滞状态总不能叫社会主义。人民生活长期停止在很低的水平总不能叫社会主义”①。1986年又讲：“我们要发展社会生产力……是为了最终达到共同富裕，所以要防止两极分化。这就叫社会主义。”② 既强调发展生产力，又强调共同富裕。前者是手段，后者是目的。在1992年的南方谈话中，邓小平概括地提出了“社会主义的本质，是解放生产力，发展生产力，消灭剥削，消除两极分化，最终达到共同富裕”③。这里事实上是抓住了建设社会主义

① 邓小平文选：第2卷［M］. 北京：人民出版社，1993：312.

② 邓小平文选：第3卷［M］. 北京：人民出版社，1993：195.

③ 邓小平文选：第3卷［M］. 北京：人民出版社，1993：373.

本质的两大环节：一是解放和发展生产力，二是实现共同富裕。至于消灭剥削和消除两极分化，与共同富裕的内涵是一致的，是实现共同富裕的社会条件。共同富裕就意味着剥削和两极分化的消灭。

把解放与发展生产力同共同富裕作为社会主义的本质规定强调提出，在中国共产党的理论发展史中是第一次。有必要说明：在 1953 年 12 月 16 日的《中共中央关于发展农业生产合作社的决议》中，使用过“共同富裕”概念。但当时还没有建立社会主义制度，也不是作为社会主义的本质规定提出的[①]。实践证明，我国农业社会主义改造，无论建立农业生产合作社还是搞人民公社化，没有给农民带来“共同富裕和普遍繁荣的生活”。邓小平关于社会主义本质问题的提出，首先是针对改革开放前“左”风时期，以“阶级斗争为纲”，忽视快速发展生产力和人民生活水平的提高，搞贫穷的社会主义而讲的。但放远点来看，从中国共产党建党起的长时期中，宣传社会主义和共产主义就着重于讲消灭私有制、建立公有制、消灭剥削制度和阶级对立、建立无产阶级专政，一般不宣传社会主义要通过快速发展生产力，实现全体人民的共同富裕。在革命战争年代，致力于革命斗争，没有社会主义的实践，对未来社会主义的具体内容，或者说什么是社会主义、怎样建设社会主义并不完全清楚，而且也不是当时摆在面前的现实问题；只知道通过革命斗争取得政权、消灭私有制和阶级剥削；虽然在苏区的实际工作中曾搞过“打土豪，分田地”，在抗日战争年代曾提倡自己动手、发展生产、丰衣足食，但这些都不属于社会主义的理论与实践。

翻阅一下自 1921 年起中国共产党历届代表大会的文献或党章的总纲，就可以看到对什么是社会主义的认识的发展过程：1921 年中共第一次全国

---

①《中共中央关于发展农业生产合作社的决议》指出，“党在农村工作中的最根本的任务，就是要善于用最明白易懂而为农民所能够接受的道理和办法，去教育和促进农民群众逐步联合组织起来，逐步实行农业的社会主义改造……并使农民能够逐步完全摆脱贫困的状况而取得共同富裕和普遍繁荣的生活。”（参见：中共中央文献研究室编：《建国以来重要文献选编》第四册，北京：中央文献出版社，1993 年，第 661 – 662 页）

代表大会通过了《中国共产党第一个纲领》和《中国共产党第一个决议》。《纲领》中提出了三条主张：一是推翻资产阶级，由劳动阶级重建国家，直至消灭阶级差别。二是采用无产阶级专政，以达到阶级斗争的目的——消灭阶级。三是废除资本家私有制，没收一切生产资料，如机器、土地、厂房、半成品等，归社会所有。1922 年 7 月中共第二次全国代表大会通过的“大会宣言”中，提出党的最高纲领是：组织无产阶级，用阶级斗争的手段，建立劳农专政的政治，铲除私有财产制度，渐次达到一个共产主义社会。但从第二次全国代表大会到 1928 年 7 月的第六次全国代表大会，在修改的党章中都没有设置党的总纲，因而没有在党章中提出建设社会主义和共产主义的宗旨和目的。1945 年 6 月中共第七次全国代表大会通过的党章中，增加了党章的总纲部分，提出中国共产党的“最终目的，是在中国实现共产主义制度”，但是未提具体内容。

1956 年 9 月召开的中共第八次全国代表大会，是在党已取得政权，进行社会主义建设事业已有七年经验的情况下召开的。这时学习的是苏联的社会主义建设经验。斯大林于 1952 年发表了《苏联社会主义经济问题》，提出社会主义基本经济规律的主要特点和要求[①]。这事实上涉及了社会主义的本质问题：社会主义的根本目的是“最大限度地满足”人民的物质文化需要，根本任务和手段是“在高度技术基础上”发展和完善社会主义生产。由于我国当时提倡“土洋并举”“两条腿走路”，所以难以做到“高度技术基础”。但是根据我国国情，中央文件把发展生产、最大限度地满足人民需要作为党的工作的宗旨。因此，中共八大党章中的总纲中讲：党的“目的是在中国实现社会主义和共产主义”。“党的一切工作的根本目的，是最大限度地满足人民的物质生活和文化生活的需要，因此，必须在生产发展的基础上，逐步地和不断地改善人民的生活状况。”应当肯定，1957 年“反

① 即“用在高度技术基础上使社会主义生产不断增长和不断完善的办法，来保证最大限度地满足整个社会经常增长的物质和文化的需要”。（参见：斯大林：《苏联社会主义经济问题》，北京：人民出版社，1980 年）

右”运动以前，我国的经济发展和人民生活水平的提高还是显著的。但自1956年苏共二十大揭露和批判斯大林的错误后，斯大林的论著不再像以前那样被人重视，“社会主义基本经济规律”的内容也逐渐退出我国社会主义论著和教材。“反右”运动后，“左”的空气日益膨胀。“大跃进”“人民公社化”受挫折后，转向抓“阶级斗争为纲”。快速发展生产力、最大限度满足人民需要的宗旨逐渐淡出。

1969年中共第九次全国代表大会是在“文化大革命”高潮中召开的，党章总纲中讲：“党的最终目的是实现共产主义。”不再提满足人民的需要，着重提社会主义始终存在两个阶级、两条道路的斗争。1973年中共第十次全国代表大会的党章总纲中也只讲“党的最终目的是实现共产主义”，不提发展生产和满足人民的需要。1977年中共第十一次全国代表大会的党章总纲中讲：“逐步消灭资产阶级和一切剥削阶级，用社会主义战胜资本主义。党的最终目的，是实现共产主义。”并提出于20世纪末实现四个现代化的目标。1978年12月十一届三中全会公报提出：“全党工作的着重点应该从一九七九年转移到社会主义现代化建设上来。”要求大幅度提高生产力，“城乡人民的生活必须在生产发展的基础上逐步改善”。重视发展生产力和改善人民生活的宗旨又回到中央有关文件的指导思想中来。

在邓小平理论指导下，从1982年中共第十二次全国代表大会起，代表大会的报告和中央有关文件都强调以经济建设为中心，发展生产力，满足人民物质文化生活需要。如，十二大报告中提出，“促进社会主义经济的全面高涨”，“不断满足人民日益增长的物质文化需要是社会主义生产和建设的根本目的”。

前面提出：邓小平提出的社会主义本质，是抓住发展社会主义的两大环节，即快速发展生产力和实现共同富裕。这是党的理论发展历史上的首倡。但不能说是马克思主义发展史上的首倡，应当说其与马克思主义之间是继承与发展的关系。指出这一点，是为了消除有关的两种误解。其一是误解和错解马克思主义原理，以为马克思主义只是革命斗争的理论，不是社会主义建设的理论，已经过时；认为邓小平提出的社会主义本质论，是不同于马克思、恩格斯、列宁的一种全新的社会主义理论。其二是同样误解错解了马克思、恩格斯、列宁的理论，或明或暗地质疑目前的社会主义本质论和中国特色社会主义理论是否改旗易帜。中共十八大《报告》明确指出：中国特色社会主义“既不走封闭僵化的老路、也不走改旗易帜的邪路。”从根本上说，坚持发展中国特色社会主义，也是坚持和发展马克思主义的科学社会主义。因为中国特色社会主义，如《报告》所说，是“把马克思主义基本原理同中国实际和时代特征结合起来”，“中国特色社会主义，既坚持了科学社会主义基本原则，又根据时代条件赋予其鲜明的中国特色”，是源与流的关系。

邓小平所讲的社会主义本质论和中国特色社会主义理论，强调快速发展生产力、民生为重、共同富裕，正是马克思主义的科学社会主义旗帜上写明的东西，马、恩、列有明确的论述。

马克思、恩格斯在《共产党宣言》中指出：“无产阶级将利用自己的政治统治，一步一步地夺取资产阶级的全部资本，把一切生产工具集中在国家即组织成为统治阶级的无产阶级手里，并且尽可能快地增加生产力的总量。”① 这是“丰富和提高工人的生活的一种手段”②。马克思在1857—1858年的《经济学手稿》中指出：在未来的社会主义制度中，“社会生产力的发展将如此迅速……生产将以所有人的富裕为目的”③。恩格斯讲：在社会主义制度下，“通过有计划地组织全部生产，使社会生产力及其成果不断增长，足以保证每个人的一切合理的需要在越来越大的程度上得到满足”④。

---

① 马克思恩格斯选集：第1卷［M］. 北京：人民出版社，1995：293.

② 马克思恩格斯选集：第1卷［M］. 北京：人民出版社，1995：287.

③ 马克思恩格斯全集：第46卷下［M］. 北京：人民出版社，1980：222.

④ 马克思恩格斯选集：第3卷［M］. 北京：人民出版社，1995：336.

在《反杜林论》中恩格斯又说：社会主义“通过社会生产，不仅可能保证一切社会成员有富足的和一天比一天充裕的物质生活，而且还可能保证他们的体力和智力获得充分的自由的发展和运用”①。列宁指出：社会主义要创造出高于资本主义的劳动生产率，要通过发展生产力使劳动者过美好的生活。他说：“只有社会主义才可能广泛推行和真正支配根据科学原则进行的产品的社会生产和分配，以便使所有劳动者过最美好的、最幸福的生活。只有社会主义才能实现这一点。”②

社会主义要实现全体劳动人民的共同富裕，让所有劳动者过最美好最幸福的生活，这是社会主义区别于以往一切社会制度的本质所在。原始社会没有私有制，没有阶级剥削与对立，实行平均分配，没有收入分配上的不公平，但由于生产力极端落后，不可能有共同富裕和美好的生活。奴隶制度、封建制度、资本主义制度都存在阶级剥削与对立，存在贫富两极分化，不可能共同富裕。因此，中国特色社会主义强调以经济建设为中心，快速发展生产力，保障和改善民生，走共同富裕道路，完全符合马克思、恩格斯、列宁的理论指导，没有改马克思主义之旗，易科学社会主义之帜。

又好又快地发展生产力，是实现社会主义共同富裕的物质条件。实行公有制为基础或为主体，是实现共同富裕的制度保证。私有化必然导致两极分化，不可能实现共同富裕。因此，中国特色社会主义必须坚持实行公有制为主体。只有在公有制为主体的前提下发展非公有制经济，才能保证我国的社会主义性质。

二、 分清理解共同富裕的六个层次

共同富裕是一个相对概念而不是绝对概念，因为难以提出一个衡量共

---

① 马克思恩格斯选集：第 3 卷 [M]. 北京：人民出版社，1995：633.

② 列宁选集：第 3 卷 [M]. 北京：人民出版社，1995：546.

同富裕的绝对标准。需要分清把握共同富裕的六个不同层次。

(一) 将走共同富裕道路同共同富裕目标的实现区别开来

当一个生产力落后的国家，在特殊条件下建立了社会主义制度时，即使实行了公有制，共同富裕也只能是作为发展的目的去努力实现。如果是发达资本主义国家建立了社会主义制度，由原来的贫富两极分化转向共同富裕，也有一个逐步实现的过程，只不过转变过程可以缩短一些而已。就我国来说，目前讲共同富裕，主要是指走共同富裕道路，向着共同富裕目标不断迈进。目标实现时间的长短，要看生产力发展的状况和财富不断增长的状况。走共同富裕的道路，就需要采取一系列的保障和改善民生的措施，在把蛋糕不断做大的同时，重视分好蛋糕，将发展的成果惠及广大人民。在这个问题上，存在不同的见解：有的人认为，生产决定分配与消费，先生产，后消费，因此重在发展生产、做大蛋糕上。另一种意见认为，社会主义的根本目的是共同富裕，特别在当前收入差距过大的发展趋势下，应重在公平分配、分好蛋糕上。还有人认为，实行市场经济，由市场调节收入分配，必然会产生收入差距扩大，这是正常的，不必大惊小怪。另有人认为，一个国家在起飞过程中，根据倒 U 形分配理论，先产生收入差距扩大趋势，发展到一定阶段，差距就会缩小。笔者认为，既要重视做大蛋糕，又要重视分好蛋糕，应把两者统一起来。从过程的顺序来说，只有先做好、做大蛋糕，才谈得上分好大蛋糕。但从两者的关系上来讲，应将做好、做大的蛋糕及时进行公平分配。公平分配蛋糕，有利于调动劳动积极性，把蛋糕做得更大更好。而蛋糕不光有大小的问题，还有质量高低好坏的问题。

(二) 共同富裕不是均等富裕

即使消灭了剥削和贫富分化，所有人都凭劳动和贡献获得收入，并且随着生产力的快速发展和财富的相应扩大，大家的收入都不断增加，逐渐实现了富裕，但富裕的程度也是有差别的，住房面积的大小、档次的高低会有区别，汽车的大小与质量不会划一，衣食的质量、品位也会不同，银行存款的多少会有差异。能力大、才智高、贡献大的会更富裕一些，这是合理的。奖勤罚懒、奖优罚劣、按劳分配、按对社会的贡献分配，依然是社会主义的分配原则。

（三）全面建成小康社会不是共同富裕的判断标准

生产力的高度发展、财富的大幅增长表现为 GDP 总量的迅速扩大，有利于共同富裕的实现。我国目前的经济总量已居世界第二位。根据《中国统计年鉴 2011》数据计算，2010 年我国人均 GDP 达到 4415 美元，正在向全面小康社会迈进。到 2020 年，要全面建成小康社会，按照《报告》提出的 GDP 比 2010 年翻一番目标，如果剔除人口数量的变化因素，人均 GDP 也将翻一番，达到 8830 美元。这时是否达到了共同富裕呢？应当肯定，不能简单以人均 GDP 多少作为衡量共同富裕的标准。2010 年，美国媒体排名全球最富国家，美国排名第六，人均 GDP 为 47702 美元，即使其年均增长 2%，绝对增长量就达 954 美元，2011 年人均 GDP 也达到 48656 美元，是中国的近 9 倍。但美国作为最富的资本主义国家，存在严重的两极分化，存在 1% 与 99% 的对抗。人均 GDP 的高水平掩盖着两极分化的贫富差别。美国的蛋糕已经做得很大，但由于分配不公平，增大的蛋糕份额大都落入富人的口袋。我国改革开放 30 多年来，经济快速增长，经济总量也大幅提高，GDP 由 1980 年的 2000 亿美元增加到 2010 年的近 60000 亿美元，人均 GDP 从 1980 年的约 200 美元增长到 2001 年的约 1000 美元，到 2011 年达到 5430 美元。但收入分配差距也不断扩大，基尼系数由 1978 年的 0.3093 增加到 1993 年的 0.4080，再到 2003 年的 0.4599、2009 年的 0.4636，目前达到 0.5 左右。到 2020 年，当人均 GDP 达到 1 万多美元时，人们的绝对收入水平和生活水平总的来说会普遍提高，全面建成了小康社会。这时，如果基尼系数不是继续扩大而是显著缩小，生活贫困人口基本消除，人们的实际生活水平已远超温饱线，虽然收入和生活水平还有较大差距（目前过大的收入差距和贫富分化难以在几年内完全消除），但由于绝对水平都提高了，原来过大的收入差距缩小了，可以说此时初步进入共同富裕阶段。如果届时基尼系数仍然过大，没有缩小或缩小很少，依然存在相对两极分化（不是富者愈富、穷者愈穷的绝对两极分化，而是消灭贫困过程中的相对两极分化），即使可以建成全面小康社会，也难以判断是否进入共同富裕阶段。

（四）怎样把握中共第十八次全国代表大会报告强调“共同富裕是中国特色社会主义的根本原则”的重要意义和走向？

《报告》强调“共同富裕是中国特色社会主义的根本原则”，这一规定具有重要的理论和现实意义。坚持走共同富裕的道路，就是坚持走社会主义道路。为了实现共同富裕，就需要有一系列的战略和政策措施。概括起来，依然是狠抓建设社会主义的两大环节：一是以经济建设为中心，又好又快地发展生产力，夯实共同富裕的物质基础。二是巩固和完善基本经济制度，坚持两个“毫不动摇”，搞活、搞好和发展公有制经济，夯实共同富裕的制度保证。《报告》的总题目为“坚定不移沿着中国特色社会主义道路前进　为全面建成小康社会而奋斗”，阐述的有关经济社会建设的内容，都是以发展为手段，以实现共同富裕为目的。《报告》的第一部分概括地提出，必须清醒地看到我们经济社会生活中存在的亟待解决的困难。其论述的前一段是概述发展生产力中存在的需要解决的困难问题，后一段是概述在保障和解决民生问题、走共同富裕道路中所存在的亟待解决的困难问题。

《报告》将坚持走共同富裕的道路同坚持社会主义经济制度和分配制度紧密联系在一起。为了坚持走共同富裕道路，就“要坚持社会主义基本经济制度和分配制度”。什么是“社会主义基本经济制度”？我国宪法中明确规定：“中华人民共和国的社会主义经济制度的基础是生产资料的社会主义公有制，即全民所有制和劳动群众集体所有制。社会主义公有制消灭人剥削人的制度，实行各尽所能、按劳分配的原则。”宪法中将“社会主义经济制度”同“社会主义初级阶段的基本经济制度”作为既有联系又有区别的两个概念并列提出。后者的内容是：“国家在社会主义初级阶段，坚持公有制为主体、多种所有制经济共同发展的基本经济制度。”初级阶段的分配制度是：“按劳分配为主体，多种分配方式并存的分配制度。”只有坚持社会主义公有制经济制度和社会主义按劳分配制度，才能坚持公有制为主体、多种所有制经济共同发展的基本经济制度和按劳分配为主体、多种所有分配方式并存的分配制度。邓小平同志明确告诉我们：“我们在改革中坚持了两条，一条是公有制经济始终占主体地位，一条是发展经济要走共同富裕的道路……只要我国经济中公有制占主体地位，就可以避免两极分化。”[①] 离开了公有制为基础或为主体，搞私有化，就必然是两极分化，不可能实现共同富裕。

（五）共同富裕作为一个相对概念，是社会主义和共产主义由低到高的不断推进过程

从全社会人民之间的收入和生活水平来看，即使达到了共同富裕的水平，富裕的层次也会有区别，而且不同人们之间的富裕层次也不会固定不变，会有交叉和转化。从经济社会发展的过程来看，在现实社会主义社会和未来共产主义社会中，共同富裕的水平依然是一个随着生产发展和财富增加而不断提高的过程。可以初步判断，我国会经历一个由初级共同富裕到中级共同富裕再到高级共同富裕的历史过程，实现初级共同富裕，不需要达到目前发达国家的人均 GDP 5 万美元以上的标准，只要缓和乃至消除两极分化，实现分配公平，按照目前的购买力水平，人均收入达到 1.5 万美元左右，就可以进入初级共同富裕阶段。

---

① 邓小平文选：第3卷［M］. 北京：人民出版社，1993：149.

（六）实现共同富裕的难点是什么？

在中国特色社会主义的建设和科学发展过程中，会碰到这样那样的障碍和困难，需要不断克服。转变经济增长和发展方式，调整经济结构，全面协调可持续发展等等，都不是摆着平坦大道可任你顺利前进的事情。实现共同富裕，除了要解决发展方面的难题，更重要的是会碰到怎样坚持和发展公有制为主体和按劳分配为主体的制度性难题。当前，我国私营经济和外资经济已占国民经济的很大比重，城乡70%到80%的职工在非公经济中就业。私营和外资企业是非公有制经济，资本利润与雇佣劳动力的收入是天然对立的。根据近几年的统计资料，私营和外资企业工人的平均工资收入，只及国有企业职工收入的一半多，不少私营和外资企业存在侵犯职工正当权益的问题。当然，也有一些私营企业奉公执法，关心和维护职工权益，热心于公益和慈善事业，值得肯定和赞许。但一般说来，非公有制经济会产生贫富分化问题，难以实现社会主义所要求的共同富裕。而我国是社会主义国家，走中国特色社会主义道路，不能放弃作为社会主义本质规定和根本原则的共同富裕。所以，在一定历史阶段，只能实现中国特色的社会主义共同富裕。对于非公有制经济中产生的富豪，需要依法保护其财产，也不能限制其人数增加和财富的进一步扩大，只能从两方面致力于共同富裕：一方面也是主要方面，重在保障和改善低收入劳动者的生活状况，特别是解决困难群体的民生问题。加大惠民政策力度，让广大劳动人民衣食住行的基本生活条件获得保证，无后顾之忧，而且能享受到人的全面发展所需的生活资料、发展资料和享受资料，生活水平不断提高。另一方面，对富人阶层而言，应多交点税收，多行点善举，多承担点社会责任，多关心点困难群体。特别是私营和外资企业，应多给职工提高点工资和多谋点福利，保障职工权益。这样，初级层次的共同富裕也基本可以达到。

最后，需要补充一点意见：重视和强调走共同富裕道路，本是科学社会主义和中国特色社会主义应有之义。面对当前收入分配差距过大的问题，强调和着力于共同富裕，更具有重要的理论和现实意义。但是，在着力于保障和改善民生，提高人民收入和生活水平，全面建成小康社会，让人民过上好生活，描绘出未来共同富裕的美好愿景时，不要在宣传中形成一种激励广大群众不实际地片面期待与需求，忽视另一个重要方面，即广大劳动人民群众应为建设社会主义和美好家园“各尽所能”，齐心奋斗，为社会多做贡献。从长远的发展趋势来看，劳动者应主要靠提高文化知识和科技水平，靠自己更多更好的劳动和才智贡献，获得更多的收入。在齐心协力做大蛋糕的同时，每人分得更多一些。这也是社会主义应有之义。

（原载于《经济纵横》2013 年第 1 期）

关于市场配置资源理论与实践值得反思的一些问题

我国由计划经济转向社会主义市场经济以来，资源由计划配置转为由市场配置。对于市场配置资源的确切内涵究竟是什么，我国学界至今没有形成共识。市场配置资源的理论是在西方市场经济几百年实践的基础上创立和发展起来的。然而，纵览西方经济学论著，他们对市场经济的宣传力度和广度，对其作用宣扬的高度，远逊于我国的情况。对市场配置资源的理论在认识上的差异与争论，我国学界也远胜于西方国家。这既有客观必然性的一面，又有因某些人士对西方市场经济盲目崇拜、认识缺失、过分迷信市场作用有关。我国引进西方市场配置资源理论是必要的，但不要照搬，需要结合我国的社会主义经济实际加以运用和发展。

一、弄清市场配置资源的内涵，对比中西方认知和宣传上的差异

当代社会经济发展中，存在两种资源配置方式：计划配置与市场配置。由计划配置构成计划经济；由市场配置构成市场经济。计划经济是指政府主要依靠指令性计划全面管理经济。商品价格由政府制定，即“计划价格”；企业生产什么、生产多少由政府下达指令性计划，限期完成；企业所

需生产资料、居民所需消费资料都由政府计划供应，消费品凭票证购买。可见，实行计划经济就是由政府计划决定资源配置。市场经济是由市场机制配置资源，市场机制主要包括供求机制、竞争机制、价格机制等。市场经济区别于计划经济的特点，是商品价格由市场供求规律和竞争规律决定。马克思指出，市场竞争在三个方面进行：生产者或供给者与需求者之间的竞争，即卖方与买方的竞争；生产者或供给者即卖方内部的竞争；需求者即买方内部的竞争。当商品供过于求时，卖方内部竞争加强，买方内部竞争减弱，价格下落。当商品供不应求时，卖方内部竞争减弱，甚至停止竞争、一致对外，而买方争相购买，内部竞争加强，引致价格提高。市场配置资源是指各经济部门，包括生产部门和流通部门对所需的资源进行有效、合理的分配。这也就是马克思主义政治经济学所讲的“价值规律”调节生产和流通，即自发地将生产资料和劳动力分配于不同的部门。各经济部门和企业有效利用资源的根据，就是反映供求关系和竞争关系的市场价格信号。在市场经济中，资本追求最大利润。某种商品价格上涨，意味着经营该商品的利润率提高，更多资本就会转向该商品的生产，从而扩大商品的供给量。反之，则会减少供给量。市场经济就是在市场竞争和供求的不断变动、从而价格的不断变动中实现市场均衡。从以上说明可以看出，实行计划经济就是由计划决定资源配置，实行市场经济就是由市场决定资源配置。讲市场配置资源，一般着眼于生产部门的资源配置，容易将资源配置等同于生产要素配置。其实，在实际经济生活中，流通部门也有流通要素合理配置问题，在消费领域也有消费资源公平配置问题。当然，生产领域的资源配置是决定性环节。

我国由计划经济转向市场经济以来，社会主义市场经济的理论与实践问题，一直是学界和实际部门研究和议论的热点问题。中央文件中也不断提出新的理论指导，着眼于扩大和增强市场经济在发展社会主义经济中的作用。学界出版了大量有关市场经济的论著，这与资本主义国家的有关情况形成鲜明反差。发达资本主义国家很少有专门研究和阐述市场经济的论著，包括专著和论文。所以我国不断翻译出版了大量西方经济学的书籍和论文，但很难看到专论资本主义市场经济的译著。有些西方权威性经济学词典中，连市场经济的词条都没有。例如，以学术性强、权威性高著称的《简明不列颠百科全书》中，就只有“市场”一词而无“市场经济”条目。在“市场”条目中只简略提及资源配置问题：“亚当·斯密早在18世纪就预见到现代工业是依靠其产品市场的广泛而发展的。……19世纪晚期的经济理论注意资源的分配使用，瓦尔拉提出了一般均衡论。经济学家们认为各种市场力量的自发发挥，可带来充分就业和资源的最佳分配。正当凯因斯抨击市场均衡概念之际，除了传统的‘完全竞争’理论外，又有‘不完全竞争’理论的出现。不过二者都被讥为不符合于经济现实的。”①《简明不列颠百科全书》对市场配置资源的作用论述得很简略，而且对资源配置的市场均衡理论以及“完全竞争”与“不完全竞争”中的经济理论也都表示不认同。

还有个值得思考的问题：西方国家的经济学著作包括教科书，涉及市场经济问题时，除正面论述其作用外，还往往专门讲述其负面效应，特别是着眼于分配不公形成的贫富分化问题。有的还特别提出，市场配置资源并不包括全部生产领域。例如，一本少见的设有“市场经济”词条的词典——美国《现代经济词典》中，对市场经济的解释非常简括：“一种经济组织方式，在这种方式下，生产什么样的商品、采用什么方法生产以及生产出来以后谁将得到它们等问题，都依靠供求力量来解决。……美国基本上是一种市场经济。然而，美国仍有许多不受市场指导的活动，如许多农产品的产量，就是由政府规定的种植面积和所支持的价格决定的。”② 它特别指出，美国“仍有许多”经济领域“不受市场指导”，而是“由政府规定”

---

① 简明不列颠百科全书：第7册［M］. 北京：中国大百科全书出版社，1985：321－322.

② D. 格林沃尔德. 现代经济词典［M］. 北京：商务印书馆，1981：275－276.

或“决定”。

具有国际影响的美国经济学家斯蒂格利茨，在其《经济学》中指出，现代经济是混合经济，即市场与政府混合作用的经济。该书专设一节讲“混合经济中的市场与政府”，其中阐述了市场和市场经济，“经济学中的市场概念是指任何可以进行交换的场合。……所有这些交易都包括在市场和市场经济这两个概念中”。关于市场经济的内涵，斯蒂格利茨进一步论述：“在充满竞争的市场中，个人做出反映他们自己意愿的选择。厂商做出使利润最大化的选择；为此，它必须生产消费者需要的产品……当厂商之间为了追求利润而竞争时，消费者既从他们出产的产品获益，也从供给商品的价格中获益。”同时，斯蒂格利茨又把问题转向另一方面：总的来讲，市场经济提供的答案是“能够保证效率，但是在某些领域内，这些答案都是显得很不够。可能有太多污染，太多不平等，或对教育、卫生和安全关心太少。当人们感到市场运行得不好时，就会转向政府”。“在市场经济中，政府起着重要的作用。”① 该书还专设一节讲“市场失灵与政府的作用”，区分了两种经济学家，即“自由市场经济学家”和“不完全市场经济学家”。前者包括米尔顿·弗里德曼和已故的乔治·斯蒂格勒，他们不赞同政府干预，确信政府不加干预的市场是实现经济效率的途径。后者主张政府干预，怀疑放任自流的市场会在经济上产生有效率的结果。斯蒂格利茨是主张政府干预的，认为“政府在促进竞争和限制滥用市场势力方面发挥着积极的作用”②；提出“滥用市场势力”的问题，政府要对之进行限制。他讲的“自由市场经济学家”就是当前世界范围内受到批判的新自由主义经济学家。

萨缪尔森的《经济学》教材，既正面论述了市场配置资源的效率性，又揭示了它的诸多负面效应，并主张“政府应进行干预以增进市场经济的功能和公平”。萨缪尔森特别指出，市场经济会带来收入分配不公和贫富分

① 斯蒂格利茨. 经济学（第2版）[M]. 北京：中国人民大学出版社，2005：13.
② 斯蒂格利茨. 经济学（第2版）[M]. 北京：中国人民大学出版社，2005：359.

化，即使在具备完全竞争的理想条件的市场经济中，也“没有理由认为，在自由放任条件下，收入能被公平地加以分配。结果将是，收入和财富上存在着巨大的不平等，而这种不平等会长期在一代代人中存在下去”。萨缪尔森进一步指出：“在市场经济中，财富分配不平等远远大于收入分配的不平等。”① 该书还通过对看不见的手的学说的实效考察，提出不要迷恋于市场经济的美妙，“在这个时候来讨论市场失灵的情况，是为了将我们对市场的热情稍稍降温，对看不见的手有所了解之后，我们一定不要过分迷恋于市场机制的美妙——认为它本身完美无缺，和谐一致，非人力所能望其项背”，“看不见的手有时会引导经济走上错误的道路”②。

总之，从西方经济学关于发展市场经济、优化资源配置的重要论著看，有几个值得关注的要点：其一，西方经济学讲市场经济，就是讲由市场配置资源及怎样配置资源，就是要说明生产什么、生产多少、为谁生产、怎样生产都由市场引导。讲资源由市场配置，不言而喻，就是指市场决定资源配置。但无论萨缪尔森的《经济学》，还是斯蒂格利茨的《经济学》或其他西方学者的经济学论著，都没有讲，在市场经济中市场配置资源的作用是“基础性”作用，还是“决定性”作用。而我们却在这类问题上认识各异，讨论不休。其二，发达资本主义国家的市场经济已实行几百年，是成熟的市场经济，但从西方权威的经济学教材和词典中，更多看到的是对市场经济正反两方面效应的总结性阐述，而且讲正面效应比较简略，而讲市场失灵、负面效应则具体而突出。我们在讨论和宣传社会主义市场经济时，往往突出其正面效应（这是必要的），甚至西方经济学作为负面效应论述的事实，我国重要媒体竟作为正面效应加以宣传。例如，前引西方权威经济学教材中明确指出，市场经济会导致分配不公、贫富分化，这完全符合资本主义市场经济几百年的发展历史。法国学者皮凯蒂新出版的《21 世纪资

① 萨缪尔森．经济学［M］．14 版．北京：北京经济学院出版社，1996：544－697．

② 萨缪尔森．经济学［M］．14 版．北京：北京经济学院出版社，1996：78．

本论》一书，热销西方国家，也引起我国学界关注，他就用统计数字分析和阐述了西方资本主义几百年发展中贫富分化的历史事实。而我国有的重要媒体却发表论文，主张通过深化发展市场经济、市场化分配，来缩小贫富分化，认为市场化可以解决一切问题。其三，西方权威经济学著作反对新自由主义的市场万能论，具体论述了政府在发展市场经济中的重要作用。而我国竟有人用新自由主义观点来解读党的十八届三中全会《中共中央关于全面深化改革若干重大问题的决定》（以下简称《决定》）的精神，认为新提市场“决定”资源配置就是回到了他们所主张的市场决定一切，应削弱和排斥政府作用。也有学者不理解或不赞同将市场在资源配置中起“基础性”作用改提“决定性”作用，担心讲“决定性”作用会与新自由主义混同，或与资本主义市场经济混同。更多的学者和宣传部门，在改提“决定性”作用问题上高调、大做文章，认为这是理论的重大创新和发展，是认识上的重大突破等。其实，如前所论，讲“市场配置资源”，其实际内涵就是由市场决定资源配置，西方经济学论著讲市场经济虽然一般不提“决定”一词，但无论从理论上讲还是从实践上看，市场在资源配置中就是在起决定作用。党的十八届三中全会《决定》中明确指出，“市场决定资源配置是市场经济的一般规律”。这一规律既适用于资本主义市场经济，也适用于社会主义市场经济。既然我国由计划经济转向市场经济，也就是由计划决定资源配置转向由市场决定资源配置。应当明确，讲市场决定资源配置，不能绝对化地理解。并不是经济发展的各个方面都由市场决定，有些经济领域的发展不能由市场决定。而且市场决定的力度越大、越广，就越需要更好地发挥政府的作用。有效市场需要有效政府的调控，强市场需要有强政府的匹配。

需要思考一个问题：为什么西方经济学论著对市场经济作用的阐述和宣传比我国更平易和平实？我国的有关讨论和争论为什么那么热烈和激烈？为什么意见分歧又那么多而大？其实，这有其客观原因。资本主义与市场经济可以说是鱼水关系。资本主义在其全部产生与发展的历史中，始终在市场经济中求生存、求发展，建立了成熟的市场经济。西方国家是先有市场经济的实践，后有市场经济的概念和理论。直到20世纪，资本主义市场经济已发展了几百年，才出现、发展并流行市场经济概念与理论。长期生活在资本主义市场经济体制中的人们，具有对市场经济的感性认识，并且很熟悉、很丰富。即使没有市场经济概念和理论的引导，他们也能熟知市场经济的实践内容。西方是将长期的市场经济实践上升为西方经济学家的有关概念和理论。他们吃透了市场经济的长处和短处，正面效应和负面效应，逐渐认识到政府在发展市场经济中的重要作用。从亚当·斯密时期政府只做守夜人的自由市场经济，到20世纪30年代大危机后的凯恩斯国家干预理论和罗斯福新政，到借鉴社会主义国家实行计划调节的举措、制订和实行经济计划（二战后，日、法等许多国家实行了经济计划），将看不见的手与看得见的手结合、统一起来，用看得见的手引导看不见的手，促进了资本主义战后的创新发展。因此，西方经济学家在写给西方读者的教材和论著中，不需要对市场经济的内涵和怎样搞市场经济做过多的描述。我国是由计划经济转向市场经济的，无论政界、学界还是实际经济工作者，都对什么是市场经济和怎样搞市场经济很不熟悉，需要从头学起，需要向西方学习。长期以来，无论西方的或东方的政要和学者，在计划经济和市场经济问题上，曾经形成了完全一致的看法：市场经济等于资本主义；计划经济等于社会主义。的确，资本主义一直实行市场经济，社会主义曾长期实行计划经济，这也是历史事实。社会主义国家转为市场经济，是缺乏理论准备和实践经验的巨大变革。社会主义市场经济在实践中摸索着前进，在理论上探索着发展。不同的人按照各自的理论偏好和价值取向，汲取西方不同历史时期的市场经济理论观点。有的主张市场经济只能建立在私有制基础上，不认同“社会主义市场经济”；有的主张亚当·斯密时期的自由市场经济，认为政府不要干预；有的赞同新自由主义的观点，即私有化、自由化、全面市场化。马克思主义理论工作者大都认同和坚持邓小平和党中央提出的社会主义市场经济改革方向，反对新自由主义的观点。这就呈现出中国学界在市场经济理论认识上远胜于西方的分歧和争论。

二、 市场配置资源理论需要发展， 不能照搬西方观点

关于资源配置问题，长期以来马克思主义政治经济学是讲价值规律的调节作用。市场配置资源的概念和理论是从西方引进的。但应考虑，我国是社会主义国家，实行的是社会主义市场经济，与资本主义市场经济有共同的一面，也有制度性差异的一面。我国理论界对这两方面的认识都存在不足。对共同的一面认识不足表现在两方面：其一是，有的学者认为，市场决定资源配置是资本主义市场经济的特点，社会主义市场经济中的资源配置不应由市场“决定”。因为讲市场“决定”似乎就是排斥党和政府的领导作用。其实，正如党的十八届三中全会《决定》所指出的：“市场决定资源配置是市场经济的一般规律。”习近平同志在《关于〈中共中央关于全面深化改革若干重大问题的决定〉的说明》（以下简称《说明》）中指出：“市场经济本质上就是市场决定资源配置的经济。”前面也已说明，实行计划经济就是由政府计划决定资源配置，实行市场经济就是由市场决定资源配置。因此，市场决定资源配置，这是资本主义市场经济与社会主义市场经济根本性的共同点。需要在理论上认同：不让市场决定资源配置，就只能由政府决定，那就不是市场经济。其二是，对党的十八届三中全会将以往所讲的使市场在资源配置中起“基础性”作用，改为使市场在资源配置中起“决定性”作用，进行理论逻辑上自相矛盾的浮夸性的解读与宣传，认为将“基础性”作用改为“决定性”作用，是理论上的重大创新与发展。特别是一家中央大报在2014年8月22日转载的一篇指导性解读文章中这样讲：将“基础性”改为“决定性”，是“认识上的一个新突破”，“两字之

改是全会《决定》一大亮点，是我国社会主义市场经济内涵的‘质’的提升”。试问，“新的突破”突破了什么？“质的提升”提升了什么？既然市场经济的规律和本质就是市场决定资源配置，我国从计划经济转向市场经济体制起，就事实上由市场决定资源配置了。难道我国实行市场经济几十年，市场没有起决定资源配置的作用，只是到党的十八届三中全会改提由市场起“决定性”作用，才开始起决定性作用吗？这与市场经济的规律和本质岂不存在理论逻辑上的矛盾？我国已经建立了社会主义市场经济，市场决定资源配置的规律就会突破障碍、开辟道路、发挥作用。

过去讲市场在资源配置中起基础性作用，没有看到有谁对“基础性作用”做出说明，是否“基础性”排斥“决定性”？对西方学者和政界人士来说，只讲由市场配置资源，也明白就是指由市场决定资源配置。我国对市场经济的认识在逐步深化，明确讲清市场配置资源的“决定性”作用，可以减少和制约政府对市场和企业的不当干预，有其积极意义。但不要把“决定性作用”与“基础性作用”对立起来，二者只是文字表述上的差异，不存在内涵上的区别。盖高楼要打好基础，基础的好坏决定大楼的质量高低。生产资料所有制是生产关系的基础，所有制起决定作用。经济关系是基础，并决定上层建筑。治学要打好理论基础。所有这些讲“基础”的地方，都不排斥“决定”意义。

习近平同志在《说明》中讲到：“关于市场在资源配置中起决定性作用和更好发挥政府作用。这是这次全会决定提出的一个重大理论观点。”这样表述符合实际，没有张扬之词。这不只表示市场决定资源配置是重大理论观点，而且包括“更好发挥政府作用”、将市场和政府的作用更好统一起来“是一个重大理论观点”。习近平同志也讲到“理论突破”，但讲的是由计划经济转向市场经济的“突破”。他说：“党的十四大提出了我国经济体制改革的目标是建立社会主义市场经济，提出要使市场在国家宏观调控下对资源配置起基础性作用，这一重大理论突破，对我国改革开放和经济社会发展发挥了极为重要的作用。”社会主义国家放弃计划经济，转向市场经济，这在马克思主义发展历史和社会经济发展史上确实是开创性的重大理论突破，但党的十八届三中全会将市场配置资源的“基础性”作用改为“决定性”作用，不能与此类比。

我国是社会主义国家，实行社会主义市场经济，在市场配置资源问题上，从本质和规律性上看，有其共同的一面，但也有不同的方面。讲资源配置应区分两个层面：一是市场主体的经营管理层面，二是市场主体的投资取向层面。资本主义国家以私有制为基础，因而这两个层面的资源配置都由私人资本决策。我国实行的是以公有制为主体、多种所有制经济共同发展的经济制度。截至2013年底，我国私营企业已达1253.9万户，外商投资企业也约45万户，个体工商户达4436.3万户。这样广大的私有制市场主体，经营管理和投资取向这两个层面都由私人自己决策，就是说都由市场决定其资源配置。但社会主义国有经济和集体经济，应区分这两个层面中存在的差异。撇开国防军事工业、航天工程、基础设施建设等领域的资源配置在两个层面都不由市场决定外，就一般的公有制经济来说，由市场决定资源配置，主要是指经济管理层面：公有制产品的价格与私有制产品一样都由市场决定，企业生产什么、生产多少也根据市场信号决定。但在投资取向层面上，国有经济建立新企业、资本投向哪里不是主要根据市场价格的高低和盈利多少来安排，而是根据国家和社会的需要决策的。新的铁路特别是高铁建设、高速公路的扩展、新兴高科技产业的建设等等是这样，其他各领域国有资本的新投资也是这样。

社会主义市场经济在资源配置问题上与资本主义市场经济的更大差别，是在宏观经济领域的资源配置上。

前些时，刘国光教授提出，社会主义市场经济中由市场决定资源配置应限于微观经济领域，宏观经济领域应由政府配置。当时我想，这个观点在西方经济学中不存在，在我国中央文件和学界也未提出，会不会与西方经济学原理、与中央文件指导思想相抵触。经过从理论与实践的结合上深入思考后，我认为，不能照搬西方经济学的观点，中国的资源配置理论需要发展。中国特色社会主义经济制度决定了不同于西方的中国特色社会主义市场经济的资源配置。无论西方还是我国，市场决定资源配置都是指微观经济领域，宏观经济领域的资源配置问题，西方经济学没有专门论述。西方经济学主要讲宏观经济政策目标，如总产出与总消费的增长、高就业、价格水平的稳定（低通胀）、进出口的平衡等。这类宏观经济政策目标对我国也适用。这些目标是通过政府的作用实现的。但这方面的政策既不属于市场决定资源配置，也不属于政府决定资源配置，它只是通过政府实施财政政策、货币政策及国际经济政策（如外汇市场管理）等去影响微观经济领域的资源配置。

但在宏观经济政策上，有必要明确：我国作为社会主义国家，其经济职能要多于资本主义国家。南水北调、西电东输、西部大开发、振兴东北老工业基地、科学发展、生产力合理布局、建设新农村和农业现代化，等等，都涉及宏观经济领域资源配置问题。西部大开发意味着促使资源配置向西部倾斜，建设新农村和农业现代化需要有资源支持农村和农业发展。这类宏观经济领域的资源配置显然不是也不能由市场决定，而是由政府决定。此外，西方经济学中的宏观经济政策目标，主要属于经济增长和发展的任务，即属于发展生产力的范围，而不涉及经济制度即生产关系的范围。社会主义国家的宏观经济内容，不只包括国内产出与消费总量、价格总水平、就业失业总量、进出口总量等，而且包括公有制经济与私有制经济的消长状况、不同所有制经济的发展状况等，也就是不仅存在生产力总量和结构的发展变化问题，还存在不同所有制的发展与变化问题。

不同所有制的发展变化同样涉及资源配置问题。我国实行国有经济为主导、公有制经济为主体、多种所有制经济共同发展的基本经济制度。党的十八届三中全会指出：公有制为主体、多种所有制经济共同发展的基本经济制度，是中国特色社会主义制度的重要支柱，也是社会主义市场经济体制的根基，是我国经济社会发展的重要基础。必须毫不动摇巩固和发展公有制经济，坚持公有制的主体地位，发挥国有经济的主导作用，不断增强国有经济活力、控制力、影响力。我国实行社会主义市场经济的出发点和落脚点，是“促进社会公平正义，增进人民福祉”。我国深化改革的总目标是“完善和发展中国特色社会主义制度，推进国家治理体制治理能力现代化”。我国的经济发展是以人为本全面协调可持续的科学发展。社会主义的根本原则是实现共同富裕，社会主义的本质要求消除两极分化。这些内容不属于微观经济而属于宏观经济范围。我国实行的是社会主义市场经济，需要坚持改革的社会主义方向。这种坚持不是用西方经济学所讲的看不见的手所能完成的，而是需要党和政府的有效领导及经济实践的自觉推进才能获得效果。这就需要发挥政府在宏观经济领域的资源配置职能。坚持发展和完善社会主义经济制度，就要坚持发展和完善包括国有经济和集体经济的公有制经济，资源配置就应保证国有经济为主导、公有制经济为基础或为主体的制度安排。这种资源配置不能靠市场，只能靠政府。此外，消灭剥削、消除两极分化、实现共同富裕也与资源配置相关，这些同样不能依靠市场，只能依靠党和政府的领导与安排。

根据以上分析，可以得出结论：我国实行社会主义市场经济，市场要起决定资源配置的作用，但主要是微观经济领域的决定作用。在社会主义宏观经济领域，不能由市场决定资源配置，而主要依靠党的领导和政府的决策。

（原载于《经济纵横》2015 年第 1 期）

怎样准确研读和把握马克思的经济学原理及其当代价值

一、我从事马克思主义经济学教学与研究的历史回顾

1950 年 8 月，我在中国人民大学经济系学习的暑假期间，系领导通知我，学校组建政治经济学教研室，直属校部。由经济系主任宋涛同志改任政治经济学教研室主任，选调我到教研室做研究生。我从没有学过这方面的专业知识，没有任何有关理论基础，一切从头学起。凭借高强度的精力付出和刻苦钻研，系统学习和初步掌握了马克思和恩格斯有关政治经济学的主要著作的基本内容。但更多的收获来自日后的教学工作。

我最初发表经济学方面的文章，是在 1952 年做研究生期间。起因是《人民日报》读者来信部发函给中国人民大学政治经济学教研室，请回答读者提出的经济知识问题：什么是资本、资金、资产及其关系。当时教研室秘书徐禾同志将读者来信交给我，要我解答。我的解答在《人民日报》“答读者问”栏目中以编辑部名义发表，还得到一笔稿费。

研究生毕业后留校任教，讲授政治经济学，后来又讲授《资本论》。当时所用的教材和参考资料，多是从原苏联翻译过来的。特别是由斯大林倡导编写的苏联《政治经济学教科书》于 20 世纪 50 年代初期出版后，成为我国高校的通用教材，党政干部也普遍学习，把这部教材看作是完全马克

思主义的、绝对正确的著作。但我在教学过程中感到，流行于苏联的有关教材和新编教科书中的一些观点缺乏理论与事实依据，难以认同。我在1957年和1958年先后发表了几篇文章进行质疑。如，苏联《政治经济学教科书》第二版讲："在以人剥削人为基础的各个社会形态里，货币具有阶级性，它是占有他人劳动的手段。"我觉得这一论断，在马克思的著作中不存在。而且从实际生活看，在阶级社会中，金属货币作为一般等价物，对任何阶级和个人都一样起作用，固然货币在剥削者手中可以成为"占有他人劳动的手段"，但在劳动者和被剥削者手中，也是必要的维持其生活的手段。再说，在剥削者手中，生产资料也是"占有他人劳动的手段"，但不能以此得出生产资料具有阶级性的论断。我的质疑论文《货币有没有阶级性》在《新建设》1958年3月份发表后，没有看到与我进行辩驳的论文。在国内现今出版的有关论著中，没有再看到货币具有阶级性的观点。

再如，苏联《政治经济学教科书》中讲：抽象劳动"只是商品经济所特有的社会劳动的特殊形式"。我国有关论著中也流行同样的论断。我认为，这种论断同样缺乏理论与事实依据。《资本论》和马克思其他著作中没有这样讲过，相反，马克思在《〈政治经济学批判〉导言》中讲：劳动作为"最抽象的范畴"，"正是由于它们的抽象而适用于一切时代"，只是在商品经济中它"才具有充分的适用性"①。再从实际生活看，我国当时建立和发展农业生产合作社，社员出勤劳动要计工分。"工分"这个概念所反映的就是舍去劳动具体形式的抽象劳动。我在《读书月报》1957年第1期刊发了《关于抽象劳动问题》，对这一观点提出不同意见。发表后，有多位学者回应表示赞同，也有个别学者在《光明日报》发表文章辩驳。但以后多年，国内有关教材都放弃了从苏联搬过来的这一观点。特别是由徐禾教授等编写、影响较大的《政治经济学概论》（人民出版社1973年、1983年）中，特别说明："只要有具体劳动存在，同时也就会有抽象劳动。马克思十分明确地指出，抽

① 马克思恩格斯选集：第2卷［M］．北京：人民出版社，1995：23.

象劳动或一般劳动是一个‘适用于一切时代’的范畴，尽管它的适用程度在不同时代可以有很大的差别”，“并非任何时候抽象劳动都形成价值”。

还有，苏联《政治经济学教科书》在平均利润和生产价格一章中，讲利润率下降的趋势时，提出这样的观点：“由于固定资本比流动资本增加得更快，整个资本的周转就缓慢起来，造成利润率的下降。”我认为，这个道理不能成立。一是固定资本的增加并不影响流动资本的周转速度。如果固定资本“增加更快”，意味着部门资本有机构成和技术装备水平的提高，那么资本有机构成的提高则意味着可变资本绝对或相对减少，会导致部门利润率的下降，而个别企业技术装备水平的提高，则可获得超额利润，提高企业利润率。但现在讲的是资本周转快慢对利润率的影响。马克思讲资本周转速度会影响年利润率的高低，是指流动资本（实质上是指可变资本）周转速度的影响。固定资本周转快慢并不影响利润率的高低。基于这种认识，我在《教学与研究》1957 年第 4 期发表了《固定资本周转的快慢对利润率有无影响?》的短文，对苏联教科书提出质疑。在 1955—1957 年间，我还在通俗读物出版社出版了三本通俗性的小册子。我的第一篇算得上是研究性的学术论文，是发表于《经济研究》1956 年第一期的《关于资本主义地租理论中的一些问题》。当时政治气氛较宽松，学术问题可以展开百家争鸣，而且指名道姓地进行学术争鸣是正常的事情。我在论文中针对苏联有关论著和我国多位著名的经济学界老前辈的著作中所存在的对马克思地租理论阐述上的纰误进行了辩证，获得共识。

从 1957 年“反右”开始，政治气候的“左”风持续兴起。我因在一次动员向党提意见的会上，提出中国人民大学尚钺教授在中国奴隶制与封建制分期问题上的观点与《毛泽东选集》中所采纳的范文澜教授的西周封建论不一致，学校组织召开大会进行批判。这是对待学术问题缺乏科学态度和民主作风的表现，其实郭沫若的分期也与范文澜不同。我提出还是“要科学和要民主”的问题，结果说我提出了五四运动口号，在向党要科学要民主，差点被划成右派，最后划成“中右”，打入另册。对于“反右”以及接着而来的“大跃进”、人民公社化、“反右倾”等，我在认识上和行动上都跟不上。我是农家子弟，知道一哄而起的高级社、人民公社不是广大农民自愿兴起的，我还为城乡差别大、农村和农民的贫困叫屈。这样，在每次“左”的政治运动中我都是批评的对象。但是，我始终没有被排除出政治经济学教研室的教学与研究岗位，这是出于两个原因：一是系领导宋涛同志和徐禾同志的爱护。二是自从1952年我从事教学工作以来，我的讲课一直受到学生的欢迎，而且我的科研成果也处于教研室和系内教师们的前列。但在政治上我是一直受到“左”风歧视的。举一个例子，约在1964年的一次经济系的会议上，一位副系主任肯定了我的教学和研究成绩，说我讲课获得学生好评，还发表了多篇论文。结果有的“左”派教师去到主持学校工作的郭影秋副校长家中告状，说经济系领导表扬什么人、树什么标兵。这样，我再努力工作，也不会被肯定了。在当时的政治环境下，我出于探求马克思主义经济学的真谛和提高教学水平的需要，也出于自己从事马克思主义教学与研究的责任心，往往背负着精神压力，离开与“左”的理论和实践相联系的研究领域，专注于马克思主义学理性和学术性的研究，如商品经济理论、劳动价值论、价值规律、“虚假的社会价值”、按质论价、按劳分配与等价交换的关系、资本总公式的矛盾是指什么、所用资本与所费资本之间差额的增大怎样成为决定积累的因素、《哥达纲领批判》中所讲的“原则与实践的矛盾是指什么”，等等。有必要提一下，在20世纪50年代初到60年代前期，社会主义制度下的商品生产和价值规律问题，一直是我国理论界议论和争论的热点议题。1959年在上海召开了全国经济学界的专题讨论会。这一年几乎所有的经济学界的各路知名人士，包括未参加上海会议的学者，都发表论文参加讨论。依然存在意见分歧：社会主义商品经济消亡论；生产资料商品外壳论；国营企业间的交换“还部分地包含着商品的性质”论；“全民所有制内部的产品不再具有商品的实质和价值的内容”论；有的学者连斯大林肯定的消费资料是商品的观点也予以否认，认为国家职工到商店购买消费品，是用劳动券去领取消费品，不是商品关系，因为这是同一个全民所有制内部的关系。我不赞同以上诸观点，于 1959 年在《学术月刊》11 期发表论文《社会主义制度下商品生产的研究方法问题》，提出我国社会主义经济中的消费和生产资料都应是商品，并进行了论述。我是较早提出社会主义商品经济论的学者。

总之，在改革开放前，我从事马克思主义经济学的教学与研究工作，游离于“左”的理论与实践之外。我既没有写过宣传“大跃进”、人民公社化、“三面红旗”万岁等方面的文章，更没有写过“大批判”之类的东西。因此，我在 20 世纪五六十年代写的东西，不存在因政治气候变化而过时的问题。在《走进马克思经济学殿堂》一书第七篇，选入了我于 1962 年 1 月 22 日在《光明日报》发表的《所用资本与所费资本之间差额的扩大怎样成为决定积累规模的因素》一文，并在第八篇收入于《经济研究》1956 年第 1 期发表的《评析对马克思地租理论理解中的一些纰误》（原题为《关于资本主义地租理论中的一些问题》）一文。改革开放前，我还发表过十多篇研究马克思劳动价值论的论文。《走进马克思经济学殿堂》一书只收入其中一篇。几年前关于深化劳动价值论的争论，我也发表过多篇，本书集只收入其中三篇，特别是与晏教授的多篇争辩论文，因为此前已收入《理论是非辨析——误解错解马克思主义理论事例评说》一书，本书集未再收入。而且，我筹划出版一部《坚持与发展劳动价值论》的专题文集，故多篇有关论文在该书集中从略。

收入《走进马克思经济学殿堂》的六十多篇文章，绝大部分是改革开放以来有关坚持与发展马克思主义经济学的论著。关于我研究领域中的其他方面，如社会主义经济理论、经济增长与发展理论、经济体制改革理论等方面的论文，都未涉及。但是，本文集所研究和阐述的马克思的经济理论，不是脱离当前我国改革与发展的理论与实践，去做经院式的探究，而是紧密联系当前中国特色社会主义建设事业来研究和阐发其要义。既正面阐述《资本论》和有关论著的重要理论观点，又对误解、错解甚至乱解、曲解和进行理论造假的东西提出商榷、评论和辩驳。

二、马克思《资本论》和其他经济学论著的当代价值

《资本论》不仅是革命的破坏旧世界的理论，也是科学的建设新制度的理论；不仅有历史意义，也有现实意义。《资本论》过时论、马克思主义经济学过时论是根本不学不懂《资本论》博大精深内容、不学不懂马克思主义经济学真谛的人们的浅薄之论。《走进马克思经济学殿堂》第一篇专门分析“马克思经济学的当代价值”。但对当代价值的阐述并不限于这一篇，其他九篇也都与国内国际的经济实际相联系。本书从多方面阐述了马克思主义经济学、主要是《资本论》的历史意义和现代价值。关于马克思经济学的现代意义，可简要概括为以下几方面：

（一）《资本论》是系统研究资本主义制度中商品经济或市场经济的著作

市场经济的一般规律，包括供求规律、竞争规律、价格运动规律、货币流通规律、市场机制决定资源配置的规律等，《资本论》中都有深入的分析和阐述。因为商品经济或市场经济规律本身，不具有特定的社会经济属性，因而可以与资本主义经济制度相结合，是资本主义市场经济；也可以与社会主义经济制度相结合，是社会主义市场经济。马克思主义经济学讲价值规律调节生产，就是指价值规律决定资源配置，也就是市场决定资源配置。这一理论，同样可以用以指导社会主义市场经济建设。

（二）马克思在《资本论》和其他著作中既阐述了未来社会主义经济社会制度的特点，也阐述了社会主义的本质要求

《资本论》中阐述了作为“自由人联合体”的社会主义经济社会制度的

主要特点是：生产资料公有制；按劳分配；国民经济有计划按比例发展；劳动人民是经济社会的主人；人的自由全面发展等。在《共产党宣言》和《经济学手稿》中，阐述了在劳动人民取得政权的新制度中，要抓经济社会发展的两大环节：一是尽快发展生产力。二是不断提高劳动者的生活水平，实现共同富裕。马克思在1857—1858年的《经济学手稿》中指出：在未来的社会主义制度中，“社会生产力的发展将如此迅速……生产将以所有人的富裕为目的”①。恩格斯也讲：在社会主义制度下，“通过有计划地组织全部生产，使社会生产力及其成果不断增长，足以保证每个人的一切合理的需要在越来越大的程度上得到满足”②。事实上，在马恩的著作中，已经说明了什么是社会主义和怎样建设社会主义的根本问题，邓小平提出的社会主义本质论，是与马克思的有关理论一脉相承并有所发展的。因此，社会主义要将快速发展生产力和着力于社会主义生产关系的完善与发展统一起来。忽视生产力的大力发展而片面强调公有制、按劳分配等社会主义生产关系，不可能搞好社会主义；反之，片面强调和着力于生产力的发展而忽视社会主义生产关系的发展与完善，脱离共同富裕的目标发展生产力，就会产生贫富两极分化，离开社会主义的根本目的。因此，建设社会主义，既要重视生产力标准，又要重视社会主义生产关系标准，将生产力标准和社会主义价值标准统一起来。宣扬唯生产力标准论和唯生产力论，是背离科学社会主义和中国特色社会主义的错误观点。

（三）社会主义公有制是与个人所有制相统一的所有制

《资本论》中讲：取代资本主义私有制，是要在生产资料公有制的基础上重新建立个人所有制。又讲：社会主义所有制是联合起来的社会的个人所有制。这表明，社会主义公有制是与每个社会成员个人利益密切相关的

① 马克思恩格斯全集：第46卷：下［M］. 北京：人民出版社，1980：222.

② 马克思恩格斯选集：第3卷［M］. 北京：人民出版社，1995：336.

所有制。公有制或社会所有制，是生产资料归总体劳动者所占有，而总体劳动者是由各个个人组成的，因此是人人有份的所有制，是社会所有和个人所有的统一。我们的作为全民所有的国有经济，应当是与全民利益攸关的所有制，也是与各个劳动者个人利益攸关的所有制。马克思既强调公有制是生产关系体系的基础，又强调生产资料和劳动者的结合方式对经济制度的决定性作用。资本主义生产资料与劳动力相结合的方式是资本与雇佣劳动的结合，《资本论》第一卷第四章就是专门分析这个问题，正是这种生产方式决定了资本主义的生产关系和交换关系。同样，社会主义所有制需要通过生产资料和劳动者的特定结合方式，起着决定社会主义生产关系的作用，这种结合方式应是劳动者作为生产资料和社会的主人，与公有生产资料相结合。企业职工应拥有管理权、监督权、知情权、话语权。如果国有经济的厂长、经理独断专行、以权谋私，职工被当作雇佣劳动者对待，那么这种公有制就会失去其社会主义性质。

（四）生产力理论和生产关系一定要适应生产力的状况的规律

马克思的论著阐明，生产力是人类社会发展的最终决定力量，生产力决定生产关系，生产关系一定要适应生产力的发展状况。我国长期以来有着生产力二要素、三要素的争论。在“左”风时期，连科学是生产力的观点也受到批判。其实，在《资本论》和其他论著中，马克思明确说明：生产力的要素包括劳动者、生产资料、科学技术、管理、分工协作、自然力等。这比西方经济学更早更全面地论述了决定生产力的诸要素。西方经济学相关内容最早是萨伊的生产三要素论，后来才逐步增加科学和管理等要素。我国长期受斯大林生产力二要素理论的影响，连劳动对象也被排除在外，劳动资料中的基础设施也被忽视，只留取其中的生产工具。这不利于在实践中全面利用和发展生产力诸要素，以快速发展生产力。

我国曾违反生产关系一定要适应生产力发展状况的规律，去做超越历史阶段的错事。急于消灭一切私有制经济，“跑步进入共产主义”，既损害了生产力的发展，也损害了社会主义生产关系的发展。改革开放以来，我国提出社会主义初级阶段理论，正是从我国生产力发展的现实水平出发的，是按照马克思的历史唯物主义理论提出的。

（五）应重视马克思的产权理论

有国外学者指出：“马克思是第一位有产权理论的经济学家。”[①] 在《资本论》和其他论著中，马克思重视经济社会中的生产资料所有制、所有权，又从所有权中分解出占有权、使用权、经营权、收益权等。生产资料所有者既可以把上述诸权能统一于一身，又可以从所有权中分离出其他权能。如，西欧封建农奴主拥有土地所有权，而农奴拥有份地的占有权和使用权。马克思还区分了法律上的所有权和经济上的所有权。如，企业向银行贷款，银行对贷出的款项具有法律上的所有权，而企业具有了经济上的所有权。改革开放前，我国国营企业是将所有权与经营权统一于一体的，是国有国营。改革开放后，实行两权分离，所有权归国家，经营权归企业，这正是根据马克思的产权理论进行的改革。

（六）社会再生产中采用粗放型与集约型、外延型与内涵型的不同方式的比较

《资本论》中论述社会再生产的扩大时，提出了粗放经营和集约经营，又提出了外延型扩大再生产与内涵型扩大再生产的区别。关于粗放经营与集约经营概念，马克思之前的经济学理论已经使用，原本是讲农业中的两种经营方式，现已将其扩大到工业和其他经济部门，作为两种不同的增长方式看待。而外延型与内涵型扩大再生产的概念和原理，则是马克思提出的。由于在英文中，“粗放”与“外延”是同一词，“集约”与“内涵”也

---

① 张宇，孟捷，卢荻．高级政治经济学［M］．北京：经济科学出版社，2002：134－135.

是同一词，不少学者便将两组概念内容认作是相同的。而且对于什么是外延型、什么是内涵型，流行的解读也不很准确。我国提出由粗放型增长方式转向集约型增长方式，有的学者就将其等同于由外延型转向内涵型，主张取内涵而舍外延。其实，两组概念各有其不同内涵。两者的原理，对于我国转变增长和发展方式，都具有指导意义。我在《走进马克思经济学殿堂》一书中对两组概念的内涵和原理的区别与关系进行了分析和论证。

（七）需要整体把握《资本论》中不断拓展的劳动价值论

劳动价值论具有丰富的内容，由于国内外的有关教科书中，解读得比较简单，造成读者的误解、错解。通读三卷《资本论》可以看出，马克思的劳动价值论是从抽象到具体不断拓展其内容的。特别是《资本论》第三卷第十章中讲市场价值、市场价格、竞争规律、供求规律、另一种意义的社会必要劳动时间等，集中显示出对劳动价值论的拓展。前几年，在深化对劳动价值论的认识的大讨论中，有几位学者竟然认为马克思的劳动价值论，是指体力劳动、简单劳动创造价值。其实，《资本论》中明确指出：创造价值的劳动包括脑力劳动，如科技工作者和管理人员的劳动。这可归之为高层次的复杂劳动。在当代社会生产中，科技劳动和管理劳动具有更为突出的重要作用。马克思提出“总体劳动”概念，“总体劳动”创造价值，就拓展了劳动价值论的外延。马克思论述了资本主义管理劳动即监督劳动具有二重性，即生产性和剥削性。如果资本家自己管理生产，他除了凭借资本获取剩余价值外，另凭管理劳动获取的收入也是由管理劳动创造的价值。这都表明马克思劳动价值论的实事求是和科学性。

（八）《资本论》中关于股份制与信用制度的理论具有现代意义

马克思在《资本论》第三卷中专设一章即《信用在资本主义生产中的作用》，对资本主义社会制度中的信用制度和股份制进行了专门论述，高度评价其在发展社会经济中所起的重要作用。信用制度和股份制促进了生产规模的扩大和生产力的发展，是对资本主义生产方式的消极扬弃，是通向社会主义的过渡点。但马克思也指出，私人资本组合的股份制，并未超出资本主义生产方式。它只是有利于向社会主义公有制过渡，但不等于社会主义。马克思并未想到社会主义制度下还会存在和发展股份制。股份制曾被视作资本主义的东西，其实它是一种资本经营方式，不是一种独立的所有制形式。它可以是私有制或公有制的实现形式，但并不是取代私有制或公有制的所有制形式。马克思也指出了股份制的负面作用：再生产出了一种新的金融贵族、新的寄生虫；再生产出一整套投机和欺诈活动；在交易所的赌博中，羊为狼所吞掉，小鱼为鳖鱼所吞掉。我国学界在股份制的理论讨论中，存在诸多混乱现象，需要准确把握马克思的股份制理论，并在实践中取股份制之长，力避其短。

（九）马克思关于经济危机的理论依然具有现实指导意义

2007年由美国次贷危机引发的国际金融危机，通过各种途径传导到世界各国，我国也被波及。这是学界和政界未曾预料到的一次席卷全球的严重危机。危机的诱因可以有不同的看法，但要理解深层次的根本性原因是什么，人们不能不回归马克思的《资本论》。德国前财政部长斯泰因布吕克公开说他正在阅读《资本论》，法国前任总统萨科齐也去阅读《资本论》。也许他们不可能系统深入地阅读与研究《资本论》的内容，但已表明，西方政要与学者也知道马克思在《资本论》中揭示了资本主义周期性经济危机的根源。《资本论》中关于“货币资本”“现实资本”和“虚拟资本”的理论论述及其与危机的关系，也是我国经济实践中应弄清的问题。处理好实体经济与虚拟经济的关系，也是防范危机的举措之一。

（十）《资本论》揭示了社会主义最终取代资本主义的历史规律

当前，有人认为马克思所讲的社会主义最终取代资本主义的历史规律已不起作用。其根据是当代资本主义与马克思150年前所看到和描述的资本主义已有很大不同，具有了许多新现象与新特点，且工人运动已长期处于低潮。再者，苏东原社会主义国家发生剧变，转向资本主义，更冲击了社会主义必然取代资本主义的理论。然而，不能用现象代替规律。20世纪产生的社会主义革命，都是以武装斗争取代旧社会制度。马恩著作中也讲过通过暴力革命取得政权。我国同苏联论战的“九评”中，还强调暴力革命是普遍规律。然而，人们忽视了马恩论著中的以下几点：第一，之所以采取暴力革命，是由于敌对阶级的反抗。马恩但愿通过赎买政策取得社会主义胜利。第二，恩格斯重视在德国的议会斗争，曾寄希望于通过议会斗争取得选票的胜利。第三，马克思重视在资本主义经济内部所产生的扬弃资本主义的因素，不仅把股份制看作是对资本主义生产方式的消极扬弃，把工人合作社看作是对资本主义的积极扬弃。而且认为任何新的经济制度因素都会在旧社会制度中孕育出来，明确指出新的经济制度因素也会在资本主义制度内部孕育出来。资本主义“本身已经创造出一种新的经济制度因素”①。工人阶级“是要解放那些由旧的正在崩溃的资产阶级社会本身孕育着的新社会因素”②。当代资本主义的新变化、新特点，并不表示资本主义“返老还童”“青春永驻”，而是表明出现了更多和更显著的扬弃资本主义的新因素，是更多的转向社会主义的过渡点。这些变化和新特点，距离社会主义是更近了，而不是更远了。在新的形势下，社会主义取代资本主义规律的作用的显示，会有不同于以往的途径和形式。过去，有一种被当作科学社会主义的理论：社会主义经济因素不可能在资本主义内部孕育出来，只能在暴力革命后的“空地上”建设社会主义；谁认为资本主义内部也会孕育社会主义新因素，就是“和平长入社会主义”的修正主义观点而受到批判。我们知道，无论从理论和历史发展的实际来看，以往几千年来，新

---

① 马克思恩格斯全集：第19卷［M］. 北京：人民出版社，1965：130.

② 马克思恩格斯选集：第3卷［M］. 北京：人民出版社，1995：60.

制度取代旧制度，都是在旧经济制度中孕育出新的经济制度因素，并逐渐发展扩大，这是社会历史发展的规律。如果否定马克思讲过的新经济制度因素也会在资本主义内部孕育出来，那就是否定人类社会发展中一个普遍的历史规律。肯定这一规律，才能增强对社会主义必然取代资本主义历史规律认识的自信。

三、 马克思经济学研究中的理论是非需要澄清

在马克思经济学的研究和阐述中，存在着误解、错解和曲解甚至搞理论造假的情况。对此，要分析几种不同的情况：

其一，由于没有系统研究和掌握马克思经济学某些理论观点的原意，产生误解。如，认为抽象劳动是商品经济特有的范畴；马克思的劳动价值论是体力劳动价值论；货币的本质是作为一般等价物的特殊商品等。

其二，出于自身的理论水平和偏好倾向，错将马恩的理论套入自己的理论构想中。如，有人硬把马克思主义的生产力决定生产关系的理论错解为“唯生产力标准论”和“唯生产力论”。讲“生产力标准论”是正确的，但宣扬“唯生产力标准论”则是错误的。讲生产力决定生产关系的“生产力论”是正确的，但宣扬“唯生产力论”则是错误的。“唯生产力论”是马克思主义批判过的“庸俗生产力论”。邓小平也明确批评过“唯生产力论”和“庸俗生产力论”。“四人帮”批判“唯生产力论”，是错将重视和致力于发展生产力诬之为“唯生产力论”。不能因为“四人帮”批判“唯生产力论”，就反过来说“唯生产力论”是正确的。我主张，社会主义制度下既要重视快速发展生产力，坚持“生产力标准论”，又要重视社会主义生产关系的发展与完善，坚持“社会主义价值标准”即价值取向论。但将两者统一起来的主张，遭到“唯生产力论”者的非难。宣扬“唯生产力论”的学者，其理论倾向是反对强调社会主义公有制为基础或主体，反对强调社会主义

生产关系的发展与完善，而是只强调非公有制经济的发展，反对与事实不符的“国进民退”，总之是反对社会主义价值标准。这是争论的实质所在。

其三，对马克思的有关理论存在误解错解，颠倒了原意，并出于自己的主观愿幻，自诩为“突出的理论贡献”、获得党和学界的高度重视和认同。事实是：马克思在《哥达纲领批判》中，批评《纲领》中离开所有制问题抽象地谈论“平等权利”“公平分配”等，指出社会主义制度下也只能实行按劳分配，而按劳分配存在形式上的平等而事实上的不平等。按劳分配中的等量劳动互换，同商品等价交换是同一原则，只不过内容和形式改变了。马克思认为，这种与等价交换具有同一原则的等量劳动交换，是一种“资产阶级权利”。“这个平等的权利，总还是被限制在资产阶级的框框里”。它是一种“旧社会的痕迹”，是共产主义社会第一阶段不可避免的“弊病”。而有的学者竟对马克思的这一观点做了相反的解读；将按劳分配的等量劳动互换与商品等价交换原则完全对立起来；并用按劳分配的等量劳动互换否定和排斥我国社会主义经济中商品等价交换的存在；认为马克思预计社会主义商品经济消亡的理论已成为现实；声称人民币不是货币，是劳动券，消费者到商店去买东西，不是商品等价交换关系，而是用劳动券去领取消费品，是马克思所讲的与等价交换相对立的等量劳动交换；并高调自诩“发现了”马克思将等量劳动交换看作是社会主义的本质；竟将马克思所认为的“资产阶级权利”、“旧社会的痕迹”、不可避免的“弊端”，作为社会主义的本质宣扬；在其自选集和多家刊物上不断自诩这一“发现”是“重要学术贡献”，是“最突出的创新性见解”，得到了党和学界的“极大重视”和认同；进一步高调宣称其1959年在《红旗》发表的这一否定社会主义商品经济的理论观点，为邓小平20世纪90年代的社会主义市场经济理论和我国的改革目标“提供了理论铺垫”“做了理论上的准备”。这种高调自诩完全是虚构的，没有任何事实根据，是把误解、错解马克思的理论，虚幻为“重要学术贡献”和“最突出的创新”。人们知道：在党中央的报刊上发表文章，并不等于得到了党和学界的“极大重视”和认同。何况《红旗》发表他的文章时还特别加了按语：是作者个人见解，供进行讨论参考。不仅《红旗》接着刊发了关梦觉老先生与他商榷的文章，苏星同志也发表文章不赞同他的观点。苏星紧接着在《红旗》1959 年第 12 期发表《全民所有制经济内部的商品生产和价值规律问题》一文，指名道姓地提出不同意见。所谓获得学界的高度重视和认同，也是完全不符合事实的。我之所以谈论这一情况，因为这一问题涉及怎样科学理解和把握马克思的经济学观点和社会主义现实问题，也涉及学风问题，有必要划清真假是非界限。上述这段论述也是对本文集中有关争鸣文章的概述与补充。

其四，有人既没有读懂马克思的有关经济学理论，也没有读懂别人的解读和观点，自以为是地进行胡乱解读和批判。如，马克思在《资本论》中提出：社会主义取代资本主义，是要在公有制基础上重新建立个人所有制。作为学术问题，对此论述有不同理解和解读是正常的，可以各抒己见，各自提供论据与论证。但是有人力主只能遵守恩格斯的解读，即重建消费资料的个人所有制，对别人按马克思的说明，将其解读为联合起来的社会的生产资料个人所有制，就大肆诬责：是“别有用心”、是“杜林的阴魂不散”、是“篡改马克思的话”、“还不如谢韬、辛子陵的观点正确”，等等。杜林对马克思讲的社会主义要在共同占有生产资料的基础上重新建立个人所有制的观点进行攻击，将马克思把社会主义所有制定断为既是社会的（公有的），又是个人的，诬之为“混沌世界”。错乱解读和批评者竟硬说，“既是公有的，又是个人的”观点是杜林的观点，是杜林的臆想；谁正面解读和维护马克思“既是公有的，又是个人的”观点，谁就是“杜林的阴魂不散”，是与杜林一样的观点；还借力于受到学界批判的谢韬、辛子陵的错误观点作为其争辩的理论武器；既弄错了谢、辛的观点，以为他们的主张更符合马克思的观点，更错解了马克思的观点和杜林的观点。明明杜林是否定和攻击马克思“既是社会的，又是个人的”观点，怎么能说这是杜林自己“臆想”的观点呢？这表明论者的逻辑思维混乱到何种地步！马克思关于社会主义所有制是社会所有制和个人所有制的统一的论述，对于我国国有经济的改革具有指导意义，需要按其原意准确把握。

其五，有人教条主义地对待马克思经济学。借口《资本论》“是一个艺术整体”，搞句句是真理，反对区分基本原理和非基本原理，反对在教科书中进行取舍；主张劳动价值论不能拓展和发展，谁拓展和发展就是否定劳动价值论，就是否定以劳动价值论为基础的整个马克思经济学；认为马克思指出的社会主义商品经济消亡论是正确的真理，不能否定，等等。问题还不在于教条式地拘守马克思的某些论述，而是在于拘守的是被他曲解了的马克思的有关理论：硬说马克思的重大发现和贡献不是剩余价值论，而是“资本总公式”及其矛盾；硬说《资本论》第一卷的内容不是讲产业资本，而是阐述资本总公式即一般公式的矛盾。《走进马克思经济学殿堂》一书不能不对此进行评析，澄清理论是非。

其六，有人肆意曲解马恩的理论著作和观点，将自己编造的荒唐观点强加给马克思。将马克思的科学社会主义观点，歪曲为斯大林的观点予以批判，还编造说是恩格斯晚年的“政治遗言”，放弃和否定了马恩以前的社会主义理论。凭空编造说：马克思讲过“社会主义运动只限于西欧”，而斯大林和中国没有遵从马克思的告诫，搞了暴力革命。一再宣称：十月革命送来的不是马克思主义，而是斯大林版本的东西。打着马克思主义的旗号，对马克思主义和科学社会主义进行否定和批判。还宣称：其新中国成立后所学的并非马克思主义，而是斯大林的东西，有意颠倒是非。反马克思主义，反科学社会主义和中国特色社会主义。对于这些理论观点，必须辨明理论是非。

《走进马克思经济学殿堂》一书第八篇《误解、错解、曲解马克思理论评析》，对上述诸多观点进行了专题评析。“灯越拨越亮，理越辩越明”，马克思主义是在不断辩论与争论中发展的。应当说明：这里所讲的误解、错解，除了打着“离经不叛道”（离斯大林之经，不叛马克思主义之道）的

“马克思主义”旗号，公开否定马克思主义和社会主义的个别人之外，都是马克思主义理论的教学和研究工作中的理论是非问题。两刃相割，利钝乃知，二论相盯，是非乃见，在理论讨论和辩论中通过摆事实讲道理，会碰撞出真理的火花。谁是谁非，不能由自己主观判定，因为都会“自以为是”，而是要由广大读者、理论工作者和学界同仁判定。有些理论是非，还需经受时间和历史的考验，要受实践的检验。

四、从系统性和整体性上把握马克思的理论观点，以求得学界有争议的问题的解答

在马克思主义经济学的教学与研究工作中，有些问题被看作是疑难理论问题，长期进行讨论和争论。如果能从系统性和整体性上研究和把握马克思的理论观点，就可以看出，马克思自己已对某些争论问题做了解答。这里举两个例子：

（一）劳动价值论方面两种含义的社会必要劳动时间与价值的关系问题

在《资本论》第一卷中，马克思论述了同一部门内的社会必要劳动时间，即平均必要劳动时间决定商品价值。在《资本论》第三卷中，又提出另一种意义的社会必要劳动时间与价值的关系问题。所谓另一种社会必要劳动时间，是指按照市场需要量生产商品的社会必要劳动时间，也就是各个部门按照市场需要的商品量，合比例地应分配的社会必要劳动时间。有的学者认为，商品价值应由两种含义的社会必要劳动时间决定。有的认为，应由第二种含义的社会必要劳动时间决定。有的则认为，商品价值就是由第一种含义的社会必要劳动时间决定，第二种含义的必要劳动时间只决定价值实现问题。

其实，只要从系统性和整体性上研究和把握马克思的劳动价值论，就

会得出符合马克思原意的结论。从《资本论》第一卷到第三卷，劳动价值论是不断拓展和具体化的过程。马克思的理论分析方法是从抽象到具体的方法。科学抽象是从复杂的现象中抽象出最本质的规律性的规定。由抽象到具体的分析路径，不会由后面的具体，否定前面的抽象即本质规定。否则，抽象分析方法就会失去其科学性和所有意义。因此，用《资本论》第三卷中的有关论述，否定第一卷中的价值理论，是不能成立的。而且马克思自己从理论的整体性上已明确回答第二种含义的社会必要劳动时间只涉及价值实现问题。

《资本论》第三卷第十章提及了第二种含义的社会必要劳动时间问题。"如果某种商品的产量超过了当时社会的需要，社会劳动时间的一部分就浪费掉了。这时，这个商品量在市场上代表的社会劳动量就比它实际包括的社会劳动量小得多。"① 有人从这段话中得出第二种含义的社会必要劳动时间决定价值的观点。然而，紧接在这段话的后面，马克思明确指出："因此，这些商品必然要低于它们的市场价值出售。"就是说商品供过于求，市场价格会低于市场价值。接下来又说："如果用来生产某种物品的社会劳动的数量，和要满足的社会需要的规模相适应……那么这种商品就会按照它的市场价值来出售。"就是说，如果商品供求平衡，就会按市场价值出售。总之，是讲价值实现的问题，而不是价值决定的问题。在同一章中马克思又说，"如果产品量超过这种需要，商品就必然会低于它们的市场价值出售；反之，如果产品量不够大……商品就必然会高于它们的市场价值出售"②，依然是讲的价值实现问题。

《资本论》第三卷第三十七章《导论》明确提出"另一种意义"的社会必要劳动时间问题。"社会劳动时间可分别用在各个特殊生产领域的份额的这个数量界限，不过是价值规律本身进一步展开的表现，虽然必要劳动

① 马克思．资本论：第3卷［M］．人民出版社，2004：208.

② 马克思．资本论：第3卷［M］．人民出版社，2004：201－202.

时间在这里包含着另一种意义。为了满足社会需要，只有如许多的劳动时间是必要的。”但马克思并没有认为，另一种含义的必要劳动时间决定商品价值或是两种意义的必要劳动时间共同决定价值。他明确指出：“如果这种分工是合乎比例的，那么，不同类产品就按照它们的价值（进一步说，按照它们的生产价格）出售。”反之，如果按社会需要分配于不同部门的社会劳动量的比例发生破坏，那么，“这种比例的破坏使商品的价值，从而使其中包含的剩余价值不能实现”①。这两段话表明，如果投入一定部门的劳动量高于或低于社会需要量，即出现供不应求或供过于求，其产品就不能按照价值出售，而只能按高于或低于价值的价格出售。这也就是价值和剩余价值“不能实现”，明确说明的是价值实现问题。

由此可见，由《资本论》第一卷所论述的社会必要劳动时间决定价值的理论，不会因第三卷提出另一种含义的必要劳动时间而改变。前者属于价值决定理论，后者属于价值实现理论。如果主张第二种含义的必要劳动时间决定价值，就会退到供求价值论了。

（二）作为《资本论》的研究对象的“资本主义生产方式”究竟是指什么

这个问题长期以来一直在讨论和争鸣，有多种不同的解读。我认为，只要从整体性和系统性的研究方法去掌握，可以从马克思的论著中找到答案。对此，应把握以下几点：

1.《资本论》第一卷序言中讲：“我在本书研究的，是资本主义生产方式以及和它相适应的生产关系和交换关系。”用公式表示：资本主义生产方式——生产关系——交换关系。这表明，资本主义生产方式是决定资本主义生产关系和交换关系的基础性环节。有人根据生产力决定生产关系的原理，容易将资本主义生产方式解读为生产力或生产力含义的劳动方式。然

① 马克思．资本论：第3卷［M］．人民出版社，2004：716.

而，只要对照一下《资本论》第三卷中的格式相同的另一公式，就会排除上述解读。在《资本论》第三卷第五十一章《分配关系和生产关系》中，马克思提出这样的说明："资本主义生产方式是一种独特的、具有独特历史规定性的生产方式；它和任何其他一定的生产方式一样，把社会生产力及其发展形式的一个既定的阶段作为自己的历史条件，而这个条件又是一个先行过程的历史结果和产物，并且是新的生产方式由以产生的既定基础；同这种独特的、历史地规定的生产方式相适应的生产关系……具有一种独特的、历史的和暂时的性质；最后，分配关系本质上和这些生产关系是同一的，是生产关系的反面。"将这段论述用公式表示：一定既定历史阶段的生产力——资本主义生产方式——生产关系——分配关系。这表明：资本主义生产方式是以一定历史阶段的生产力为"历史条件"的。这就排除了将"资本主义生产方式"解读为生产力或生产力含义的劳动方式的观点。而且这里明确说明，资本主义生产方式和与之相适应的生产关系，都具有独特的历史的规定性和暂时性，而生产力和劳动方式并不具有这种性质。

2. 作为生产力和生产关系中间环节的"资本主义生产方式"是什么？显然，既不是生产力，也不是狭义的生产关系即直接生产过程进行中的生产关系。这就需要探求生产关系与其相适应的"资本主义生产方式"的内涵。生产资料所有制是生产关系的基础，但不能将资本主义生产方式解读为资本主义所有制。固然，《资本论》中有的地方讲资本主义生产方式就是讲资本主义所有制，但是这里另有含义。因为所有制不能单独直接决定生产关系的特殊性质。为什么都是非劳动者占有生产资料而劳动者不占有的所有制形式，会区分为奴隶制、封建制和资本主义制度呢？显然不能单用所有制来说明，而且决定所有制性质的是什么还需要说明。马克思在《资本论》第二卷第一章的论述中，已经提供了解答的钥匙。"不论生产的社会形式如何，劳动者和生产资料始终是生产的因素。……凡要进行生产，它们就必须结合起来。实行这种结合的特殊方式和方法，使社会结构区分为各个不同的经济时期。在当前考察的场合，自由人和他的生产资料的分离，是既定的出发点，并且，我们已经看到，二者在资本家手中是怎样和在什么条件下结合起来的——就是作为他的资本的生产的存在方式结合起来的。”这段话表明：生产资料和劳动力结合的特殊方式决定着不同经济时期的“社会结构”即社会制度。并且说明，资本主义制度的“既定的出发点”是自由劳动者与生产资料的分离，劳动者是与作为资本的生产资料结合起来的。这也就是马克思所讲的资本与雇佣劳动相结合的生产方式。

3.《资本论》第一卷分析的是资本生产过程。而分析资本的生产过程即资本主义的生产过程，是从第五章《劳动过程和价值增殖过程》开始的。作为资本主义生产过程的前提条件即生产资料和劳动力相结合的特殊方式，是在第四章《货币转化为资本》中论述的。第四章单独的一章成为独立的一篇即第二篇的内容，在三卷《资本论》中是仅有的。这一章正是要分析以资本主义生产关系为条件的生产资料与劳动力相结合的方式，也就是资本与雇佣劳动相结合的方式。这一章讲货币转化为资本，就是货币及其购买的生产资料转化为资本，而劳动力则成为商品，也就是成为雇佣劳动。正是这种资本与雇佣劳动相结合的资本主义生产方式，成为资本主义生产关系与交换关系与之相适应的特殊生产方式。马克思所讲的生产资料和劳动力相结合的生产方式决定生产关系的理论，具有重要理论和现实意义。在社会主义制度下，如果生产资料名义上归公共所有或全民所有，但生产资料和劳动力相结合的生产方式不反映社会主义本质要求——劳动者是主人、快速发展生产力与消除两极分化、走共同富裕道路——它就会失去所有制的社会主义性质。

（原载于《经济纵横》2014 年第 6 期）

《资本论》依然放射着真理光芒

《资本论》是研究资本主义经济制度即资本主义生产关系体系及其运行机制和规律的伟大著作。恩格斯指出：马克思有许多发现，主要是“两个伟大的发现——唯物主义历史观和通过剩余价值揭开资本主义生产的秘密”。由于这两大发现，社会主义由空想变成了科学。这两大发现在《资本论》中得到了充分体现和论证。

今年是《资本论》第一卷出版150周年。历经时代变迁，它的科学理论和方法依然放射着真理光芒。2016年5月17日，习近平同志在哲学社会科学工作座谈会上指出：“有人说，马克思主义政治经济学过时了，《资本论》过时了。这个说法是武断的。”我们至少可以从两个方面来理解习近平同志的这一重要论断。首先，在《资本论》中，马克思深刻分析和论证了资本主义经济危机产生的根源和必然性及其运行过程和经济社会后果，因此在2008年国际金融危机爆发后，《资本论》在一些西方国家又成为畅销书。目前，一些西方国家也在纪念《资本论》第一卷出版150周年。德国《商报》今年4月13日发表《资本论及其剩余价值》一文，其中写道：“直到今天，谁想了解为什么资本主义一再产生危机，他就绕不过这部著作。”2013年，联合国教科文组织将《资本论》第一卷列入《世界记忆名录》。这部著作属于“人类的记忆”，因为它“在世界范围内对社会运动有巨大的影响”。其次，《资本论》所揭示的商品经济规律，对于发展社会主义市场经济具有指导意义。特别是其所揭示的社会主义经济关系的特点和有关发展生产力的一些基本原理，对于中国特色社会主义建设事业具有直接指导意义。可见，《资本论》并没有过时，依然值得我们深入学习、研究和思考。

一、 有益于发展社会主义市场经济

《资本论》研究资本主义经济是从研究商品、货币开始的，这是因为“商品流通是资本的起点。商品生产和发达的商品流通，即贸易，是资本产生的历史前提”。商品是资本主义经济的细胞，资本主义经济关系是通过商品市场关系实现的。在马克思、恩格斯的著作中没有“商品经济”和“市场经济”概念，但他们所讲的商品生产与流通、市场与货币关系，实际上就是现在所讲的商品经济或市场经济关系。《资本论》通过对商品的研究，建立了劳动价值论，为剩余价值论提供了理论基础。社会主义经济关系也需要通过商品市场关系实现，因而《资本论》中阐明的商品经济规律是我国发展社会主义市场经济依然要遵循的客观规律。

需要注意的是，既不能用商品与市场关系或市场经济制度来说明资本主义生产关系，也不能用它来说明社会主义生产关系。生产关系的本质规定，需要由生产资料所有制和生产资料与劳动力相结合的特定生产方式予以说明。马克思一再批判资产阶级“经济学辩护论者的方法”的特征是“企图把资本主义生产当事人之间的关系，归结为商品流通所产生的简单关系，从而否认资本主义生产过程的矛盾”，只知道“共有的、抽象的商品流通的范畴，还是根本不能了解这些生产方式的本质区别，也不能对这些生产方式做出判断”。从这个意义上说，商品经济、市场经济既不能与资本主义画等号，也不能与社会主义画等号。判断社会经济是资本主义性质的还是社会主义性质的，需要依据其生产关系的本质规定。

《资本论》揭示了资本主义生产关系体系及其发展规律。生产关系体系是多层次的，既有处于基础层次的生产关系，又有处于第二层次、第三层次和末端层次的生产关系。生产资料所有制是生产关系体系的基础。它既决定直接生产过程中的经济关系，又与这种经济关系一起决定交换关系、分配关系和消费关系。那么，生产资料所有制的性质是由什么决定的呢？为什么在各种剥削制度中都是非劳动者占有生产资料、劳动者失去生产资料，却会区分为奴隶制所有制、封建主义所有制和资本主义所有制呢？这就需要用生产资料与劳动力相结合的特定方式来说明。《资本论》第二卷中讲："不论生产的社会的形式如何，劳动者和生产资料始终是生产的因素……凡要进行生产，它们就必须结合起来。实行这种结合的特殊方式和方法，使社会结构区分为各个不同的经济时期。"这就是说，如果非劳动者占有的生产资料成为资本，与失去生产资料、可以自由出卖劳动力的劳动者相结合，这种资本与雇佣劳动相结合的生产方式就决定了所有制的资本主义性质，决定了特定历史阶段的资本主义生产方式。

完善社会主义市场经济体制，必须坚持和完善社会主义基本经济制度，坚持公有制主体地位，巩固生产资料与劳动者相结合的社会主义生产方式。值得指出的是，虽然都被称为国有经济，但社会主义国家国有经济与资本主义国家国有经济的性质并不相同，原因就在于生产资料与劳动力相结合的方式不同。资本主义国家的国有经济依然是资本与雇佣劳动相结合，因而依然属于资本主义性质。社会主义国家的国有经济则是全民所有的生产资料与作为社会和企业主人的劳动者相结合，因而属于社会主义性质。这启示我们，要搞好国有企业，就要巩固生产资料与劳动者相结合的社会主义生产方式，这有利于发挥国有经济主导作用，不断增强国有经济活力、控制力、影响力；就要真正落实职工的主人翁地位，调动他们的积极性、主动性、创造性。

二、 有益于增强“四个自信”

《资本论》运用辩证唯物主义和历史唯物主义方法，揭示了资本主义社会产生、发展和走向衰亡并终将被社会主义社会取代的客观规律。马克思既论述了资本主义的历史进步作用，又揭示了资本主义经济不可克服的内在矛盾，特别是生产社会化与资本主义私有制的基本矛盾。马克思指出："资本的文明面之一是，它榨取这种剩余劳动的方式和条件，同以前的奴隶制、农奴制等形式相比，都更有利于生产力的发展，有利于社会关系的发展，有利于更高级的新形态的各种要素的创造。"这里所讲的"社会关系的发展"，不仅仅是指资本主义生产关系的发展，而且包含着作为转向社会主义"过渡点"的新的社会关系的发展。概言之，资本主义在生产力和社会关系两方面的发展，都在为转向社会主义创造着物质和社会条件。

资本积累的不断扩大以及财富在一端积累、贫困在另一端积累的两极分化，生产无限扩大的趋势和劳动群众有支付能力的需求相对缩小的矛盾，周期性经济危机的出现，都是剩余价值规律发挥作用的社会形式。马克思指出："一切现实的危机的最终原因，总是群众的贫穷和他们的消费受到限制，而与此相对比的是，资本主义生产竭力发展生产力，好像只有社会的绝对的消费能力才是生产力发展的界限。""各种互相对抗的因素之间的冲突周期性地在危机中表现出来。危机永远只是现有矛盾的暂时的暴力的解决，永远只是使已经破坏的平衡得到瞬间恢复的暴力的爆发。"资本主义周期性经济危机的爆发，说明资本主义生产关系无法驾驭自己发展起来的生产力。这体现了资本主义私有制转向社会主义公有制的客观要求。在当今经济全球化条件下，我国社会主义经济已融入全球经济，与资本主义国家的经济联系越来越密切，需要更加深入地理解马克思在《资本论》中所揭示的资本主义的本质关系、内在矛盾和经济规律。

《资本论》第一卷问世150年来，资本主义本质关系及其基本矛盾并没有变，因此经济危机爆发的根源也没有消除。但我们也不能无视当代资本主义的新变化和新特点。除了生产力在发展，其生产关系发展也出现了一系列新现象和新特点，如工人劳动时间缩短、工人合作社和农民合作社在发展、建立了有利于劳动者的社会保障制度等。这些新现象和新特点，是资本主义为了适应生产力发展要求而进行的自我调整与调节，意味着增添了转向社会主义的新的“过渡点”。马克思认为他所看到的资本主义的股份制和工人合作社，是对资本主义生产方式的自我扬弃。工人合作社是“积极的扬弃”，即证明没有资本家，工人阶级也可以组织生产。股份制是消极的扬弃，私人所有、私人经营的私人资本转变为公司范围内的社会资本，是转向社会主义的“过渡形式”。马克思已经预见到在资本主义经济发展中会出现新的经济制度因素，为转向新的社会制度提供更多的过渡性社会关系。“我把生产的历史趋势归结成这样：它‘本身以主宰着自然界变化的必然性产生出它自身的否定’；它本身已经创造出一种新的经济制度的因素……实际上已经以一种集体生产为基础的资本主义所有制只能转变为社会的所有制。”

今天学习《资本论》，就要学习马克思分析问题的辩证方法，坚信在旧制度内部会有新社会经济因素不断积累，由量变最终引发根本性的质变。当代资本主义不是返老还童、青春永驻，离社会主义更远。相反，是不断增添转向社会主义的阶梯，离社会主义更近了。认识到这一点，显然有益于增强我们对中国特色社会主义的道路自信、理论自信、制度自信和文化自信。

三、 有益于构建中国特色社会主义政治经济学

《资本论》为了与资本主义对比进而揭示人类社会发展趋势，在多处阐

述了科学社会主义的一些基本原理和本质规定。《资本论》第一卷就指出，未来的新社会是“自由人的联合体”。所谓“自由人”，就是劳动者摆脱了被剥削与压迫的处境，成为社会的主人。“自由人的联合体”，就是全体劳动者共同占有生产资料、共同劳动、共同享有的集体性社会结构。“设想有一个自由人联合体，他们用公共的生产资料进行劳动……这个联合体的总产品是一个社会产品。这个产品的一部分重新用作生产资料。这一部分依旧是社会的。而另一部分则作为生活资料由联合体成员消费。”这里还提出了社会主义的分配方式：“每个生产者在生活资料中得到的份额是由他的劳动时间决定的。这样，劳动时间就会起双重作用。劳动时间的社会的有计划的分配，调节着各种劳动职能同各种需要的适当的比例。另一方面，劳动时间又是计量生产者在共同劳动中个人所占份额的尺度，因而也是计量生产者在共同产品的个人可消费部分中所占份额的尺度。”通过这段论述，可以把马克思所设想的社会主义经济关系的特点归纳为：劳动者是摆脱了受剥削与压迫的“自由人”，是社会经济生活的主人；生产资料归社会公共所有；按照社会需要分配劳动时间于不同的部门，即国民经济有计划按比例地发展；实行按劳分配制度。《资本论》还指出，在新社会制度中，要以每个人的全面而自由的发展为基本原则。而这一原则的实现，要以生产力的发展为现实基础。

马克思在《资本论》中阐述的这些科学社会主义的基本原理和分析方法，对于我们今天构建中国特色社会主义政治经济学，仍然具有重要的科学价值和指导意义。我国处于社会主义初级阶段，实行公有制为主体、多种所有制经济共同发展的基本经济制度。与所有制结构相适应，实行按劳分配为主体、多种分配方式并存的分配制度。这与马克思主义关于生产关系特别是所有制关系决定分配关系的原理相一致。马克思一贯反对离开所有制关系空谈“公平分配”“平等权利”。在《资本论》第三卷中专设一章，即“分配关系和生产关系”，阐明了分配关系是生产关系的背面。在资本主义经济中，利润是资本所有权的实现形式；地租是土地所有权的实现形式；工资是工人所有的劳动力的价值的实现形式。“它们表示出新生产的总价值在不同生产要素的所有者中间进行分配的关系。”明确所有制关系决定分配关系的原理，对于我国在社会主义现阶段缩小居民收入分配的过大差距、消除两极分化、逐步走向共同富裕具有重要意义。在私有制中，按要素所有权分配会导致资本强势、劳动弱势，在剩余价值规律的作用下，必然产生贫富分化。而公有制和按劳分配是消除两极分化、实现共同富裕的制度保证。习近平同志强调做强做优做大国有经济，正是发展和壮大社会主义经济的重要举措。中国特色社会主义政治经济学应深化对这些基本原理、基本问题的研究，结合中国具体国情和时代特征，服务于中国特色社会主义建设事业和实现“两个一百年”奋斗目标、实现中华民族伟大复兴的中国梦，提出具有中国气派、解决中国问题、有利于更好推进社会主义发展的原理、观点和方法。

（原载于《人民日报》2017 年 7 月 3 日）

《资本论》的当代价值

今年是《资本论》第一卷出版150周年。2016年5月17日，习近平总书记在哲学社会科学工作座谈会上指出："有人说，马克思主义政治经济学过时了，《资本论》过时了。这个说法是武断的。"事实证明，连西方国家也高度肯定马克思理论思想的重大贡献。在进入新千年时，英国广播公司网上评选千年最伟大思想家风云人物，评选结果依次是马克思、爱因斯坦、牛顿、达尔文，马克思位居榜首。路透社报道评选结果时，特别提出"《共产党宣言》和《资本论》在过去一个多世纪中在全球产生的深刻影响"。2008年爆发国际金融危机时，《资本论》在一些西方国家成为畅销书，因为书中论述了危机产生的原因、过程和结果。

一、《资本论》运用辩证唯物主义和唯物史观分析经济和社会问题

《资本论》是政治经济学的宝库，也是哲学和科学社会主义的宝库。恩格斯一再讲到马克思的两大发现：唯物史观和剩余价值学说。由于这些发现，社会主义由空想变成科学。

唯物史观和剩余价值理论在《资本论》中得到了充分体现。列宁指出："自从《资本论》问世以来，唯物主义历史观已经不是假设而是科学证明了的原理。"它科学地论证了生产力决定生产关系，生产关系要适应生产力的

发展而发展的一般原理。在《资本论》第一卷第二版跋中，马克思肯定了一位学者对自己唯物史观的正确阐述："生产力的发展水平不同，生产关系和支配生产关系的规律也就不同。""每个历史时期都有它自己的规律。"经济社会的发展规律"不以人的意志、意识和意图为转移"。这种研究的科学性在于"阐明支配着一定社会有机体的产生、生存、发展和死亡以及为另一更高的有机体所代替的特殊规律"。由此可知，资本主义是人类历史上必经的社会制度，但不是永恒不变的制度。它会遵循客观发展规律，最终转向社会主义。

马克思运用辩证唯物主义和唯物史观分析资本主义经济，贯穿于他研究的全过程。诸如：商品使用价值与价值的对立与统一；具体劳动与抽象劳动的对立与统一；私人劳动与社会劳动的对立与统一；资本与雇佣劳动的对立与统一；流通领域劳动力与资本等价交换的平等关系与生产领域资本无偿占有剩余价值的辩证关系；商品生产所有权规律转变为资本主义占有规律的辩证关系；随着生产力和资本主义生产关系的发展，资本主义制度内部会产生出自我扬弃的新的经济因素，即转向社会主义的"过渡形式"，等等。

我们应关注恩格斯评论《资本论》中的两处历史唯物主义的观点。一是恩格斯在《卡尔·马克思〈资本论〉第一卷书评》中说："拉萨尔的全部社会主义在于辱骂资本家……在这里（指《资本论》——引者）我们看到的情况恰恰相反。马克思先生明白地指出了资本主义生产方式（他对现代社会阶段就是这样称呼的）的历史必然性。"尽管《资本论》中揭示了资本家对雇佣工人的剥削和利益的对立关系，但这种关系不是产生于社会道义的缺失，而是一种历史的必然。在《资本论》第一卷第一版序言中讲了这样一段重要的说明："为了避免可能产生的误解，要说明一下。我决不用玫瑰色描绘资本家和地主的面貌。不过这里涉及的人，只是经济范畴的人格化……我的观点是把经济的社会形态的发展理解为一种自然史的过程。不管个人在主观上怎样超脱各种关系，他在社会意义上总是这些关系的产物。同其他任何观点比起来，我的观点是更不能要个人对这些关系负责的。”马克思把资本主义社会形态看作是一种客观必然的历史过程，因此，他只用理论逻辑的语言揭示资本主义经济关系和经济规律，既不辱骂资本家，也不要资本家和地主个人对资本主义剥削制度负责。“为了避免可能产生的误解”，他运用唯物史观特别做了说明。

二是恩格斯批评了把生产力的决定作用错解为唯生产力论或唯经济因素决定论的观点。“根据唯物史观，历史过程中的决定性因素归根到底是现实生活的生产和再生产。无论马克思和我都从来没有肯定过比这更多的东西。如果有人在这里加以歪曲，说经济因素是唯一决定性的因素，那么他就把这个命题变成毫无内容的、抽象的、荒诞无稽的空话。经济状况是基础，但是对历史斗争的进程发生影响并且在许多情况下主要是决定着这一斗争的形式的，还有上层建筑的各种因素：阶级斗争的各种形式及其成果……”“在这方面，我不能不责备许多最新的‘马克思主义者’，他们也的确造成过惊人的混乱。”“我们称之为意识形态观点的那种东西——又对经济基础发生反作用，并且能在某种限度内改变经济基础。”恩格斯特别用《资本论》中的有关内容证明这一重要观点。他还劝告忽视政治行为作用的人看看《资本论》中关于工作日的那一篇和第一卷第二十四章，“那里表明立法起着多么重大的作用，而立法就是一种政治行动”。还特别说明立法在资本原始积累推进资本主义发展中的重大作用。恩格斯强调：“如果政治权力在经济上是无能为力的，那么我们何必要为无产阶级的政治专政而斗争呢?”当然，归根到底是经济因素起决定作用。也就是说，讲生产力决定生产关系，生产力是社会历史发展的最终决定力量，是从归根到底的意义上讲的。恩格斯这里引用《资本论》中所讲的政治权力的重大作用，甚至在这一定限度内可“改变经济基础”的事实，对我国建设社会主义制度、走中国特色社会主义道路的选择，具有理论和实践意义。我国是在生产力落后的情况下建设社会主义的，难以简单地用生产力决定生产关系来说明。我国新民主主义革命解放了旧中国被束缚的生产力。但在革命胜利后，有两条道路可供选择：走资本主义道路，或是走社会主义道路。一些原殖民地国家独立后，选择了资本主义道路，而我国选择了社会主义道路。历史证明，我国的经济社会发展远远超过某些选择了资本主义道路的发展中国家。这与中国共产党的领导和政治决策是分不开的。但生产力的决定作用又否定我们干超越生产力状况的事情，决定了我们要经历至少上百年的社会主义初级阶段。

二、《资本论》揭示了资本主义经济关系及其发展规律

《资本论》是研究资本主义生产关系，即经济关系及其经济发展规律的。生产关系有狭义广义之分，狭义生产关系是指参与生产的人们在直接生产过程和再生产过程中的关系。广义生产关系是指生产关系体系，既包括直接生产过程的关系，也包括由生产关系决定的分配关系、交换关系和消费关系，还包括直接生产过程开始之前的生产资料所有制关系和生产资料与劳动力相结合的特定关系。《资本论》中研究的是资本主义生产关系体系，这种生产关系体系构成资本主义经济制度，而资本主义经济制度的产生和发展还须有两个前提条件：一个是资本的原始积累过程，这是以血与火的记录写入文明史的。《资本论》对此做了专门论述。另一个是商品生产和商品流通的发展。资本主义经济一天也离不开商品市场关系，《资本论》指出：资本主义生产方式的财富“表现为一个庞大的商品堆积”，商品是资本主义经济的细胞，资本主义的一切经济关系都要通过商品货币关系来实现。

《资本论》中没有商品经济和市场经济概念，在西方国家，市场经济概念也是20世纪才流行起来的。《资本论》中所讲的商品货币经济，可以理

解为现在所讲的市场经济。资本主义必然实行市场经济，二者是鱼水关系，但不能用市场经济说明资本主义的本质关系。因此，不能把《资本论》的研究对象简单说成是市场经济，更不能把《资本论》作为研究对象的“资本主义生产方式”解读为市场经济。要知道，用商品流通关系说明资本主义关系，这是马克思所批判的观点。马克思一再批评资产阶级“经济学辩护士”詹姆斯·穆勒“企图把资本主义生产当事人之间的关系，归结为商品流通所产生的简单关系，从而否认资本主义生产过程的矛盾”。我国实行社会主义市场经济，但市场经济同样不能用以说明社会主义经济的本质关系，它只是为社会主义的本质要求服务的经济体制。

《资本论》重视对商品货币关系的研究，还有一个更重要的原因，即通过对商品二重性和劳动二重性的研究，形成科学的劳动价值论。劳动价值论是剩余价值论的理论基础，而剩余价值论如列宁所说是马克思经济理论的基石。马克思的剩余价值理论是与资本与雇佣劳动的关系紧密结合在一起的，剩余价值正是通过资本与雇佣劳动相结合而作用的产物。在《资本论》出版以前，马克思出版过《雇佣劳动与资本》一书，就是用资本与雇佣劳动的关系代表和决定全部资本主义生产关系。可以说，资本与雇佣劳动的关系是《资本论》中着重研究的关系，这就涉及《资本论》的研究对象。《资本论》第一卷序言中指出：“我要在本书研究的，是资本主义生产方式以及和它相适应的生产关系和交换关系。”这里所讲的“资本主义生产方式”究竟是指什么？为什么作为研究对象的内容提出了交换关系而不提分配关系？其实，在《资本论》第三卷第51章《分配关系与生产关系》中就解答了这一问题。其中讲“对资本主义生产方式的科学分析却证明：资本主义生产方式是一种特殊的、具有独特历史规定性的生产方式；它……把社会生产力及其发展形式的一个既定的阶段作为自己的历史条件”。这个条件“是新的生产方式由以产生的既定基础；同这种独特的、历史地规定的生产方式相适应的生产关系……具有一种独特的、历史的和暂时的性质；

最后，分配关系本质上和这些生产关系是同一的，是生产关系的反面”。这段话的内容，在形式和逻辑思维上，与《资本论》第一卷序言所讲的研究对象的内容是一致的。但它清楚地表明了资本主义生产关系与其相适应的“资本主义生产方式”，是以一定历史阶段的社会生产力为其条件的，并具有历史规定性即暂时性。这就排除了将其解读为生产力或劳动方式的迷误。另外，这里讲与生产关系相适应的是分配关系，没有讲交换关系。

资本主义生产关系、交换关系与分配关系，都是与资本主义生产方式相适应的关系。《资本论》中有时提交换关系而没提分配关系，有时又提分配关系而没提交换关系，都是一种简单概括的提法，并无什么研究区别。《资本论》研究了资本主义生产关系、交换关系和分配关系，但更重视的是研究生产资料和劳动力相结合所采取的资本与雇佣劳动相结合的特殊方式，即资本主义生产方式。在论述《分配关系与生产关系》的同一章中反复说明：“已无须重新论证资本和雇佣劳动的关系怎样决定着这种生产方式（指资本主义生产方式——引者）的全部性质”“劳动作为雇佣劳动的形式对整个过程的面貌和生产本身的特殊方式有决定的作用”，并特别说明：“只是由于劳动采取雇佣劳动的形式，生产资料采取资本的形式这样的前提……价值（产品）的一部分才表现为剩余价值，这个剩余价值才表现为利润（地租），表现为资本家的赢利……”我们讲生产资料所有制是生产关系的基础，这是正确的。但怎样区分或由什么决定诸如资本主义所有制、封建主义所有制和社会主义所有制的差异？只有通过区分生产资料和劳动力相结合的特定生产方式的差异才能说明。正因如此，《资本论》第二卷指出：“不论生产的社会的形式如何，劳动者和生产资料始终是生产的因素。……凡要进行生产，它们就必须结合起来。实行这种结合的特殊方式和方法，使社会结构区分为各个不同的经济时期。”这清楚地说明了生产资料与劳动力相结合的特定生产方式对特定社会经济制度的决定作用。

《资本论》的理论核心正是研究剩余价值的生产、流通和分配关系的。

马克思指出，资本主义生产过程是劳动过程与价值增值过程的统一。资本主义生产的实质是剩余价值生产，资本积累是剩余价值的资本化，是商品生产所有权规律转变为资本主义占有规律。资本的流通过程即资本的循环与周转，是剩余价值的实现过程。产业资本、商业资本和借贷资本之间的关系是获取平均利润率的剩余价值分配关系。剩余价值规律是资本主义的基本规律，通过剩余价值理论，马克思揭示了资产阶级剥削无产阶级的本质关系。资本追求剩余价值的内在动力和竞争的外在压力，推动生产力和资本主义经济关系的自发发展。但由于资本积累的规律是财富在一端积累，贫困在另一端积累，造成生产力的盲目无限扩张和劳动者有支付能力的需求相对缩小，形成生产的相对过剩，从而产生周期性经济危机。这反映了资本主义私有制和生产社会化的基本矛盾。《资本论》论述了经济危机的根源、危机的过程和后果。马克思指出："一切现实的危机的最后原因，总是群众的贫穷和他们的消费受到限制，而与此相对比的是，资本主义生产竭力发展生产力。"马克思生动地描述了资本主义危机：工人群众"当然需要棉布，但是他们买不起，因为他们没有钱，而他们之所以没有钱，是因为他们不能继续生产，而他们之所以不能继续生产，是因为已经生产的太多了"。要消灭经济危机，就需消除资本主义内在矛盾，历史的逻辑决定了资本主义私有制将由社会主义公有制所取代的必然性。在现今经济全球化发展的条件下，我国要与资本主义国家发生经济社会联系，对《资本论》所揭示的资本主义发展的客观规律应有深入了解与把握。

《资本论》第一卷出版 150 年来，资本主义国家发生了新的变化，具有了新的特点，需要有新的认识，但《资本论》所研究的资本主义本质关系及其基本矛盾没有变，私有制以及资本与雇佣劳动的矛盾依然存在，两极分化在扩大，经济危机依然不断爆发。怎样正确认识和分析当代资本主义的新变化，也需要遵循马克思辩证唯物主义和历史唯物主义的科学方法。马克思曾看到了资本主义生产方式中新出现的股份制和工人合作社，但将其看作是在资本主义生产方式内对私人资本的扬弃，是转向社会主义的过渡形式。现代发达资本主义国家建立了比较完善的社会保障制度，实行经济计划，缩短劳动时间，有的国家还吸收工人代表参加企业管理。这是进一步出现的新的经济因素，增加和扩大了转向社会主义的过渡点，是对资本主义生产方式的“积极扬弃”和“消极扬弃”因素的新发展。马克思指出：资本主义生产的历史趋势是以其发展的历史必然性“产生出它自身的否定”。“它本身已经创造出一种新的经济制度因素。”“工人阶级……是要解放那些由旧的正在崩溃的资产阶级社会本身孕育着的新经济因素。”当代资本主义经济发展的新趋势，是一种历史进步，它适应并推动着生产力的新发展，同时又是转向社会主义的“新经济制度因素”的不断积累，渐变会转化为质变，当代资本主义出现的新现象和新特点，不是离社会主义更远，而是愈加趋近了。

三、《资本论》提出了社会主义经济的本质关系及其发展规律

《资本论》第一卷对资本的生产过程进行全面研究后，归结性地论述了“资本积累的历史趋势”。运用否定之否定辩证法，分析和阐述了资本主义怎样通过资本原始积累，剥夺了广大以小私有制为基础的个体农民的生产资料。这样，“个人的分散的生产资料转化为社会的积聚的生产资料，从而多数人的小财产转化为少数人的大财产”，劳动者的私有制转变为资本主义私有制。资本主义发展以后，“劳动进一步社会化”，资本不断集中，“一个资本家打倒许多资本家”，共同劳动的协作生产在不断发展，科学日益被自觉地运用于发展生产力，“资本主义制度日益具有国际的性质”。而另一方面，被剥削和奴役的劳动群众日益壮大，他们由资本主义生产过程的机制所训练，反抗也在加剧。生产资料在私人手中的集中和劳动的进一步社会化，要求“剥夺者被剥夺”。马克思归纳这一辩证过程时说：“资本主义的

私有制，是对个人的、以自己劳动为基础的私有制的第一个否定。但资本主义生产由于自然过程的必然性，造成了对自身的否定。这是否定的否定。这种否定不是重新建立私有制，而是在……对土地及靠劳动本身生产的生产资料的共同占有的基础上，重新建立个人所有制。”这个否定之否定过程就是：劳动人民的生产资料所有制，被剥夺而转化为资本主义所有制；资本主义所有制又被剥夺，回归劳动人民所有制，但不是回归私有制，而是转化为由劳动人民共同占有的社会所有制。马克思指出：私有制是“社会的、集体所有制的对立物”。马克思设想，资本主义转化到社会主义以后，生产资料归全社会所有，故多称“社会所有制”。这里所讲的“集体所有制”，与社会所有制的内涵是一致的，与我国所讲的部分劳动群众集体所有不是一回事。

《资本论》从资本主义发展历史趋势及其与未来社会主义的对比中，论述了社会主义的本质规定和经济特点。《资本论》第一卷中指出，未来的新社会是“自由人的联合体”，也就是摆脱了被剥削与压迫的处境、成为社会的主人的全体劳动者，共同占有生产资料、共同劳动、共同享用的集体社会结构。“设想有一个自由人联合体，他们用公共的生产资料进行劳动……这个联合体的总产品是一个社会产品。这个产品的一部分重新用作生产资料。这一部分依旧是社会的。而另一部分则作为生活资料由联合体成员消费。”这里还提出了社会主义的分配方式。“每个生产者在生活资料中得到的份额是由他的劳动时间决定的。这样，劳动时间就会起双重作用。劳动时间的社会的有计划的分配，调节着各种劳动职能同各种需要的适当的比例。另一方面，劳动时间又是计量生产者在共同劳动中个人所占份额的尺度，因而也是计量生产者在共同产品的个人可消费部分中所占份额的尺度。”这段论述事实上说明了社会主义经济关系的五个特点：其一，劳动者是摆脱了受剥削与压迫的“自由人”，是社会经济生活中的主人；其二，生产资料归社会公共所有，消费资料归全体劳动者享用；其三，按照社会需要分配劳动时间于不同的部门，即国民经济有计划按比例地发展；其四，实行按劳分配制度；其五，作为上述特点的结果，必然消灭了剥削和贫富两极分化。《资本论》中还指出，在新社会制度中，要以每个人的全面而自由的发展为基本原则。而这一原则的实现，要以生产力的发展为现实基础。在作为《资本论》前期成果的1857—1858年的《经济学手稿》中还指出，在新社会制度下，“社会生产力的发展将如此迅速……生产将以所有的人富裕为目的”。这里已提出了共同富裕是社会主义的根本目的，而迅速发展生产力是其手段。搞社会主义，必须抓好这两大环节。《资本论》中还有一系列怎样发展生产力的理论论述，具有普遍意义，也适应于社会主义。诸如：时间的节约是首要规律；关注自然资源的节约问题；粗放型增长与集约型增长的区分与关系；内涵型和外延型扩大再生产的区分与联系；怎样改进和推动生产力的诸要素发展生产力；科学作为独立的生产要素在发展生产力中的重要作用等。《资本论》在论述资本主义市场经济中，提出了市场经济的一般规律，其首要规律是实现资源配置决定作用的价值规律，以及与价值规律共同发生作用的供求规律、竞争规律、货币流通规律等。这些规律同样适用于社会主义市场经济发展的全过程。

改革开放以后，邓小平提出“什么是社会主义、怎样建设社会主义”还不是很清楚的问题，他就此提出了社会主义本质论，这是对马克思有关观点的继承与发展。笔者认为，还应提出为什么要搞社会主义的问题。其实，在马恩列的论著中已讲清了这个问题。之所以要搞社会主义，一是为了消除旧制度束缚生产力发展的内在矛盾，以解放生产力；二是让劳动人民摆脱几千年来受剥削、受压迫的困苦境地，成为社会的主人，不断提高其物质文化生活水平，满足其对生存资料、发展资料、享受资料多方面的需要，实现共同富裕。马克思强调，实行社会主义公有制是服从于快速发展生产力的根本任务和实现共同富裕的根本目的的。共同富裕是社会主义区别于以往一切社会的最本质特点，快速发展生产力是其物质保证，实行公有制是其制度保证。私有制是不可能消灭剥削，消除两极分化，实现共同富裕的。这是社会主义必须实行公有制的根本原因。

四、《资本论》对创建中国特色社会主义政治经济学的指导意义

《资本论》作为马克思政治经济学的主要著作，其基本原理与方法是创建中国特色社会主义政治经济学的重要理论来源，二者是源与流的关系。中国特色社会主义是马克思主义、科学社会主义中国化和现代化的成果。习近平同志指出："中国特色社会主义，是科学社会主义理论逻辑和中国社会发展历史逻辑的辩证统一。"有人宣扬"当代马克思主义"与所谓"传统马克思主义"相对立，用前者否定后者，还有人宣扬"中国特色社会主义"与所谓"传统社会主义"相对立，用前者摒弃后者，他们所否定和摒弃的正是作为我国社会主义事业指导思想的马克思主义和科学社会主义。这是完全错误的。

根据《资本论》中生产力和生产关系相互关系的规律，从我国生产力落后、人口多、底子薄、发展不平衡的国情出发，不应急于建立"一大二公三纯"的单一的社会主义公有制模式。党的十一届三中全会后，我国开始了社会主义自我完善和自我发展的改革开放，提出社会主义初级阶段理论，调整所有制结构，实行国有经济为主导、公有制为主体、多种所有制经济共同发展的基本经济制度。我国消除了阻碍生产力发展、统治旧中国的封建主义、官僚资本主义和掠夺性的帝国主义在华经济，但要允许、鼓励和引导大有生产力发展空间的私营经济和个体经济的存在和发展，也允许有利于我国经济发展的外资企业进入。进行经济体制改革必然要涉及怎样看待商品经济的理论和实践问题。为了更好更快地发展生产力，党的十二届三中全会关于经济体制改革的决定中，提出要发展公有制基础上的有

计划的商品经济，并提出商品经济的充分发展是社会经济发展不可逾越的阶段。

《资本论》中曾专门提出商品经济并不具有特定的社会性质，它起着瓦解自然经济、促进生产力发展的进步作用。《资本论》中指出："作为商品而进入流通的产品，不论是在什么生产方式的基础上生产出来的……都不会改变自己作为商品的性质。"在我国，商品经济和市场经济是既相联系又不等同的两个概念。即使在指令性计划经济条件下，我国也存在商品经济，但市场不起资源配置作用，决定资源配置的是指令性计划，所以有商品经济而无市场经济。市场经济是市场起资源配置作用的商品经济。在西方经济学中没有这种区分，因为西方学界在20世纪才开始流行起市场经济概念，而不讲商品经济概念。随着改革的深化，我国进一步由计划经济转向社会主义市场经济，这是为了搞活经济、更有利于发展社会生产力。习近平指出："经济体制改革的核心问题仍然是处理好政府和市场的关系""使市场在资源配置中起决定性作用和更好发挥政府作用"，并强调"经济发展就是要提高资源尤其是稀缺资源的配置效率，以尽可能少的资源投入生产尽可能多的产品"。

社会主义市场经济是社会主义经济制度与市场经济的结合，必须以社会主义经济制度的坚持与发展为条件。我国宪法对社会主义经济制度做了规定与说明，"中华人民共和国社会主义经济制度的基础是社会主义公有制，即全民所有制和劳动群众集体所有制"。全民所有制就是国有制经济。宪法还规定社会主义制度实行按劳分配原则，这是对《资本论》中所提出的社会主义基本特点的坚持与继承。由于我国处于社会主义初级阶段，不能搞单一的公有制，允许资本主义性质的私营企业和外资企业以及小商品经济性质的个体经济共同发展，但应保持社会主义公有制经济的主体地位。公有制为主体也称社会主义经济为主体，将这种所有制结构称作社会主义初级阶段的基本经济制度。"社会主义经济制度"和"社会主义初级阶段的基本经济制度”，这两个既有联系又有区别的概念并列写入了我国宪法，有意无意地混同两者是不正确的。

马克思把政治经济学区分为“劳动的政治经济学”和“资本的政治经济学”。《资本论》是劳动的政治经济学，它从两方面表现出以劳动人民为中心的思想：一是致力于使劳动人民从资本的车轮下解放出来；二是致力于使劳动人民过上美好生活的社会主义和共产主义理想的实现。搞社会主义，就要紧抓马克思所讲的两大环节，即大力发展生产力，不断提高人民福祉，实现共同富裕。《资本论》的研究对象不包括生产力，但它是紧密结合生产力的发展研究资本主义经济关系和经济规律的。中国特色社会主义政治经济学的任务与《资本论》研究资本主义经济制度的任务不同，它不仅要结合生产力研究生产关系，而且应致力于研究怎样更好更快地发展社会生产力，但不是从生产力的技术层面，而是从其社会层面进行研究。如《资本论》中将协作与分工、管理工作、生产组织等，也作为生产力发展的要素。又如，转变经济增长与发展方式，推进全面协调可持续发展等，也是属于发展生产力的问题。

中国特色社会主义政治经济学可以从三个方面研究生产力：一是研究怎样通过深化改革和扩大开放解放和发展生产力，包括生产体制、流通体制、金融体制、外贸体制等诸方面的改革。二是用发展的眼光研究决定生产力发展的诸要素，并充分发挥其作用。马克思把劳动、劳动对象和劳动资料三要素只是作为一切社会生产都必须具有的“简单要素”。他已看到资本主义生产中科学的重大作用，并将科学视为生产力的独立要素。他还重视自然力作为生产力要素的作用。他预见到未来还会有新的生产力要素出现，当前信息的发展就是印证。三是研究经济增长与发展方式等方面的问题。我国目前学界作为热点问题进行研究的诸如经济发展新常态；供给侧结构性改革；创新驱动发展；“一带一路”建设；新发展理念等，也都属于发展生产力的社会层面的问题。

习近平同志很重视发展理念问题。他说：发展理念是战略性、纲领性、引领性的东西。他提出了创新、协调、绿色、开放、共享的新发展理念，这是对马克思生产力理论的继承与发展。

重视生产力的发展，其目的是满足人民的需要，改革与发展的成果要惠及广大人民群众。贯彻以人民为中心的思想，中央把保障与改善民生提高到很高的地位。习近平同志强调："不断解放和发展社会生产力，努力解决群众的生产生活困难，坚定不移走共同富裕的道路。"

任何社会形态都存在生产力、生产关系和上层建筑三个方面的矛盾与统一。《资本论》是紧密结合生产力与上层建筑，特别是国家的政治与立法，研究资本主义生产关系的建立与发展的。中国特色社会主义政治经济学，既要重视研究生产力的发展，也要重视和着力于研究社会主义生产关系的发展与完善，同样要重视治国理政决策以及意识形态在发展和完善社会主义经济制度中的重要作用。要把生产力标准同社会主义生产关系标准和上层建筑标准统一起来。有人错解生产力决定论，宣传唯生产力论和唯生产力标准论，并将其作为唯物史观的基本原理强加于马克思主义，这是完全错误的。当前，怎样缩小与消除贫富分化、走共同富裕道路，是亟须研究的重要问题。实现精准扶贫，全面建成小康社会，做大做优做强国有经济等，都是与此相关的课题，还需要有更多有效的思路研究和解决这些问题。

（原载于《光明日报》2017 年 7 月 27 日 16 版）

《资本论》的研究对象、结构和学习的意义

一、学习《资本论》的意义

当前，在一些高等学校或在一些理论研究单位，有很多人认为《资本论》已经过时，没有重新学习的必要。由于受到某种社会思潮的影响，社会上也出现了《资本论》过时论。有些人还认为，《资本论》或马克思的经济理论是破坏旧世界的一种革命的学说，而不是社会主义建设的学说，所以在社会主义建设时期没有必要去学习和研究它。那么，今天我们为什么要开这门课，学习《资本论》有什么意义，这一问题需要首先加以说明。

从大的方面来说，我们是社会主义国家，我们的整个理论指导是马克思主义。江泽民总书记在“七・一”讲话中，有几个地方谈到了马克思列宁主义的重要意义。比如，他说：“八十年的实践启示我们，必须始终坚持马克思主义基本原理同中国具体实践相结合，坚持科学理论的指导，坚定不移地走自己的路。马克思主义是我们认识和改造世界的强大思想武器，是指导中国革命、建设和改革的行动指南。马克思主义不是教条，只有正确运用于实践，并在实践中不断发展，才具有强大的生命力。”马克思主义不仅仅是一个批判旧世界的革命的强大武器，而且也是建设社会主义的行动指南。在另一个地方，江泽民总书记又说：“马克思主义是我们立党、立国的根本指导思想，是全国各族人民团结奋斗的共同的理论基础。马克思

主义的基本原理任何时候都要坚持，否则，我们的事业就会因为没有正确的理论基础和思想灵魂而迷失方向，就会归于失败。这就是我们为什么要始终坚持马克思主义基本原理的道理所在。当然，也要强调不能搞本本主义、教条主义，马克思主义有与时俱进的理论品质，不能脱离实际。”也就是说，既要坚持，又要发展。

《资本论》是一部很重要的马克思主义经典著作。它首先是一部经济学著作，同时也是一部哲学的著作。我们从事社会科学研究的同志，特别是学习经济理论的同志，如果没有读过《资本论》，对其基本内容和方法不了解，茫然无知，是不行的。不要说是我们社会主义国家，就是在西方国家，比如在日本，它的一些著名的大学都在学习马克思的经济学。长期以来，在日本的京都大学、九州大学等著名的大学，马克思经济学一直是占指导地位。而我们国家的一些高等学校的经济学科的本科生、硕士生反而不开马克思主义经济学。法国有的博士生专门研究《资本论》，有些高等学校的导师专门招收研究《资本论》的博士生。西方国家研究马克思的经济学、研究马克思的《资本论》的论著非常多。特别是日本，在某些方面的研究成果比我们要多，研究得比我们深，且非常系统。

我们现在搞社会主义建设，搞改革开放，究竟马克思的《资本论》、经济理论对研究当代的现实问题有没有用？由于社会主义运动处于低潮，马克思主义的研究和宣传也似乎处于一种低潮。我们国内贬低、批评、否定马克思主义经济学或整个马克思主义理论的思潮不断地出现。但是，我们却看到了一个比较奇特的反差，就是西方资本主义国家的学术界、政治界对马克思的看法，对马克思主义理论的看法却在不少方面更实事求是一些。大家知道，在进入新千年的时候，英国曾经先后两次推选千年的最伟大的思想家、千年的风云人物，其中马克思名列前茅。英国广播公司的评选工作是通过网上的民意测验，根据得票率的高低确定了前四名。其中，20 世纪一千年最伟大的思想家中马克思高居榜首。英国路透社又从世界各国邀请政界、商界、艺术界和学术界的专家来进行评选千年风云人物，结果马克思仅仅以一分之差位居爱因斯坦之后而居第二位。第一次的评选，有政界、商界、学术界的，也有平民，所以比第二次要客观一些。路透社在报道评选结果时提出《共产党宣言》和《资本论》在过去一个多世纪中对全球政治和经济思想方面产生了重要影响。这些表明，西方各界是肯定马克思的著作和理论的意义、作用和影响的。在迎接新千年的时候我们还注意到，英国为修整纪念马克思图书馆而花费了不小数目的钱。作为这一图书馆的长期会员之一的英国工党的一名议员发表演说认为，马克思对资本主义的看法是正确的，他将在21世纪成为最有影响的人物之一。

我们的学者并没有系统地、认真地学习过马克思的《资本论》，却发表一些不切实际的评论。我认为，我们无论是坚持、发展，还是怀疑、否定、批评，首先应该对马克思的著作，特别是对他的《资本论》有个真切的认识。只有按马克思的原意理解和把握它，才能谈得上坚持和发展。即使进行否定也才不至于任意曲解。否则，没有搞清它的原意，坚持的就不是马克思主义，发展的也不是马克思主义。否定批评的是被歪曲和失真的马克思主义，而不是真实的马克思主义。现在，不懂马列而“发展”马列者有之，不懂马列而否定、批判马列者也有之。有些人不懂马克思主义，而“发展”马克思主义，或有的人还没有读过马列原著而批评、否定马克思主义。与此相反，西方的一些实事求是的学者却有很多是说公正话的。比如，西方著名的经济学家熊彼特在1942年写的《资本主义、社会主义和民主主义》一书中说，大多数创作“经过一段时间，短的不过饭后一个小时，长的达到一个时代，就完全湮没无闻了。有些却不……伟大这个词无疑适用于马克思的道理……对马克思理论来说，这种非难或诽谤甚至精确的反驳，由于不能致命地损毁它，而只起了显示这个理论的力量的作用”。还有，罗宾逊夫人批评西方的正统派拒绝向马克思学习，说他们在很大程度上陷于荒唐可笑。她认为，马克思的“扩大再生产的模式，为研究储蓄和投资的问题以及研究资本的生产和消费的需求之间的平衡，提供了一种极其简单而又不可缺少的方法”。

有人认为，我们是搞社会主义市场经济，而《资本论》当中就没有讲过社会主义市场经济，所以《资本论》更过时了。但是，西方国家的一些学者，如日本的一位教授山口勇在东京的一个刊物上发表文章，题目是《社会主义市场经济论与马克思主义经济学——经济学哲学思想》，认为随着社会主义市场经济的日益发展，就会产生类似于西方的矛盾，为了科学地分析和克服这些矛盾，就要加强对《资本论》的研究。《资本论》不仅是社会科学的经典，而且还是逻辑学，是劳动者阶级自己的哲学。这位学者并不是马克思主义者，但他的思想倾向于马克思主义。还有一位叫堤清二的日本学者，也是大企业家，他写了《消费社会批判》一书（已有中译本），对当代资本主义社会进行了批判，而且也进行了自我批判。他在这本书中实际上运用了马克思主义的历史唯物主义观点，认为任何一种社会结构都不可能是永恒不变的，消费社会和信息社会这种后产业社会的出现，也许意味着现行社会体制，即资本主义社会体制末期的来临。这本书中，他特别赞扬了马克思的理论，当然包括《资本论》。

我们最近讨论劳动价值论问题，有一位学者出书、写论文否定劳动价值论，认为马克思的劳动价值论只是适应于最原始的物物交换时期，说他的商品劳动价值论没有讲供求关系。还说马克思认为只有体力劳动创造价值，排除科技工作和管理劳动创造价值。我认为这完全是对马克思理论的错误理解。马克思的商品价值理论既适应于简单商品经济，也适应于资本主义、适应于社会主义。只要有商品生产，他的基础理论都是适用的。他讲了货币、资本主义的商品交换，也讲了供求关系，特别是在《资本论》第三卷第十章中系统地讲了供求规律、竞争规律、市场价格运动的规律。英国哥伦比亚大学的经济学教授邓肯·K·弗利写了一篇论文，认为“古典政治经济学家和马克思能够完美地认识供给和需求的理论和方法，为经济理论提供了强有力并富有说服力的论证，令人信服地将供给和需求理论纳入到劳动价值论的框架之中。而建立在供求论基础上的（西方）`主流经济学理论，现在却是理论贫乏而且形式烦琐”。这些都表明，西方的一些学者、政治家、老百姓对马克思、马克思的理论和《资本论》的看法在某些方面比我们的一些学者更为公正、更为客观。至于断言马克思排除脑力劳动创造价值，同样不是事实。马克思在自己的论著中多次讲过经理、工程师、工艺师等也是创造价值的生产劳动者。例如，他明确地指出：“所有以这种或那种方式参加商品生产的人，从真正的工人到（有别于资本家的）经理、工程师，都属于生产劳动者的范围。”读点马克思的原著，方能判断理论讨论中的是非对错。

当然，我们学习《资本论》时不能教条主义地、本本主义地学习，而是要运用它的基本的理论和方法，研究和分析当代资本主义的现实，研究我国社会主义的建设事业，研究我国的改革开放。

二、运用《资本论》的基本原理和方法研究现实问题

由于这一问题的范围很广，所以这里只能举几个方面的例子，供大家参考。

我们要学习、把握马克思主义的历史唯物主义原理和辩证法。马克思在《资本论》中指出，社会历史的发展是一个历史的、自然的过程。我建议大家认真地读一遍《资本论》第一卷第一版序言和第二版“跋”。马克思在第一卷第一版序言中说：“我的观点是：社会经济形态的发展是一种自然历史过程。”就是说，社会经济形态的发展是自然的、客观的、必然的一个历史过程。这一历史唯物主义的观点说明了什么问题呢？过去，我们学习马克思主义，对马克思的很多深刻的思想没有很好地掌握，犯了一些错误，特别是“左”的错误。有人认为我们的“左”的错误是来源于马克思的劳

动价值论，这种武断完全错误。我们在改革开放前，曾长期搞唯成分论，让子孙后代为其上辈的经济关系负责。在马克思、恩格斯那里是没有这种观点的。马克思、恩格斯曾明确提出过不要让地主、资本家个人对资本主义剥削关系负责。他们一方面主张阶级、阶级矛盾、阶级斗争，另一方面又从历史唯物主义的观点出发，认为不要让地主、资本家个人对社会历史发展中必然会产生和存在的资本主义的剥削关系负责。因为，整个社会历史的发展是客观的、必然的发展过程，不是某一个资本家、某一个地主在主观上犯了错误、道义上出了问题而出现了剥削关系。所以，马克思在第一卷第一版的序言中为了澄清一些理论是非，避免产生一些误解，指出："为了避免可能产生的误解，要说明以下。我决不用玫瑰色描绘资本家和地主的面貌。不过这里涉及的人，只是经济范畴的人格化，是一定的阶级关系和利益的承担者。"恩格斯也曾在为《资本论》写书评时指出，拉萨尔的全部社会主义在辱骂资本家，而在马克思的《资本论》里却没有谩骂资本家，没有侮辱资本家。马克思清楚地指出了资本主义生产方式的历史必然性。既然是历史的必然，就不能让资本家、地主个人负责。即使是无产阶级革命、社会主义革命，消灭了剥削制度、剥削阶级就够了，而对资本家进行改造就足矣。所以，不管个人在主观上怎样超脱各种关系，他在社会意义上总是这种关系的产物。

马克思在《资本论》第二版"跋"中的很多地方论述了关于生产力与生产关系的历史唯物主义观点，这一思想贯穿于整个《资本论》。过去犯超越阶段、人民公社化等"左"的错误，就是脱离生产力与生产关系的相互关系的原理，脱离了现实的国情。我们现在提出社会主义初级阶段的理论，也正是从我国现实的生产力水平出发的。这才是符合马克思主义的理论。所以，我们学习《资本论》，要真正把握马克思的历史唯物主义的基本原理。

马克思在《资本论》第一卷第一章中讲到了商品生产的理论。但是，我想提醒的是，不是像有的学者所说的那样马克思的商品价值理论就限于

《资本论》第一卷第一章，这是错误的。第一章关于商品价值理论仅仅是提出了一个最基本的、初步的劳动价值理论。随着《资本论》以后其他章节的研究的展开，劳动价值理论也逐步地拓宽，而且在马恩的其他著作中对商品价值理论也得到了很多补充。但是，即使仅从第一卷第一章的商品价值理论来看，它的很多基本理论对我们研究当前的商品经济，也有重要意义。过去，由于我们对马克思《资本论》的很多论述没有很好地掌握，因此出现了很多误解。比如，我们曾经把商品经济当作资本主义来看待。在我们确定要发展社会主义商品经济，提出社会主义是有计划的商品经济时，有的人又认为社会主义经济的本质是商品经济。要么把商品经济说成是资本主义的东西而否定，要么把它当作社会主义的本质关系，我认为这两种理解都是片面的，都不符合马克思的原意。《资本论》在许多地方讲过，商品本身并不具备特定的社会性质。马克思在第二卷中说："不论商品是建立在奴隶制基础上的生产的产品，还是农民的产品（中国人、印度的农奴）……它们总是作为商品和货币。"又说："作为商品进入流通的产品，不论是在什么生产方式基础上生产出来的，——不论是在原始共同体的基础上，还是在奴隶生产的基础上，还是在小农民和小市民的生产的基础上，还是在资本主义生产的基础上生产出来的，——都不会改变自己作为商品的性质。"就是说，商品可以在各种各样的制度下生产出来，不管在什么制度下生产商品，它本身的性质不会改变，商品的客观性质就是商品本身的性质，不存在哪种制度下生产的商品就具有哪种制度的问题。把商品经济当作资本主义的本质，这更是一个错误的观点。马克思指出，商品关系根本不能说明任何一种生产方式的特点，更不能说明它的本质。把商品经济划分为姓"社"姓"资"，不符合马克思的原意。

在国内，有的学者一讲产权理论，就想到西方学者，如，科斯定理等。其实，马克思比科斯早 100 多年就创立了系统的产权理论，只不过是我们过去没有认真地研究和系统地分析，从而产生了误解。反而在这方面有所认识的是西方的一些学者。西方一位学者认为，马克思是第一位有产权理论的社会科学家。我们翻开《资本论》就可以发现，马克思主义在很多地方分析论述了所有权、占有权、使用权和支配权以及它们的相互关系。所以，马克思没有产权理论的说法不正确。

在讲到经济增长、经济发展时，涉及所谓外延的扩大再生产还是内涵的扩大再生产、集约型的增长方式还是粗放型的增长方式的问题。对怎样理解内涵的扩大再生产和外延的扩大再生产以及它与集约型的增长方式和粗放型的增长方式的关系，到现在为止，理论界都存在一些误解，甚至有些混乱现象。中央提出转变经济增长方式，由粗放型增长方式转变为集约型的增长方式，这非常正确。而有些学者却简单地认为粗放型增长方式是计划经济的产物，集约型增长方式是市场经济的要求。对集约经营、粗放经营等问题，李嘉图等西方经济学家以及其他经济学家都已经讲过。资本主义经济也有集约和粗放的问题。说市场经济只有集约经营，计划经济只有粗放经营，这完全是信口开河。而且，在阐述再生产理论时，对外延的扩大再生产、内涵的扩大再生产等问题有误解。《资本论》当中对这些问题讲得很清楚，但有些人却都搞乱了，应该对其原意进行考察。

我们过去长时期以来都认为社会主义经济是短缺经济，供不应求。确实，所有的社会主义国家在以往长时期中都存在过商品短缺的现象。而我国在改革开放后，这种局面很快就被改变了，由卖方市场基本转向了买方市场。马克思曾经讲过，未来的社会也会存在生产过剩的问题。但他这里讲的生产过剩与资本主义生产过剩是两回事。马克思说，生产过剩是资本主义社会内部无政府状态的一个要素，但是在消灭了资本主义以后的社会生产中，生产资料的生产总额在一个场合必须增加，在另一个场合必须减少。这种情况，只有用不断的相对的生产过剩来补救：一方面要生产出超过直接需要的一定量固定资本；另一方面，特别是原料等等的储备也要超过每年的直接需要（这一点特别是适用于生活资料）。这种生产过剩等于社会对它本身的再生产所必需的各种物质资料的控制。无论是生产资料、机器设备，还是生活资料、原材料，都需要储备。不能需要多少，就正好生产出多少，不存在供给和需求完全一致的情况。在社会主义条件下，这种生产过剩不是像资本主义那样的引起经济危机的生产过剩，而是社会所需要的、作为后备的生产过剩。但在社会主义市场经济条件下，如果搞不好也可能产生像引起资本主义经济危机那样的生产过剩。所以，我们说买方市场有利于生产力的发展，有利于满足广大人民的生活消费需要。当然，这种生产过剩应该尽量控制在必要的范围内。

马克思虽然没有专门讲述社会主义的特点，但是他在许多地方零零碎碎地涉及了社会主义的特点。比如，在《资本论》第一卷第一章的第四节中讲商品拜物教时，专门涉及未来自由人联合体的特点，就是社会主义、共产主义的公有制、按劳分配、计划调节等等特点。《资本论》中还讲到了新社会的重要特点——“人的全面自由的发展”问题。马克思说，在代替资本主义的高级的社会形态中，“以每个人的全面而自由的发展为基本原则”。过去我们讲社会主义的特点时不提这一点，没有认识到这一重要特点，但现在已经有所改变。

学习《资本论》，真正掌握其基础理论和方法，有助于我们判断有关的理论是非。例如，我们的政策中，把雇 7 个人以下的叫作个体经济，把雇 8 个人以上的叫作私营经济。这本来是个政策的界限，是过去历史过程的产物。理论界或实际部门长期以来好像认为雇 8 个工人以上就是资本主义，有剥削；雇 7 个人以下就没有剥削，是个体经济，而且好像认为这是根据马克思《资本论》中的界定来划分的。如果真正读了《资本论》，就可以知道这种理解是错误的。《资本论》中讲过关于雇佣 8 个人的问题，但那是假定条件下的假定例子。马克思绝没有把是否雇佣 8 个人以下或以上作为划分有没有剥削、是资本家还是个体经济的标准。再例如，只有读过《资本论》我们才能知道马克思是不是认为经营管理者、科技工作者的劳动是生产劳动，是创造价值的。有一种观点认为，马克思的劳动价值论是体力劳动价值论，只有体力劳动创造价值，脑力劳动不创造价值，认为马克思没有讲过经营管理者、科技工作者的劳动创造价值，所以现在提出这一问题是对理论的重大发展。另外一种观点也认为，马克思的劳动价值论是体力劳动创造价值，不包括脑力劳动，所以不能把经营管理、科技工作者的劳动纳入到劳动价值论中，它们是另外的生产要素。这两种观点都不符合马克思的原意。马克思的《资本论》和其他著作中都明确肯定了脑力劳动者的劳动是生产劳动，是创造价值的。马克思甚至承认资本家的管理都有二重性，它既有生产性的一面，也有创造价值的一面。过去我们把资本家的收入统统看作是由剥削而来的，这种观点是不准确的。资本家的管理劳动也创造了价值，尽管他为剥削而管理。

总之，通过以上几个例子我们就可以知道，《资本论》并不像有些人所说的那样过时了或对研究社会主义问题没有用了。我这里仅仅是提出几个例子，如果要从整个《资本论》来讲，这种例子是很多的。所以，《资本论》并没有过时，它仍对我们今天的实践有指导作用。

三、《资本论》的研究对象和体系结构

对于《资本论》的研究对象，在国内多年来一直有争论，没有取得统一的看法。马克思在《资本论》第一版序言中说："我在本书研究的，是资本主义生产方式以及和它相适应的生产关系和交换关系。"对这一段话的理解上有很多争议，特别是对这里说的"资本主义生产方式"有很多不同见解。这一序言中马克思还说"本书的最终的目的就是揭示现代社会的经济运动规律"，这就涉及很多学术问题。《资本论》中大量地运用了"生产方式"这一概念，究竟"生产方式"指的是什么？《资本论》中用的"生产方式"的概念，与我们过去社会科学所理解的作为基本概念的"生产方式"

并不完全一致。《资本论》中所讲的“生产方式”的概念，包含的内容很广泛，它是指用什么样的方式进行生产，可以是生产的技术方式，也可以是生产的社会方式。所谓生产的技术方式，就是生产力方面的方式，所谓生产的社会方式，就是社会关系、经济关系方面的方式。《资本论》中，有时候仅仅是从技术方面来讲“生产方式”，有时候却是从社会方式方面来讲的。而且“资本主义生产方式”这一概念在不同的地方也有不同的用法。我认为，从整个《资本论》的研究对象来看，马克思在序言讲的“资本主义生产方式”是指与一定的所有制相联系的资本和雇佣劳动相结合的方式。我们一般讲，生产关系的基础是所有制，这在某种意义上正确。但是马克思并没有简单地仅仅讲所有制是整个生产关系的基础，而是特别重视生产资料和劳动力相结合的方式，把所有制同生产资料与劳动力的结合方式统一起来，把它作为决定社会经济形态的基础。

当然，我们讲《资本论》的研究对象，一般地也把它作为政治经济学的研究对象。我认为，在讲政治经济学的研究对象时，应该注意马克思专门研究资本主义政治经济学的对象与我们研究社会主义政治经济学的对象的统一与区别。有很多人认为，马克思的政治经济学、《资本论》是破坏旧世界的、革命的理论，这当然有一定道理。因为《资本论》要阐明资本主义的剥削关系，给无产阶级提供一个理论武器，让工人阶级起来摆脱剥削、摆脱压迫，用社会主义、共产主义取代资本主义。从这一角度来讲，《资本论》确实是革命的经济理论。但《资本论》不是仅仅限于这些的。马克思研究资本主义时，他的研究对象的侧重点确实是生产关系，是揭示资本主义生产关系的本质，揭示资本与雇佣劳动关系的本质，以及与生产力相联系的资本主义经济运动规律。在社会主义社会，我们的经济学也要揭示社会主义经济关系的本质。我们对社会主义经济关系的本质的研究不是太多，而是太少。但是，我们的经济学所要解决的问题不应该仅仅限于研究、揭示生产关系的本质。因为，我们社会主义政治经济学的任务与当时马克思研究资本主义政治经济学时的任务不同。马克思没有必要研究资本主义怎样更好地发展、经济怎样更好地增长。而我们现在是建设社会主义，要发展马克思的理论，要研究社会主义的经济怎样更好地增长，怎样更好地发展，我们采用什么样的经济体制更有利于生产力的发展。我们应该研究经济增长、经济发展的规律，研究经济体制、经济运行机制方面的问题，而不能仅仅限于研究社会主义的生产关系。所以，社会主义政治经济学要拓宽自己的研究对象。《资本论》的任务是给无产阶级提供理论武器，而不是给资本家提供经济发展的方案，所以与社会主义的政治经济学的研究对象不一样。但是，我们也应该看到，马克思不是撇开生产力而孤立地研究生产关系。他研究的资本主义的生产关系，是作为一个最终的、一切服从于它、服从于最后揭露资本主义经济关系的本质，揭示资本主义产生、发展与最后灭亡的经济运动的规律。实际上，为了研究资本主义的经济关系，马克思不能不涉及研究生产力的问题。但是他不是作为目的来研究生产力，而是为了更好地阐明资本主义经济关系的发展。因为生产力的发展决定生产关系的发展。所以，马克思在《资本论》第一卷第十一、十二、十三章中比较系统、深入地研究了资本主义社会中生产力的发展过程。阐明随着简单协作、分工的工场手工业及机器大工业的发展，资本主义生产关系怎样相应地不断扩大与发展。

一些学者认为，只有西方学者有经济体制理论，而马克思没有这方面的论述。《资本论》中虽然没有用“经济体制”等词，但在揭示资本主义经济关系时不能不客观上通过资本主义的经济运行机制来揭示它的经济关系。比如，马克思讲竞争、供求、价格运动，实际上就讲了竞争机制、供求机制、价格运动的机制问题。这样的例子很多，马克思讲很多经济问题时，都涉及了经济运行机制。

马克思在讲《资本论》的研究对象时说，他要研究的是资本主义生产方式以及和它相适应的生产关系和交换关系。没有讲分配关系。我们是不是可以认为马克思不重视分配呢？很多西方学者的著作都是讲分配问题的，而《资本论》为什么不讲分配呢？好像我们的经济学家没有讲清楚这一问题。《资本论》中的许多问题不是从分配的角度讲的。比如，工资问题是分配问题，但马克思不是从分配的角度讲的，而是从生产和交换的角度讲的。马克思虽然没有专门讲分配问题，但包含了分配问题，不能说他的理论中没有分配问题，他是从另外一个角度来论述了分配问题。

我们现在看到的三卷《资本论》，仅仅是马克思原来计划写作的庞大著作的一部分。《资本论》第三卷第一章分别说明了三卷的对象和结构。他说，第一卷是研究资本主义直接生产过程和它所呈现出来的各种现象；第二卷研究资本的流通过程，既研究了资本的循环和周转过程，又研究了作为再生产过程媒介的流通过程；第三卷研究资本主义生产的总过程，揭示和说明了作为整体考察时资本运动过程所产生的各种具体的形式。

《资本论》的体系结构是：第一卷阐明了马克思的三个重要理论，即劳动价值论、剩余价值论和资本积累理论。第一篇是研究商品和货币，初步建立了劳动价值理论。商品和货币理论在以后的篇章中逐步地展开和拓宽。第二篇到第六篇阐述了剩余价值理论。第七篇阐述了剩余价值如何转化为资本，就是建立资本积累理论。第二卷第一篇、第二篇的是资本的循环和周转，主要阐述了单个资本流通的形式。第三篇是研究社会总资本的流通。第三卷第一篇到第三篇是研究利润和利润率的问题，第四篇到第六篇是研究资本的各种具体形式，如商业资本、生息资本、农业资本等等，并研究了剩余价值在各种资本具体形式下的分配问题。

在理解和把握《资本论》的体系结构时，应弄清有关的两个理论逻辑问题。一个问题是：马克思剖析资本主义经济时，为什么在结构上要从商品开始？这里分析的商品究竟是简单商品还是资本主义商品？或是商品一般？再一个问题是：分析和研究资本主义经济时，为什么不先从土地所有制、商业资本、借贷资本等经济形式开始，而是先从工业资本开始？为什么马克思这里没有采用历史的方法?

关于第一问题,《资本论》第一卷开宗明义就做了说明:“资本主义生产方式占统治地位的社会财富,表现为‘庞大的商品堆积’,单个的商品表现为这种财富的元素形式。因此,我们的研究就从分析商品开始。”第一版序言中还指出:研究发育的身体比研究身体的细胞更容易些。“而对资产阶级的社会来说,劳动产品的商品形式或者商品的价值形式,就是经济的细胞形式”,分析细胞形式,“这是显微镜下的解剖所要做的那种琐事”。

既然商品是资本主义财富的“元素形式”,或资本主义经济的“细胞形式”,马克思从商品入手剖析资本主义经济,那么,作为分析出发点的商品,似乎是资本主义商品了。可是恩格斯却说,马克思在《资本论》“第一卷的开头从他作为历史前提的简单商品生产出发,然后从这个基础到资本……他要从简单商品出发”。事实上,《资本论》第一篇《商品和货币》,是研究货币转化为资本前的商品与价值关系及其发展历史过程的。也可以说是研究简单商品生产和商品流通的。不过,分析简单商品与价值关系所得出来的基本原理和一般规律,如价值规律、货币流通规律等,对包括资本主义商品生产在内的一切商品生产都是适用的。因此,研究“简单商品”或“简单商品生产”,等于是研究商品一般或商品生产一般,研究这种简单的商品形式或商品一般形式,也就是要研究资本主义经济的细胞形式,或资本主义财富的元素形式。三者的关系不是对立的,而是可以统一的。

关于第二个问题。《资本论》中的逻辑结构和分析方式,在许多具体关系方面,是历史方法同逻辑方法相一致的,即历史从哪里开始,逻辑分析也就从哪里开始。比如,由简单价值形态到货币形态的历史发展与理论分析;由商品流通到资本流通的历史发展与理论分析;由绝对剩余价值生产到相对剩余价值生产的发展与理论分析;由封建主义地租到资本主义地租的发展与理论分析;等等,都体现了历史与逻辑相一致的方法。但是,当马克思建立资本主义政治经济学体系时,经济范畴的安排顺序,就需要采取逻辑分析的方法。商业资本与商业利润、借贷资本与利息、土地所有制与地租，都先于资本主义制度而存在与发展。

但是，资本主义政治经济学的体系结构不能从这些经济形式开始。因为它们不是使社会经济具有资本主义性质的决定因素。决定因素是工业资本的产生与发展。因此，《资本论》第二篇《货币转化为资本》，是指货币转化为工业资本。以后各篇讲绝对剩余价值的生产、相对剩余价值生产、资本积累过程等，都是以工业资本为对象的。马克思为在《资本论》中建立政治经济学体系，阐述了政治经济学既不应“从作为全部社会生产行为的基础和全体的人口开始”，也不应从在古代社会和封建社会中处于支配地位的土地所有制和耕作开始的道理。在资本主义社会中，是资本——首先是工业资本处于支配地位。农业、土地所有制、地租，都受支配于资本。“不懂资本便不能懂地租、不懂地租却完全可以懂资本。资本是资产阶级社会的支配一切的经济权力。它必须成为起点又成为终点，必须放在土地所有制之前来说明。”马克思还指出：在一切社会形式中，都有一种关系支配着其他一切关系的地位和影响。“这是一种普照的光，它掩盖了一切其他色彩，改变着它们的特点。”在资本主义社会中资本——工业资本是决定其他一切关系的“普照的光”。理论界存在一种误解：认为马克思上述一段话是指在一切社会中都存在多种经济成分，其中占支配地位的经济成分是“普照的光”，改变着其他经济成分的特点和性质。这种理解完全离开了马克思的原意，也不符合历史事实与理论逻辑。

在《资本论》的体系结构中，第一卷研究了工业资本的生产过程；第二卷研究了工业资本的流通过程，包括单个资本的流通（资本循环与周转）和社会总资本的流通（总资本再生产的大流通）；第三卷除1—3篇继续研究工业资本中形成平均利润与生产价格外，其他篇章分别研究商业资本与商业利润、生息资本与利息、土地所有制与地租等。这些在资本主义前就存在的经济形式，在工业资本“普照的光”的支配下，都具有了资本主义的特点。从这个体系结构中可以看出，这里并没有采取历史与逻辑相一致的方法。马克思就此特别指出："把经济范畴按它们在历史上起决定作用的先后次序来排列是不行的，错误的。它们的次序倒是由它们在现代资产阶级社会中的相互关系决定的。这种关系同表现出来的它们的自然次序或者符合历史发展的次序恰好相反。"这是我们把握《资本论》体系结构时应注意到的一个问题。

（原载于《当代经济研究》2002 年第 11 期）

我与《〈资本论〉简说》

一、《〈资本论〉简说》的出版和社会效应

《资本论》是涵盖马克思主义政治经济学、哲学与科学社会主义的一部重要的经典著作，首先是一部政治经济学经典著作。它是改造旧世界、建设新世界的指路明灯，是社会主义运动、社会主义革命和社会主义建设事业的指导思想。这一指导思想载入我国宪法和中国共产党的党章之中。

习近平同志于2012年6月12日到中国人民大学考察时，首先考察了经济学院《资本论》教学与研究中心，认真察看了经济学院教师们的有关论著，并做了重要讲话。他指出：我们党是一个马克思主义指导的党，所以我们要重视马克思主义经典理论的学习。马克思主义中国化形成了毛泽东思想和中国特色社会主义理论体系两大理论成果。追本溯源，这两大理论成果都是在马克思主义经典理论指导下取得的。《资本论》是最重要的马克思主义经典著作之一，是经典的经典，经受了时间和实践的检验，始终闪耀着真理的光芒。习近平同志语重心长地鼓励我们要旗帜鲜明、理直气壮地坚守。这是对《资本论》教学与研究工作者的最大鼓励和鞭策。

《资本论》三卷的内容博大精深、卷帙浩繁，非专业者难以尽读其内容。考虑到不同读者群的需要，我选编了《〈资本论〉精选》和编写了《〈资本论〉精选讲解》（中国人民大学出版社，2014年），又编写了《〈资本论〉简说》（中国财政经济出版社，2014年）。《简说》共五万多字，全

书篇幅小、内容少，但涵盖面大，力求将三卷《资本论》的精义包括其中。“简说”一词不是简单论述，而是“简明”“精简”之意。本书虽然字数少，内容简要，但力求准确和系统地阐述《资本论》的基本理论与方法，又对某些难解和学界存在不同解读和争论的有关问题提出自己的辨析。不回避任何难点和疑点。我认为，有些疑难问题，在《资本论》中已有明确说明，但有些学者硬要离开其本义另辟蹊径，而且有的解读颠倒了其原意。我在《简说》一书中直面这类问题，做了自信符合原意的简要解读。关于这个问题的处理，我在撰写《简说》时，曾经犹豫过：有些疑难问题和争论问题，在某些政治经济学教材和《资本论》解读类著作中都避开不讲，我在一个五万多字的通俗读物中，是避开好，还是面对好？特别是对在学界长期争论不休的一些理论问题，我若按照自己的理解做出解读，会不会产生负面社会效应。经考虑之后，我还是按忠于原著原意去写、由他人评述的精神对十多个理论是非问题进行了辨析。《简说》出版后，产生了我没有预想到的社会效果。不仅获得了不少同仁的认同，而且被中宣部理论局和中组部干部教育局推荐为党员干部第十批学习书目之一。《简说》在学者群中获得了好评：中国人民大学经济学院一级教授胡乃武同志读完《简说》后接连给我两封亲笔信，说他连夜一口气读完，获益颇多，并主动写书评在《人民日报》2014 年 11 月 10 日发表，对本书概括了以下特点：一是少而精，5 万字，可用较短时间读完。二是内容全，涵盖《资本论》三卷的基本原理和方法。三是解读新，既科学准确，又有理论深度。四是文风好，语言简洁明快，便于阅读、易于理解。澄清了一些理论是非。《北京日报》2015 年 2 月 2 日还发表了天津财经大学石晶莹教授阅读《简说》的收获。文章题目是：别误读了《资本论》。主要内容是对我在《简说》中澄清《资本论》研究和争论中的一些理论是非表示认同。“卫兴华教授在本书中，以简明扼要、画龙点睛的手法对这些容易引起歧义的关节点进行了分析与梳理”。在中央推荐《简说》为党员干部学习书目后，光明日报特约中国财政经济出版社撰写了点评这本书的文章，发表于《光明日报》2015 年 7 月 7 日。书评中讲：“卫兴华先生撰写的《〈资本论〉简说》一经出版，便得读者的认可。《简说》的精练让《资本论》更贴近读者。”“《简说》一书内容仅5万字，加上附录《力求准确解读〈资本论〉的原理和方法》一文的1万多字，总共也仅6万多字，”《资本论》的“艰深之著作读成6万字通俗易懂、不失其精髓，为专业和普通人共享的内容，其间需要的智慧和过程的冷暖甘苦也许只有作者自己能够体会”。

中央推荐书目中也对《简说》做了评介：该书是作者在多年《资本论》教学基础上编写的一本《资本论》精读读物。作为哲学和科学社会主义的经典著作，《资本论》博大精深，是广大党员干部学习马克思主义理论的基础。《〈资本论〉简说》对这部经典著作做了系统解读，有针对性地对重要的、难点的理论问题进行阐述，深入浅出、简明清晰，有助于党员干部学习和理解《资本论》的基本要义，对党员干部夯实理论基础、树立坚定正确的理想信念，具有很好的指导意义①。

我讲这些情况，不是想借此显示自己什么。而是要借此说明：我在一本通俗性的《简说》中，对《资本论》解读中的一些理论是非问题提出自己的辨析，竟得到学界和媒体以及中央有关部门给予的正效应评介。增强了我的理论自信，增强我进一步展开辨析的信心。《简说》中涉及对《资本论》解读中存在争议的问题有15个以上，若对每个问题都展开论述，需很大篇幅。本文只提选政治经济学教学与研究中作为基础性概念和观点的三个需要澄清理论是非的问题，展开论述。

二、怎样按照原意理解和把握《资本论》中的三个理论问题？

（一）关于“资本积聚”的解读问题

这个问题在中外政治经济学教材和某些《资本论》的讲解中，存在着

① 见新华社北京2015年4月29日电，中宣部理论局、中组部干部教育局党员干部推荐第十批学习书目。

不很准确或模糊不清的解读。由于这被视为是个小问题，过去我也没有公开提出讨论，但在自己的有关著作包括《简说》中，还是按照《资本论》的原意做了解析。觉得有必要在本文中展开进行一些分析。

我国有关论著中，对资本积聚的理解，多来自苏联的有关论著。就从苏联《政治经济学教科书》第三版来看，它是这样讲解的："靠积累本企业获得的剩余价值而增加资本总额，叫作资本积聚，资本家把占有的一部分剩余价值投入企业，他就拥有愈来愈多的资本。"（人民出版社，1955 年）国内有关教材普遍沿袭这种解读。如蒋学模教授主编的《政治经济学教材》是这样论述的："资本积聚就是个别资本通过资本积累即剩余价值资本化而扩大它的规模。举例来说，某皮鞋制造业的资本家，原有资本 10000 元，通过每年的剩余价值资本化，五年后资本扩大到 15000 元，这就是资本积聚。"（上海人民出版社，2003 年）在张维达教授主编的《政治经济学》中讲："资本积聚是个别资本家通过剩余价值资本化来增大自己的资本总额，即本来意义的资本积累。"（第二版，高等教育出版社，2004 年）许征帆教授主编的《马克思主义辞典》中的解读也一样："资本积聚是单个资本因资本积累而增大其总额的一种形式。单个资本，随着资本积累的增长，它的总额也随之增大。"（吉林大学出版社，1987 年）作为马克思主义理论研究和建设工程成果的《马克思主义政治经济学概论》中讲："资本积聚是指个别资本依靠自身剩余价值的资本化来增大资本总额……资本积累的规模越大，资本就积聚得越多。"（人民出版社和高等教育出版社，2011 年）以上所有对资本积聚的解读，都不够清晰和准确。这种对资本积聚的解读，难以与资本积累的概念及其内涵区别开来。资本积累是剩余价值资本化，积累的结果必然是资本总额的增大。没有资本总额的增大就不叫积累。剩余价值资本化本身就意味着存量资本加入了增量资本，即资本总量的扩大。怎么能把资本的量的扩大看作是与资本积累有别的资本积聚呢？

与众多有关著作的解读不同，由宋涛教授主编的《〈资本论〉辞典》中是这样讲的："资本积聚——生产资料和财富在单个资本家手中的积累，是单个资本因资本积累而增大的一种表现形式。每一个资本都是生产资料的或大或小的积聚，并且相应地指挥着一支或大或小的劳动军。”（山东人民出版社，1988 年）这个讲述与《资本论》中的本义基本一致，但还没有讲得十分明确。

我在《简说》中，设一小题讲资本积聚。“资本积聚与资本积累紧密联系。资本积累是剩余价值资本化，是资本价值的增大；而资本积聚是随着资本价值增大表现为生产资料的相应增多和劳动力的一定增加。”就是说，资本积累是从资本价值总额的增大来看的，而资本积聚是实物形态主要是从生产资料的总量的增加来看的。这样讲是对《资本论》有关论述的简要概括。为了进一步弄清这个问题，需要明确两点：其一是《资本论》中所讲的资本积聚的本义是什么；其二是马克思运用资本积聚概念服从于解决什么问题。

先看资本积聚概念是怎样提出来的。在《资本论》第一卷第 23 章第 2 节讲资本积累和积聚问题时指出：“一旦资本主义制度的一般基础奠定下来，在积累过程中就一定会出现一个时刻，那时社会劳动生产率的发展成为积累的最强有力的杠杆。”“社会劳动生产率的水平就表现为一个工人在一定时间内，以同样的劳动力强度使之转化为产品的生产资料的相对量。工人用来进行劳动的生产资料的量，随着工人的劳动生产率的增长而增长。”① 就是说，与资本积累相联系，劳动生产率会提高，从而生产资料会随之增多。这既是资本积累的结果，又是资本积累的条件。这种随着资本积累而生产资料的增多就是资本积聚。“每一单个资本都是生产资料的或大或小的积聚，并且相应地指挥着一支或大或小的劳动军。”② 资本积聚涉及生产资料与劳动者的量的比例关系。劳动生产率提高，同一劳动者所需生产资料增加，从而生产资料总量会增多。但所需劳动者数量可以不变，可以减少，也可以增多。与生产规模扩大状况相关。因此，生产资料总量增多的积聚，“相应地指挥着一支或大或小的劳动军”。从单个企业来看，资

① 资本论：第 1 卷［M］. 北京：人民出版社，2004：717－718.

② 资本论：第 1 卷［M］. 北京：人民出版社，2004：721.

本积聚并不一定意味着“劳动军”的相应增大，可以有不同的组合关系。但从社会范围来看，劳动军总量与生产资料总量相比，虽会相对减少，但绝对量会增大。

其二，讲资本积聚是服从于资本有机构成理论的。《资本论》中讲资本积聚，是“在积累和伴随积累的积聚的进程中资本可变部分相对减少”的标题下论述的，是与资本的有机构成相联系而提出的。正是由于随着资本积累而形成的资本积聚，才导致资本的技术构成、价值构成从而资本有机构成的提高。在此基础上进一步论述与此相联系的相对过剩人口或产业后备军的累进生产。可见，资本积聚问题，看起来是一个不很重要的概念问题，许多政治经济学教材中甚至不提这一概念。其实，《资本论》中讲资本积累、资本积聚、资本集中、资本有机构成、相对人口过剩，是环环相扣的。理应按《资本论》原意将资本积聚概念解读清楚。

（二）关于货币的本质规定多种表述的评析

这本来也不是一个重大的理论问题，但涉及怎样按原意准确理解和把握《资本论》中的理论观点问题。这个问题我在报刊已讲过多次，但直到目前还存在理解和表述上的差异，还存在颠倒马克思原意的论述。这个问题，我在《简说》中专设一小节讲货币的本质。其中讲：“货币是从商品世界中分离出来的充当一般等价物的商品。各种商品都有自己的特殊使用价值，都是一种特殊商品，贵金属货币原来也是商品世界中的一种特殊商品，但它一旦成为起一般等价物作用的货币，就成为代表一切商品的一般商品。”书中引证了《资本论》第一卷和第二卷中马克思在三处所讲的原话。同时，又说明：货币成为一般等价物，具有了一种特殊职能，作为货币材料的金银，依然具有特殊使用价值，因此，从其自然属性上看，依然是特殊商品。但从其社会属性看，货币是作为一般等价物的一般商品。“一般”不是“普通”之意，是指货币可以代表一切商品，具有普遍通用之意。

目前有关货币的本质规定即社会属性问题，虽然越来越多的有关论著放弃了货币是特殊商品的表述，但还未形成共识，不同政治经济学教材和多种《资本论》的讲解、导读类的论著中，有多种不同的表述。有必要进一步做些分析和评析，以澄清理论是非。

新中国成立前后的一个时期，我国学习政治经济学的教材主要是来自苏联的中译本。早在新中国成立前的解放区，就把苏联列昂节夫的政治经济学教材作为党政干部的学习读本。三联书店出版的列昂节夫的《政治经济学初级教程》（1962 年，第 74、75 页）中，将货币的社会属性描述为："货币是普通商品，是一般等价物。""随着货币的产生，商品界分为两极：一极是一切普通商品，另一极是起货币作用的商品，后一种商品具有特殊的属性，它成为特殊的商品。"

这个论述，存在逻辑上的混乱。先说货币是作为一般等价物的"普通商品"，后又说货币是具有特殊属性的"特殊商品"。说货币具有特殊属性，应是指其具有特殊的社会属性，而不是指具有特殊的自然属性。作者将两种不同的特殊属性相混淆。从货币具有一般等价物的特殊社会属性来看，它是一般商品。我在《简说》中引证马克思的话："货币的属性是……同特殊商品并存的一般商品。"[①] 货币"在一般等价物这一规定中已包含着一般商品的概念规定"[②]。苏俄的其他政治经济学教材中，也多半把货币的本质或其社会属性定义为"特殊商品"。如由经济科学出版社出版的维佳平［俄］等主编的《理论经济学（政治经济学）》（2005 年，第 86 页）中讲："货币是充当一般等价物的特殊商品。"应该注意到在我国曾作为主流教材的苏联科学经济研究所编的《政治经济学教科书》（1959 年第 3 版）中的提法："随着货币的产生，商品界分为两极：一极是普通商品，另一极是起货币作用的商品。……货币是充当一切商品的一般等价物的商品。"没有再

① 马克思恩格斯全集：第 46 卷：上［M］. 北京：人民出版社，1979：90.

② 马克思恩格斯全集：第 46 卷：下［M］. 北京：人民出版社，1979：438.

讲货币是特殊商品。

苏联解体前的1988年，由著名经济学家、苏联科学院通讯院士梅德韦杰夫任主编，苏联科学院院士阿尔巴金任副主编的《政治经济学》教材出版。作为苏联高校的教科书。天津人民出版社于1989年出版中译本。其中对货币的社会属性或本质的说明是："货币是以贵金属这种特殊商品为代表的一般等价物的完成形式。""货币充当一般等价物的本质，在它执行的职能中展示出来了。"（第159、155页）这里没有讲货币是"特殊商品"。虽然提到"货币是以贵金属这种特殊商品……"这样的语句，但这是指贵金属的特殊自然属性而言的。认为货币的本质就是充当一般等价物职能，未讲货币是"特殊商品"。

从国内有关教材来看，最早摆脱苏联有关教科书影响，不再提货币是特殊商品的著作，是徐禾等于1963年完成、由中国人民大学出版社出版、作为校内用书，于1973年由人民出版社出版的《政治经济学概论》。此书是"文革"期间出版的唯一的一部政治经济学教材，并在日本和德国出版了日文译本和德文译本，社会影响很大。书中对货币的本质是这样论述的："从上面的分析中，我们对于货币的本质已经可以得到一个明确的理解：货币无非是一般等价物，是固定充当一般等价物的商品……它又和普通商品不同，它是唯一专门充当一般等价物的商品。"（第32页）这里没有把"特殊商品"作为一般等价物的附加。

我于1981年在《学术月刊》用化名韦行（衛字的拆写）发表论文提出：把货币的本质界定为固定充当一般等价物的特殊商品，不符合《资本论》的原意。后来又在光明日报、人民日报、北京日报等报刊发表文章，论述这个问题。虽然这不是个重大理论问题，但它涉及怎样准确地按照原意理解和把握马克思的理论观点问题。我有时感到困惑：为什么马克思已经讲得很清楚的某些理论观点，学界硬要离开原意，自作解读、争论不休，甚至将与马克思的原意相悖的观点加之于马克思主义呢？改革开放以来，不少政治经济学教材中，已放弃了“特殊商品”的提法。更多地讲货币的本质是作为一般等价物的商品。既不提“特殊商品”也不提“一般商品”。这本来无可厚非。但遭到王峰明的批评。他在《教学与研究》2004 年第 11 期发表《超越货币本质“一般论”与“特殊论”的对立——对马克思主义政治经济学教科书中一个变化的质疑》，“质疑”什么？他质疑为什么过去教材中都讲货币的本质是固定充当一般等价物的特殊商品，而现在有些教材包括我主编的《政治经济学原理》不讲特殊商品了。作者说：“20 世纪 80 年代初一些经济学辞典和教科书中较为普遍的界定‘货币充当一般等价物的特殊商品’。进入 90 年代后，许多政治经济学教科书中关于本质的认识则发生了变化，把货币规定为‘固定充当一般等价物的商品’，原来限定货币商品的‘特殊’两字消失了。”作者是批评这种消失，主张讲货币的本质不能不讲“特殊商品”。但是在他面前摆着一个矛盾：我在多篇论著中引证马克思的原话，说明货币是作为一般商品同其他一切特殊商品发生关系。他不能否定马克思的话。于是提出：货币的本质是“一般论”与“特殊论”统一。这个提法本身就有问题：“一般论”“特殊论”是理论观点，而货币的本质是“一般商品”还是“特殊商品”是指货币客观存在的社会属性。怎么能把两种不同的理论观点作为货币的客观属性呢？再者，如果一般讲货币是特殊商品，只表示作为货币材料的贵金属也具有特殊的使用价值，但这只是货币材料的自然属性，而不是货币的本质属性即社会属性。讲货币的本质，是讲货币在商品交换中所体现的经济关系。所以，撇开讲货币的本质是一般论与特殊论的统一的提法不当（将主观的“论”当作客观社会属性）不说，即使讲货币的本质是一般商品和特殊商品的统一，也是悖理的。在马克思的著作中只讲货币属性是一般商品，没有讲过其本质属性又是特殊商品。货币的本质或一切事物的本质怎么会具有两种对立的不同属性呢？如果讲货币既有其社会属性又有其自然属性，是社会属性与自然属性的统一，从这个意义上讲货币是一般商品与特殊商品的统一，是完全可以的。但货币的社会属性只能是作为一般等价物的一般商品。不能把作为其自然属性的特殊商品也作为货币的本质即社会属性。而且作者只批评不讲“特殊商品”的教材，丝毫不批评不讲“一般商品”的教材。其主要观点还是落在坚守“特殊商品”上。鉴于这种“超越”理论的混乱，我在《当代经济研究》2005 年第 2 期发表了《货币的本质规定究竟是什么？——评〈超越货币本质“一般论”与“特殊论”的对立〉》。由于对方是中青年学者，我未提作者的名字，只对其观点进行讨论。拙文发表后，王峰明又写文章指名与我进行辩驳。他投稿于《当代经济研究》未予采用。又投向多家刊物——从东北到广州到处投放，都拒绝采用。南方某刊物的一位主编说，该文是“胡搅蛮缠”，一语中的。最后他投到上海的《探索与争鸣》，于 2006 年第 8 期刊发。该刊发表此文前，其负责人先给我来电话说，有名叫王峰明者，投他们刊物文章，与我商榷，决定刊用。请我写文章与其回应。我回答说：我不回应，没有必要。该文发表后，我的博士生们看后很不赞同，有位博士生在该刊发表文章，进行辩驳。王峰明之所以强调“特殊商品”是货币的本质，是由于他把货币具有作为一般等价物的特殊社会职能，看作是货币的特殊性。特殊性就是“特殊论”，“特殊论”就是“特殊商品”。于是他批评：讲货币的本质不讲是特殊商品，是理论的倒退。其两篇文章中的口气是傲慢无理的。这个问题我们还要谈到。

实际上我国目前出版的中外政治经济学教材和《资本论》的多种解读中，不仅有许多早已放弃了特殊商品的提法，而且有的明确讲货币是作为一般等价物的一般商品。也有一些读物继续讲货币是充当一般等价物的特殊商品。并不存在王峰明所划分的什么“20 世纪 80 年代初”和“进入 90 年代后”两个不同时期对货币本质界定的差异。说什么 80 年代初讲特殊商品，进入 90 年代后不讲特殊商品了，是倒退了。

从 80 年代初我国翻译出版的外国政治经济学教材来看，除前面已经提到的外，再看我国于 1981 年由吉林人民出版社出版的苏联鲁缅夫主编的

《政治经济学》中译本的论述："货币是起一般等价物的特殊作用的商品。"(第 59 页) 讲起特殊作用，就是指一般等价物的作用，指其具有特殊的社会职能，不是讲"特殊商品"。还有由人民出版社于 1987 年出版的康斯坦丁内斯库等著的《政治经济学·社会主义》一书中讲："黄金除了一般使用价值之外，还有特殊的使用价值，即作为有商品价值的一般等价物的社会职能。"这里所讲的"一般使用价值"，是从货币的自然属性来看的，如金可用以镶牙、制作各种装饰品等。讲"特殊使用价值"，是指货币起一般等价物作用的特殊职能，是社会属性的使用价值。由南斯拉夫的米拉丁、科拉奇等著、人民出版社于 1982 年出版的《政治经济学》中讲："货币首先是商品，但是它是这样一种商品，这种商品在长期交换过程中履行一般等价物的职能。"货币"有特殊的社会使用价值，就是起一般等价物的作用"(第 82 页)。同样未讲货币是特殊商品。就是说，早在 80 年代，许多中外学者的有关论著中就放弃了货币的本质是特殊商品的提法。

再从国内的有关论著来看。从 20 世纪 80 年代直到现在，有关论著中对货币本质的表述有三种情况：一是只讲货币的本质是固定充当一般等价物的商品；二是讲货币是固定充当一般等价物的一般商品；三是依然讲货币是作为一般等价物的特殊商品。例如，由张雷声教授主编、中国人民大学出版社于 2003 年出版的《马克思主义政治经济学原理》，是这样界定货币的："货币的出现，使整个商品世界分成了两极：一极是商品，它们都具有特殊的各不相同的使用价值；另一极是货币，它是一切商品价值的代表。……货币的本质是固定地充当一般等价物的商品。"没有再将"特殊商品"作为货币的本质内容。由丁堡骏教授主编、高等教育出版社于 2012 年出版的《现代政治经济学教材》中，同样放弃了"特殊商品"的本质规定。我国著名经济学家于光远和苏星主编的 1985 年版本《政治经济学·资本主义部分》，放弃了他们于 1961 年在人民出版社出版的版本中对货币本质的界定。货币"是充当一般等价物的特殊商品"，改为"货币也是商品，但它和其他一切商品不同，它是固定充当一般等价物作用的商品”。而且还引证《资本论》中的原话：货币出现以后，“其他一切商品只是货币的特殊等价物，而货币是它们的一般等价物，所以它们是作为特殊商品来同作为一般商品的货币发生关系”。1983 年由宋涛教授主编、人民出版社出版的《政治经济学》中是这样论述的：货币“是固定充当一般等价物的一般商品。金银充当货币，是商品交换关系所赋予它的一种特殊社会职能”。这一表述，是按《资本论》的原意讲的，将被颠倒了原意的“特殊商品”，改为“一般商品”。同时说明，作为一般等价物的一般商品，是货币的一种特殊的社会职能。2005 年由洪银兴等著、经济科学出版社出版的《〈资本论〉的现代解析》中，同样把长期被颠倒的理论观点颠倒过来：“货币是固定地起着一般等价物作用的商品。货币也是商品，不过，它区别于普通商品的特点是：在商品世界中，只有货币起着一般等价物的作用，货币作为一般等价物，是一般商品，能够和各种特殊商品交换。”我特别注意到，于 2012 年由暨南大学出版社出版的胡世祯教授著的《〈资本论〉研读》一书中的解读，它对有关问题说得更明确、更透彻：“货币是在商品世界中由贵金属充当的统一的、固定的一般等价物的商品；它是同一切商品对立的一般商品。要认识货币的本质，首先，要明确它也是一种商品；其次，还要明确，它不同于一切特殊商品，而是和其他一切特殊商品相对立的一般商品。”并引证马克思的话，“所有其他商品都用它的价值来衡量，它也因此成了一般的商品，成了一种同一切其他商品相对立的真正意义上的商品”①，“马克思并没有将货币说成是特殊商品，而是说它是和‘一切特殊商品’相对立的‘一般商品’。这是因为货币的使用价值是充当一般等价物，这是一般使用价值，而不是特殊使用价值了，这种使用价值已经脱离了货币材料的自然用途”。又引证马克思的话：“货币作为单纯的流通手段，可以说它不再是商品（特殊商品），因为货币的材料是无关紧要的……另一方面，也可以说货

① 资本论：第 3 卷［M］. 北京：人民出版社，2004：584.

币只是商品（一般商品），是具有商品的纯粹形式的商品，它的自然特殊性无关紧要。”① 作为中央马克思主义理论研究和建设工程重点教材的《〈资本论〉导读》（高等教育出版社和人民出版社，2012 年）中是这样论述的：“货币无非是商品交换发展到一定历史阶段、从商品世界分离出来固定充当一般等价物的商品。”“贵金属一旦成为货币，它就具有二重的使用价值：一方面，它作为商品具有特殊的使用价值，如金可以镶牙，可以用作奢侈品的原料，等等；另一方面，它又取得了一种由它的独特的社会职能产生的形式上的使用价值，即作为一切商品的等价形式。”以上这些论述都是正确的。它抛弃了把“特殊商品”作为货币本质的规定。但是作为《资本论》的导读，在讲解《资本论》第一卷第二章《交换过程》的内容时，忽视其中的一段专门论述：“因为其他一切商品只是货币的特殊等价物，而货币是它们的一般等价物，所以它们是作为特殊商品来同作为一般商品的货币发生关系。”作者引证了第二章中的不少内容，独不引证这段话的内容。似乎回避“一般商品”的提法，留下的是一种遗憾！

令人更为遗憾和不解的是：有个别很有马克思主义经济学理论根基，并在坚持和发展马克思主义经济学方面多有建树的学者，在他（她）们的有关论著中，依然坚持和重复货币的本质属性是特殊商品的提法。例如，程恩富教授等主编、由上海财经大学出版社于 2012 年出版的《中级现代政治经济学》和《现代政治经济学新编》两部教材中，关于货币的本质是这样分别论述的：“货币正是在商品交换过程中固定充当一般等价物的特殊商品”；“货币的本质在于它是固定充当一般等价物的特殊商品”。在马恩列的论著中，没有任何地方对货币的社会属性做过这样的界定。作者也没有对“特殊商品”的界定做任何说明。

长期以来，中外有关教材中，之所以将“特殊商品”纳入货币的本质属性中，其一，出于语言上的误解。他们认为，与货币相交换的各种商品

① 马克思恩格斯全集：第 30 卷［M］．北京：人民出版社，1995：166－167.

都是普通商品。而货币不是普通商品，是特殊商品。将“一般商品”理解为普通商品。其实，在马恩列的著作中，“一般”具有“普遍适用”之意。如“资本主义积累的一般规律”、马克思主义的“一般原理”。说货币是一般商品，其他商品是特殊商品，是指货币作为价值的代表，作为一般等价物，可与一切商品交换，具有普遍适用性。“一般等价物”就是普遍适用的等价物，不是普通等价物。其二，“一般商品”是从“一般等价物”的概念中延伸出来的，前后两个“一般”是相互对应的，是同义的。马克思明确指出：“在一般等价物这一规定中已包含着一般商品的概念的规定。”① 其三，对马克思某些论述的误解。《资本论》中讲：“充当一般等价物就成为被分离出来的商品的独特的社会职能。这个商品就成为货币。”② 把独特的社会职能误解为特殊商品。

目前，更多的有关论著中，只讲货币的本质是固定充当一般等价物的商品，放弃了“特殊商品”的规定，这不是什么倒退，而是回归马克思。有些论著中做了完全的回归，明确说明货币的本质是固定充当一般等价物的一般商品。其实，在表述中还有必要引证马克思最成熟的经典著作《资本论》中的一些相关论断。

（三）作为《资本论》研究对象的“资本主义生产方式”是指什么？

我在《〈资本论〉简说》中设专题讲述了这一问题。我在别的论著中对这个问题也提出过自己的解读和对不同的解读的评析。这里不拟展开阐述。对不同学者的有关见解，也不具体引证。只是说明几点。

1. 要从系统性和整体性上把握马克思的这一观点。我认为马克思对这个问题已经讲得很清楚了，可是学界长期进行着争论，有多种不同的解读，无视马克思的一些明确说明。有人认为，作为《资本论》研究对象的资本

---

① 马克思恩格斯全集：第46卷：下［M］．北京：人民出版社，1979：438.

② 资本论：第1卷［M］．北京：人民出版社，2004：106.

主义生产方式是指生产力，那你就应该从《资本论》中找出在什么地方把资本主义生产方式界定为生产力。同理，如将其解读为劳动方式，或生产力含义上的劳动方式，就应当从《资本论》中找到明确的根据。不要离开马克思的明确论述，按照自己设想的逻辑去做推理性的解读。总之，不管怎样解读，应有马克思自己的原话和原意作为论证和论据，不能把自己的推测作为根据。

2.《资本论》研究的对象是“资本主义生产方式以及和它相适应的生产关系和交换关系”。这里所讲的生产关系是什么？是狭义的即直接生产过程中的关系。《资本论》中研究的是广义的生产关系。广义的生产关系包括什么？学界流行的观点是《〈政治经济学批判〉导言》中所讲的“四环节”即生产、交换、分配、消费四个方面的关系。其实，这里存在着误解。讲“四环节”的关系不是马克思提出的研究对象。只是对前人在“四环节”关系上“肤浅的认识”进行了评析，提出自己对此的科学见解。《资本论》中不仅讲资本主义直接生产过程中的关系，还论述了作为资本主义生产前提的原始积累关系，特别是分析了作为资本主义直接生产过程的前提条件和入口处的“货币成为资本、劳动力成为商品”的关系，也就是通过原始积累所形成的资本与雇佣劳动的相互关系。因此，《资本论》中所研究的生产关系是多层次的生产关系体系。我们讲生产资料所有制是生产关系的基础，这是马克思主义的原理。这意味着先有资本主义所有制的形成，才有资本主义生产关系体系的建立。但是，《资本论》中并没有专门章节讲资本主义所有制问题。其实，讲原始积累就是讲资本主义所有制开始形成的过程。讲货币成为资本、劳动力成为商品，就是讲资本所有权和劳动力所有权的形成及其相互关系。资本主义生产关系体系是多层次的：资本原始积累关系——资本主义所有制形成——资本所有权与劳动力所有权的结合——资本与雇佣劳动相结合的生产方式——资本主义生产关系——资本主义交换关系和分配关系。有的学者用狭隘的观点理解资本主义生产关系。他们从马克思所讲的研究对象，即资本主义生产方式——生产关系——交换关系这一程式中，得出一种误解：既然资本主义生产方式是先于资本主义生产关系的独立概念，就排除了它也属于资本主义生产关系的范畴。于是就推理出与资本主义生产关系不同的生产力或劳动方式等解读。《资本论》的研究对象与政治经济学的研究对象是一回事。马恩列讲政治经济学的对象，始终是社会生产关系。资本主义生产关系体系是以一定的生产力发展阶段为条件的，但并不因此而将生产力作为研究对象。

3. 要准确理解作为《资本论》研究对象的资本主义生产方式究竟是什么，需要进一步从《资本论》和马克思的其他论著中相同程式中探寻答案。我在《〈资本论〉简说》中讲："学习和研究《资本论》，应系统性和整体性地把握其基本原理。只要从《资本论》三卷的相关内容去综合研究和系统把握，作为《资本论》研究对象的'资本主义生产方式'的实际内涵就会迎刃而解。"《资本论》第三卷第五十一章《分配关系和生产关系》中，提出了一个明确的程式：一定历史水平的生产力决定着资本主义生产方式；资本主义生产方式决定资本主义生产关系；资本主义生产关系决定资本主义分配关系。其原文是"对资本主义生产方式的科学分析却证明：资本主义生产方式是一种独特的、具有独特历史规定性的生产方式；它和任何其他一定的生产方式一样，要把社会生产力及其发展形式的一个既定的阶段作为自己的历史条件，而这个条件又是一个先行过程的历史结果和产物，并且是新的生产方式由以产生的既定基础；同这种独特的、历史地规定的生产方式相适应的生产关系……具有一种独特的、历史的和暂时的性质；最后，分配关系本质上和这些生产关系是同一的，是生产关系的反面"①。从这段论述中可以得出资本主义社会制度的运行程式：一定历史阶段的社会生产力发展形式——资本主义生产方式——资本主义生产关系——资本主义分配关系。而《资本论》第一卷序言中所讲的作为研究对象的程式是：

① 资本论：第3卷［M］. 北京：人民出版社，2004：994.

资本主义生产方式——资本主义生产关系——资本主义交换关系。将两个程式相比较：前者在“资本主义生产方式”之前，加入社会生产力的发展形式，把社会生产力放在程式的首位，而后者没有提生产力，直接把“资本主义生产方式”放在首位。还有，前者讲：与资本主义生产方式相适应的是生产关系和分配关系；而后者讲的是生产关系和交换关系。其实，生产关系既决定交换关系，也决定分配关系。在《〈政治经济学批判〉导言》中的排序是生产、分配、交换。在《资本论》的第一、三卷中，一个程式之后是交换关系，未讲分配关系；另一个程式之后是分配关系，未讲交换关系。这在理论上并无差异之处，不必要讨论。重要的是在第三卷的程式中，是一定历史阶段的社会生产力水平决定资本主义生产方式，从而又决定资本主义分配方式。显然，这一程式排除了将作为《资本论》研究对象的资本主义生产方式解读为生产力和生产力含义的劳动方式的观点。而且，这里明确指出，这种由生产力决定的资本主义生产方式，具有独特的历史规定性，也就是具有历史暂时性，表明只存在于一定的历史阶段。显然，在生产力与生产关系的关系中，只有属于生产关系的内容才有历史的规定性和暂时性。生产力和劳动方式不具有历史暂时性。

4. 那么，排除了生产力、生产方式的解读后，这个“资本主义生产方式”究竟该是什么？其实，《资本论》中也明确做了回答：

在《资本论》第二卷中，提出一个相关的重要观点，也是多年来理论界没有予以足够重视甚至在有关教材中和《资本论》解读中不提及的观点：“不论生产的社会的形式如何，劳动者和生产资料始终是生产的因素。……凡要进行生产，它们就必须结合起来。实行这种结合的特殊方式和方法，使社会结构区分为各个不同的经济时期。在当前考察的场合，自由工人和他的生产资料的分离，是既定的出发点，并且我们已经看到，二者在资本家手中是怎样和在什么条件下结合起来的”。[①] 这段理论论述事实上补充了

① 资本论：第2卷［M］．北京：人民出版社，2004：44.

生产资料所有制是生产关系体系的基础的理论观点。单讲所有制基础是不够的。为什么都是生产资料与劳动者两个生产要素分离——非劳动者占有生产资料，而劳动者不占有生产资料，只有自己的劳动力，却会区分为奴隶制、封建制、资本主义制度等不同的社会经济制度呢？这就需要用生产资料和劳动者两要素相结合的特定方式来说明。两要素相结合的方式分两种：一种是相结合的技术方式，属于生产力范畴；另一种是相结合的社会方式，属于生产关系范畴。这里所讲的是相结合的特殊社会方式。正是这种相结合的特定社会方式，决定“社会结构”即社会制度“区分为各个不同的经济时期”。如果非劳动者占有生产资料，劳动者既缺乏生产资料，又缺乏人身自由、在主人的棍棒皮鞭下进行强制性劳动，劳动者就是奴隶，生产资料所有者就是奴隶主，这就形成了奴隶制社会。如果非劳动者占有土地，劳动者以缴纳地租的形式取得耕种权，存在不同程度的人身依附关系，前者就是封建地主，后者就是封建农奴或农民，这就形成了封建社会制度。如果生产资料作为私人资本，劳动者虽有人身自由，但缺乏生产资料，通过出卖劳动力与生产资料（资本）结合起来，形成资本与雇佣劳动相结合的特殊生产方式，这就是资本主义社会经济制度。所以，可以说，在一定的生产资料所有制关系下，生产资料和劳动者相结合的特殊生产方式，决定着不同的社会经济制度，即决定着不同的生产关系体系。事实上，前引《资本论》中的一段话，已经点明了资本主义生产关系与之相适应的资本主义生产方式是什么：“在当前考察的场合，自由工人和他的生产资料的分离，是既定的出发点。并且我们已经看到，二者在资本家手中是怎样和在什么条件下结合起来的。”在《资本论》中已经系统地说明：工人是作为“自由的一无所有”的雇佣劳动者，与作为资本的生产资料相结合，在“经济强制”下为雇主提供剩余价值。这表明：决定着资本主义生产关系的资本主义生产方式，或者说资本主义生产关系与之相适应的资本主义生产方式，就是资本与雇佣劳动相结合的生产方式。

5. 在《资本论》中，有多处明确指出，决定资本主义生产关系即经济制度的资本主义生产方式，是资本与雇佣劳动相结合的生产方式。例一，“我们称为资本主义生产的是这样一种社会生产方式，在这种生产方式下，生产过程从属于资本，或者说，这种生产方式以资本和雇佣劳动的关系为基础，而且这种关系是起决定作用的、占支配地位的生产方式”①。这段话清楚地指出：以资本和雇佣劳动关系为基础的资本主义生产方式，对资本主义制度起着“决定的作用”，占有“支配地位”。例二，“只是由于劳动采取雇佣劳动的形式，生产资料采取资本的形式这样的前提——也就是说，只是由于这两个基本的生产要素采取这种独特的社会形式……雇佣劳动的形式对整个过程的面貌和生产本身的特殊方式有决定的作用”②。这同样说明：由于生产资料成为资本，劳动者的劳动成为雇佣劳动，这两种基本生产要素相结合所采取的社会形式（也可说是社会生产方式）对整个资本主义生产过程起着“决定的作用”。还可以引证很多。但就这两条已可以完全表明马克思的本义是什么。

6. 从三卷《资本论》的逻辑结构来看，第一卷阐述资本的直接生产过程。第一篇《商品和货币》，是论述作为资本主义生产的前提条件的商品货币关系的一定程度的发展。第二篇《货币转化为资本》，是过渡到第三篇《绝对剩余价值的生产》的入口处。第三篇才开始讲直接生产过程中的资本主义生产关系。第二篇只一章成为一篇，表明这一篇具有独特的理论逻辑意义。它论述了货币怎样转化为资本，劳动力怎样成为商品，从而使劳动成为雇佣劳动。是要说明社会生产的两大基本要素怎样采取了资本与雇佣劳动相结合的生产方式。以这种生产方式为条件，基本生产要素才会进入资本主义生产过程，才会形成资本主义直接生产过程中的生产关系，以及由生产关系决定的交换关系与分配关系。

---

① 马克思恩格斯全集：第47卷［M］. 北京：人民出版社，1979：151.

② 马克思恩格斯全集：第7卷［M］. 北京：人民出版社，2009：998.

7. 如不认同作为《资本论》研究对象的资本主义生产方式是资本与雇佣劳动相结合的方式，应当对我提出的这些论证与论据进行反证、提出理由。并对自己的解读和观点提出有理有力的论据与论证。我认为找不出例证能证明马克思讲过资本主义生产方式是指生产力或生产力含义上的劳动方式，或与生产关系无关的其他什么。要把《资本论》中所讲的“资本主义生产方式”和“生产方式”两个提法区别开来。讲“生产方式”，有多层次含义，有的地方是指生产力或劳动方式，有的是指经济制度，有的是指商品生产方式，等等。但凡在生产方式前面加上“资本主义”这一定断词的地方，则只有两个层次的含义：大多是指资本主义生产关系的内容，或指资本主义经济制度，或仅指资本主义所有制等。只有少数几处是指生产力和资本主义生产关系的统一。如果认为“资本主义生产方式”概念是与资本主义生产关系无关的生产力、劳动方式等，那就会出现一个悖理的逻辑关系。请注意：在资本主义生产方式——生产关系——交换关系这一程式中，“生产关系”和“交换关系”前面，都没有加“资本主义”一词，因为“资本主义生产方式”中的前置词“资本主义”，已涵盖了后面的生产关系和交换关系的资本主义性质。如果将“资本主义生产方式”换成生产力或劳动方式之类的排除资本主义生产关系的内容，那就变成：生产力或劳动方式——生产关系——交换关系。“资本主义”没有了！变成《资本论》的研究对象不是研究资本主义生产关系的著作。显然是于理不通的。

（原载于《东南学术》2016 年第 1 期；副标题：对三个理论问题不同解读的辨析）

更加尊重市场规律，更好发挥政府作用

党的十八届三中全会，是在十一届三中全会召开35周年之际，在全面建成小康社会和全面深化改革开放的重要阶段，召开的一次十分重要的会议。全会审议通过了《中共中央关于全面深化改革若干重大问题的决定》(以下简称《决定》)，习近平总书记就贯彻落实全会精神发表了重要讲话。学习、宣传、贯彻好全会精神和习近平重要讲话精神，是教育战线的重大政治任务。为准确把握十八届三中全会的重要精神，努力凝聚起全面深化改革的广泛思想共识，本刊记者邀请著名经济学家、中国人民大学经济学院卫兴华教授，对全会提出的一系列重大理论和实践问题进行深入解读。

本刊记者：*党的十八届三中全会是在全面建成小康社会决定性阶段召开的重要会议，在国内外产生了强烈反响。您作为经济学家，怎样看待这次全会取得的成果？*

卫兴华：党的十八届三中全会，审议通过了《决定》，全面制定了中国共产党在新的历史起点上运筹帷幄、治国理政的改革总方针，确立了全面深化改革的顶层制度设计与总体改革方案，从而为长远而持续的发展提供根本性的制度保障，将谱写改革开放伟大征程新篇章，将为全面实现民富国强、民族复兴的中国梦注入强大的动力与活力。

十八届三中全会在全面总结35年改革开放巨大成就的基础上，回应社会的期盼，在改革开放的顶层制度设计方面取得了新的进展，明确提出了全面深化改革的总目标：完善和发展中国特色社会主义制度，推进国家治理体系和治理能力现代化。围绕从经济体制改革到社会体制以及政治、文化、生态等体制即“五位一体”体制的改革与全面提升，围绕中国特色社会主义制度完善与发展的总目标，《决定》提出了构成中国特色社会主义制度的一系列体制改革任务，体现出全面改革的决心与信心，有力回答了此前的国内外对十八届三中全会的改革期盼。

在全面深化改革的方法上，《决定》提出：加强顶层设计和摸着石头过河相结合，整体推进和重点突破相促进，提高改革决策科学性，广泛凝聚共识，形成改革合力。

围绕全面深化改革的顶层制度设计，形成了六个方面的总体改革方案，呈现出全面进行社会制度与体制创新的改革新布局。《决定》按照五位一体的事业布局和党的建设六个方面的改革要求，系统阐述了全面深化改革的战略部署。根据改革总目标与围绕总目标提出的六个方面的制度体制改革部署，形成了总体改革方案，使得全面改革的路线图得到了清晰描绘和勾画。过去的改革，多是单方面的改革，如单方面的经济体制的改革。而经济体制的改革又多是单项推进，如农业中的联产承包责任制的改革，工业中的承包制、股份制改革等。而十八届三中全会推进的改革，是系统性、整体性、协同性的全面深化改革。在全面深化改革中，经济体制改革起着“牵引作用”。

本刊记者：总体改革的重点是经济体制改革。全会在经济体制改革方面提出了哪些新的提法和举措？

卫兴华：经济生活是社会生活、政治生活、文化生活、生态文明的经济基础。我国的改革大业，是从经济体制改革开始，以后逐步推进到其他各方面。十八届三中全会提出的整体改革方案，是六个方面整体推进的改革部署，而经济体制改革对其他方面的改革起着“牵引作用”，是全面深化改革的重点和基础。从深化经济体制改革的内容来看，有两项明显的新的提法与举措：一是强化市场在资源配置中的地位和作用；二是为非公有制经济的发展提供了更为广阔的空间和利好政策。

从强化市场的作用来看，《决定》的一个突出的重大新提法，就是提出了市场在资源配置中起决定性作用。过去的提法是让市场在资源配置中起“基础性”作用，现改为“决定性”作用，加重了市场作用的分量。“基础性”作用可以有不同的解读，容易被理解为“初步性”或“打基础”之意，为某些地方政府不当干预企业生产经营活动提供了理论和政策空间。改提“决定性”作用，就提高了明确度和认识度。市场决定资源配置是市场经济的一般原理和规律。市场经济要求：市场价格在价值基础上由供求机制和竞争机制调节。企业按市场价格信号调节生产结构和规模，实现物力和人力资源在不同行业和企业间的有效配置。市场经济的核心问题是处理好政府与市场的关系。实际上涉及政府、市场与企业的关系。实行市场经济，是由市场直接调节企业经营活动，从而由市场决定资源的配置，不是由政府直接调节企业，决定资源配置。市场起决定作用，首先要求凡是能由市场形成价格的都交给市场，要放开竞争性业务，推进公共资源配置市场化，政府不进行不当干预。但这并不是排斥政府的作用，而是要“更好发挥政府作用”。政府的作用体现在改进和完善有效的政府职能和宏观调控体系上，而不是去干涉企业的正常经营与运行。市场能办到和能办好的事，就交给市场。但存在市场失灵问题，而且市场调节的自发性、盲目性和滞后性，都需要发挥政府的宏观调控作用。政府应做好自己该管的事，不要做不该自己管的事。既不要越位、错位，也不要缺位。

《决定》指出：“建设统一开放、竞争有序的市场体系，是使市场在资源配置中起决定性作用的基础。”也就是说，为发挥市场在资源配置中的决定性作用，需要以建立现代市场体系为基础和前提。无论公有或私有企业都按照市场规则进行自主经营、公平竞争；消费者在市场上自由选择、自主消费；商品和生产要素在市场上自由流通、平等交换。为此，就要求清除市场壁垒和市场割据。这样才能提高市场决定配置资源的效率。

为了加快完善现代市场体系，要改革市场监管体系，实行统一的市场准入制度，实行统一的市场监管，清理和废除妨碍全国统一市场和公平竞争的各种规定和做法。反对地方保护，反对垄断和不正当竞争，健全优胜劣汰市场化退出机制。建立城乡统一的建设用地市场，完善金融市场体系，完善人民币汇率市场化形成机制，加快推进利率市场化，推动资本市场双向开放，加快实现人民币资本项目可兑换。另一方面要健全技术创新市场导向机制，发展技术市场，促进科研成果资本化、产业化，加强知识产权运用和保护。

本刊记者：“使市场在资源配置中起决定性作用和更好发挥政府作用”，这确实是三中全会《决定》关于深化经济体制改革的一个引人注目的新的重大提法。为什么要强调提出使市场在资源配置中起决定性作用？

卫兴华：三中全会《决定》将多年来所讲的市场配置资源的“基础性”作用，改变为“决定性”作用。显然，从行文上看，强化和扩大了市场配置资源的作用。习近平同志很重视这一理论观点的提法改变。他指出：“关于使市场在资源配置中起决定性作用和更好发挥政府作用。这是这次全会决定提出的一个重大理论观点。”“经济体制改革的核心问题仍然是处理好政府和市场关系。”根据三中全会的《决定》和习近平同志关于《决定》的说明，我认为有以下几点考虑：

第一，市场决定资源配置是市场经济的一般规律，市场经济本质上就是市场决定资源配置的经济。健全社会主义市场经济体制必须遵循这条规律。可以说，由“基础性”作用改变为“决定性”作用，是回归市场经济的本质规定和要求，是遵循市场经济规律的必要。我们知道，市场经济和计划经济是两种不同的资源配置方式。在传统计划经济时代，国民经济完全受指令性计划调节，生产什么、生产多少，产品提供到何处，完全根据计划指标安排，企业没有生产经营自主权。因此，生产资料和劳动力等资源怎样分配到不同的部门和企业，完全由政府计划调节。因此，实行计划经济，发挥计划调节作用，就是国家计划在资源配置中起决定性作用。这是计划经济的本质要求。改革开放以来，我国实行市场取向的渐进改革，最终确立了社会主义市场经济体制模式。市场经济就是由市场机制调节企业的生产和销售活动。企业生产和销售什么，生产多少、卖到何处，完全遵从反映市场供求关系的价格信号。也就是由市场决定资源配置，不再由政府决定。但政府不是从此撒手不管，而是要更好发挥自己应尽的责任。应当注意到，三中全会提出“使市场在资源配置中起决定性作用”，是与“和更好发挥政府作用”连在一起作为不可分割的一句话来阐述的。政府起什么作用，《决定》也做了简要说明。

第二，过去一直提市场配置资源的“基础性”作用，而现在改提“决定性”作用，有个条件成熟因素。从 1992 年党的十四大提出我国经济体制改革的目标是建立社会主义市场经济体制，要使市场在国家宏观调控下对资源配置起基础性作用。到十八大的 20 年来，没有提市场配置资源的“决定性”作用，只提“基础性”作用，现在改提“决定性”作用，表示已具备提出的成熟条件。按照历史事实和习近平同志的说明，大体有两方面的成熟条件。其一是认识上的条件；其二是实践所提供的条件。长期以来，马克思主义经济学和西方经济学都认为，市场经济是资本主义，计划经济是社会主义。而且从历史事实来看，资本主义国家都一直实行市场经济，而社会主义国家曾一直践行计划经济。我国由计划经济转向市场经济，经历了市场取向改革的不同阶段。大体上有：计划经济为主，市场调节（市场经济）为辅；社会主义有计划的商品经济体制（更大范围发挥市场作用）；计划和市场是覆盖全社会的；计划经济与市场调节（市场经济）相结合；最后统一了认识，建立了社会主义市场经济体制。这是逐步推进社会主义市场化的改革过程，也是逐步推进思想解放的过程。突破市场经济“姓资”、计划经济“姓社”的传统认识已不容易，如果再直接提出西方所宣传和践行的市场配置资源的决定性作用，仍会有认识上的障碍，不如提

“基础性”作用更平稳些。而目前之所以改提“决定性”作用，是由于如习近平同志所说：“考虑各方面的意见和现实发展要求，经过反复讨论和研究，中央认为对这个问题从理论上做出新的表述，条件已经成熟。”这表明，以前不提“决定性”作用，是条件还不成熟。讲条件成熟，还有另一方面的条件即实践条件。习近平同志指出：“现在，我国社会主义市场经济体制已经初步建立，市场化程度大幅度提高，我们对市场规律的认识和驾驭能力，不断提高，宏观调控体系更为健全，主客观条件具备，我们应该在完善社会主义市场经济体制上迈出新的步伐。”就是说，在新的条件下，由于党和政府对市场规律的认识和驾驭市场的能力已不断提高，因此，从理论认识和实践过程两方面看，提高和扩大市场配置资源作用的主客观条件都已成熟。主观条件是理论认识条件；客观条件是现实实践条件。据此，可以和有必要将市场配置资源的“基础性”作用，改变为“决定性”作用。

第三，强调提出市场配置资源的决定性作用，是深化经济体制改革的需要。我国虽然初步建立了社会主义市场经济体制，“但仍存在不少问题，主要是市场秩序不规范，以不正当手段谋取经济利益的现象广泛存在；生产要素市场发展滞后”；市场规则不统一，存在部门保护主义和地方保护主义；市场竞争不充分，阻碍优胜劣汰和结构调整，等等。习近平同志指出：遵循市场决定资源配置规律，是要“着力解决市场体系不完善，政府干预过多和监管不到位问题”，并且指出，这有利于“抑制消极腐败现象”。事实证明，正是由于有人为了谋取不正当利益，会采取不正当手段进行行政干预，从而滋生有些政府人员的腐败行为。

本刊记者：三中全会《决定》的说明中，既讲市场的“决定性作用”，又讲“更好发挥政府作用”，核心问题是处理好政府与市场的关系。

卫兴华：是的，我们要特别注意理解好这一问题。由市场而不是由政府在资源配置中起决定性作用，绝不是让政府撒手不管，无所作为。习近平同志明确指出：既要“更加尊重市场规律”，又要“更好发挥政府作用”。

在关于三中全会《决定》的说明中，也是既讲市场的决定性作用，又讲“更好发挥政府作用”。核心问题是处理好政府与市场的关系。

习近平同志在关于《决定》的说明中指出：我国实行的是社会主义市场经济体制，我们仍然要坚持发挥我国社会主义制度的优越性、发挥党和政府的积极作用。“市场在资源配置中起决定性作用，并不是起全部作用。”这表明，某些特定行业和企业的资源配置，并不由市场决定。例如，发展国防军事工业，国家新建和发展战略性新兴产业，进行基本公共服务体系建设，开创和发展航天工程事业，建立社会保障性设施等，这些方面的资源配置不会都交给市场决定，而是主要由政府决定。

其次，在市场经济运行中，政府的一个重要职责是市场监管。市场配置资源的决定性作用越大，范围越广，政府监管市场的职责也越大，越需要“更好发挥政府作用”。习近平同志在关于《决定》的说明中指出：健全社会主义市场经济体制，既要着力解决“政府干预过多”的问题，又要着力解决“市场体系不完善”和“监管不到位问题”。解决后两方面的问题，正是政府的职责所在和宏观调控的任务。所谓政府干预“过多”，表明并不否定不“过多”的、必要的、正当的政府干预。“过多的干预”是不当干预，不是政府职责所在，也不是宏观调控任务。政府监管职责主要是针对诸如制假售假、生产和销售有毒食品、环境污染、非法集资和传销、黄赌毒市场、欺行霸市、市场垄断、不正当竞争、虚假广告，等等。这种政府干预是必要的。政府还要监管生产安全和职工权益保障。连西方经济学的权威著作萨缪尔森的《经济学》也概括了资本主义市场经济中的政府四项职能：（1）为市场确立法律框架，确定市场准则；（2）影响资源配置以改善经济效率，“帮助按社会需要进行资源配置”，“有时候，政府做出的选择凌驾于市场供给和需求的配置之上”，如“控制污染物的排放”；（3）制定改善收入分配的计划。“看不见的手可能惊人地有效率，但它同时也带来非常不平等的收入分配”，“收入再分配是政府的第二个主要经济职能”；（4）

通过宏观经济政策来稳定经济。该书认为，以上四种政府职能表明“政府应进行干预以增进市场经济的功能和公正”①。这里讲的是资本主义市场经济中的政府职能和必要干预。我国实行社会主义市场经济，应在更大程度上更好地发挥政府的职能。政府的职能除前面所讲的监管与促进作用外，还有完善市场经济体系的职责。要统一市场规则，维护市场秩序，消除市场封锁与割据，打破市场垄断，提供公平的市场竞争环境，防止和处置环境污染和损害生态平衡的行为。还要运用利率、税收、信贷等财政金融手段，影响和调节市场，引导企业科学发展，并以效率和公平相统一的理念与政策，引导企业缩小收入分配过大差距、消除贫富分化、走共同富裕道路。

本刊记者：*怎样更好发挥政府作用？*

卫兴华：更好发挥政府作用，处理好政府和市场的关系，让市场起“决定性”作用，是就市场经济运行中市场在资源配置中的作用而言的。在这个层面中，是市场起决定性作用，政府起监管和促进作用。这是市场经济运行中基础层面的关系，另一个是宏观层面的关系，即在整个经济社会发展中政府的作用，不应把市场的“决定性作用”泛化和扩展到第二个层面。我国讲“宏观调控”，有两层含义：一是在政府、市场、企业的三者关系中，政府处于宏观层次，即居高层次，市场处于中间层次，企业处于基础层次。在这个层面讲政府职能和宏观调控，就是指在市场决定资源配置的前提下，政府在宏观层次上对市场和企业进行必要的监管和干预，并促进市场体系的完善和发展，促进企业的科学发展。

宏观调控的另一层含义是政府对宏观经济的调控。宏观经济是指整个国民经济的各种经济活动的总称。根据三中全会的《决定》和习近平同志关于《决定》的说明，在资源配置和宏观经济发展中，政府职能和宏观调

---

① 保罗·萨缪尔森，威廉·诺德豪斯. 经济学，上［M］. 胡代光译. 北京：首都经济贸易大学出版社，1996.

控的主要任务是：保持经济总量平衡，促进重大经济结构协调和生产力布局优化，减缓经济周期波动影响，防范区域性系统性风险，稳定市场预期，实现经济持续健康发展，健全以国家发展战略和规划为导向、以财政政策和货币政策为主要手段的宏观调控体系，增强宏观调控前瞻性、针对性、协同性。形成参与国际宏观经济政策协调的机制，推动国际经济治理结构完善。政府要加强发展战略、规划、政策、标准等的制定和实施，加强地方政府公共服务、社会管理、市场监管、环境保护等职责。所有这些都是需要政府去办而且应办得更好的事情。

使市场在资源配置中起决定性作用，处理好政府与市场的关系，市场能办到和办好的事，就让市场去起决定性作用，政府不要过多干预，政府应做好自己能办而市场办不了和办不好的事。这是深化社会主义市场经济体制改革中的应有之义。深化经济体制改革是三中全会《决定》中一个重要方面。此外还有深化政治体制、文化体制、社会体制、生态文明体制、党的建设制度的改革。深化六个方面的改革，提出六个“紧紧围绕”。只有深化经济体制改革要求“紧紧围绕使市场在资源配置中起决定性作用”。其他五个方面的“紧紧围绕”，与市场的决定性作用没有直接联系。如深化政治体制改革，要“紧紧围绕党的领导、人民当家做主、依法治国有机统一”；深化党的建设制度改革，要“紧紧围绕提高科学执政、民主执政、依法执政水平”来实现。都未提市场的决定性作用。政治体制和党的建设制度改革，都不能引进市场规律，更不能由市场决定。

全面深化改革的总目标是完善和发展中国特色社会主义制度，推进国家治理体系和治理能力现代化。要坚持社会主义市场经济的改革方向，以促进社会公平正义、增进人民福祉为出发点和落脚点。需要明确：“坚持社会主义市场经济的改革方向”，就表示不应单强调市场化改革，而与社会主义制度相脱离。离开社会主义的市场化改革，必然导向资本主义市场经济。三中全会《决定》在提出“紧紧围绕使市场在资源配置中起决定性作用”

的后面，紧接着讲“坚持和完善基本经济制度”，并要求加快完善宏观调控体系。而坚持和完善基本经济制度，首先要求坚持和完善国有经济为主导、公有制为主体。所有上述这些方面，都离不开党的领导和政府的推进。

但是，也要明确，既然经济体制改革对其他领域的改革起牵引作用，市场决定资源配置的作用，也就会影响到其他领域的改革与发展。例如，文化领域的演艺、影视等的发展会受市场的制约，名人书画、信札、古玩等交换完全由市场定价。政治体制和党的建设等改革，也要为发挥市场在配置资源中的决定性作用提供条件，要与深化经济体制改革相适应转变政府职能等。

明确这点，就会领会习近平同志 2014 年 1 月 1 日发表的《把思想统一到党的十八届三中全会精神上来》一文中所讲的一段话：“使市场在资源配置中起决定性作用，主要涉及经济体制改革，但必然会影响到政治、文化、社会、生态文明和党的建设等各个领域。要使各方面的体制改革朝着建立完善的社会主义市场经济体制这一方向协同推进。”

本刊记者：*也就是说，强调市场配置资源的决定性作用是合理的，但是泛化市场的决定性作用，是偏离《决定》精神的。*

卫兴华：是的。十八届三中全会关于全面深化改革的新思想与新举措，其涉及范围之广，牵动格局之大是前所未有的。但是在解读与把握上应分清一些理论是非界限。

有的学者质疑市场配置资源的决定性作用，认为这只适用于资本主义市场经济，而不适用于社会主义市场经济。其实，讲市场配置资源的决定性作用，与马克思主义经济学讲价值规律调节生产即自发地将生产资料和劳动力（资源）分配于不同的部门，是一样的道理。价值规律调节生产，也就是企业生产什么、生产多少，由反映供求关系和竞争关系的价格来决定，价值规律决定同市场决定是一回事。讲价值规律决定资源配置或市场决定资源配置，涉及三个方面的“决定”事项：一是价格的决定。在市场经济中，市场价格不再由政府决定，而是在价值基础上由竞争机制和供求机制决定。二是企业的生产经营活动包括其生产规模与结构的安排，不再由政府指令性计划决定，而是由反映市场供求关系的市场信号决定。三是消费需求的选择与决定。不再是“短缺经济”和“卖方市场”下的凭票供应，购买者没有选择权和决定权的状况，而是在市场经济中的供求规律与竞争规律作用下，消费者有权决定自己的需求选择，也就是《决定》中所说的“消费者自由选择、自主消费”。弄清这些方面的理论与实际情况，弄清价值规律决定和市场决定资源配置的本义，就不会对社会主义市场经济中由市场决定资源配置的理论与实践产生怀疑。

有些读者和学者，由于没有分清不同领域政府和市场的不同作用，也没有弄清政府职能和宏观调控在不同层面的作用，误以为强调市场的决定性作用涵盖了我国整个经济社会的发展，从而产生疑虑。只要讲清问题所在，就会消除疑虑。

目前存在的一个问题是，有的主流媒体发表的由权威人士宣传十八届三中全会《决定》的解读文章中，对市场配置资源的作用，做了泛化的理解，这会误导读者。例如，某主流媒体 2013 年底发表的一篇文章说：“提出市场起决定性作用，就是改革的突破口和路线图，基本经济制度、市场体系、政府职能和宏观调控、财政金融、土地制度、生态文明等方面的改革，都要以此为标尺。”这里竟然将市场的决定性作用泛化到整个经济社会、生态文明等不同领域，甚至泛化到由市场决定基本经济制度。然而，国有经济为主导、公有制为基础的社会主义经济制度，或者公有制为主体、多种所有制经济共同发展的初级阶段基本经济制度，没有党和政府的引导与推进，能由市场决定其形成、存在和发展么？竟然连政府职能和宏观调控也要由市场决定！这完全颠倒了关系！应是由政府职能监管市场，由宏观调控调节市场运行，而不是反过来由市场决定政府的监管和宏观调控作用。

另外，有的学者以新自由主义的理念或欧美市场经济模式的理念为依据，对市场决定资源配置的作用也做了泛化的解读。如有的在解读中淡化和否定市场决定资源配置中的宏观调控作用，说什么“是市场起决定性作用，不是宏观调控”。有的认为中央提出市场的决定性作用，就是弱化政府的职能，否定“强势政府”，否定政府对市场的“驾驭”和对市场及社会经济生活的监管，否定国有经济的作用。这种解读和宣传，完全不符合三中全会《决定》的本义和精神，也影响和加重一些读者和学者对市场决定资源配置新提法的疑虑。应正本清源，按照三中全会《决定》的精神，澄清理论是非。

本刊记者：通过您的解读，我们对这一重大问题有了清楚认识。最后请您谈谈全会为非公有制经济的进一步发展提供了哪些理论和制度保障。

卫兴华：为了肯定和提高非公有制经济在社会主义市场经济及经济社会发展中的地位和作用，《决定》强调提出两个“都是”：“公有制经济和非公有制经济都是社会主义市场经济的组成部分，都是我国经济社会发展的基础”，再次强调两个“必须毫不动摇”。过去的中央文件中，只讲非公有制经济是社会主义市场经济的重要组成部分，现在将公有制经济和非公有制经济并列而提，表示两者在资源配置中的平等地位。第二个“都是”，是新的提法，表示非公有制经济也是我国经济社会发展的基础，与公有制经济同样具有平等地位。并再次强调非公有制经济财产权和公有制财产权一样，不可侵犯。并提出保证非公有制经济同公有制经济一样，可依法平等使用生产要素，并公开公平公正参与市场竞争。

提出积极发展混合所有制经济，赋予非公有制经济与公有制经济平等的所有权地位。非公有资本可以与国有资本和集体资本交叉持股、相互融合，组成混合所有制经济。还鼓励建立非公有资本控股的混合所有制企业，允许非公有资本参股于国有资本投资项目。鼓励非公有制企业参与国有企业改革。允许混合所有制经济员工持股，即员工也成为私人股所有者，可获得资产性收入。

《决定》提出：支持非公有制经济健康发展。对非公有制经济与公有制经济平等对待，坚持权利平等、机会平等、规则平等。特别强调提出：废除对非公有经济各种形式的不合理规定，清除各种隐性壁垒，制定非公有制企业进入特许经营领域的具体办法。《决定》进一步提高了非公有制经济的地位和作用，提出了促进非公有制经济发展的更多的优惠政策。

（原载于《思想理论导刊》2014 年第 1 期；副标题：访著名经济学家、中国人民大学经济学院卫兴华教授）